»Die Kenner machen freilich den besseren Teil des Publikums aus, allein wer kann von ihnen leben?«
In: Literatur-und Theaterzeitung, Berlin 1784

Königliches Opernhaus Berlin (1844)

Roland Dreßler

Von der Schaubühne zur Sittenschule

Das Theaterpublikum vor der vierten Wand

Henschel Verlag Berlin 1993

Die Deutsche Bibliothek – CIP-Einheitsaufnahme

Dreßler, Roland:
Von der Schaubühne zur Sittenschule :
das Theaterpublikum vor der vierten Wand /
Roland Dreßler. – 1. Aufl. – Berlin: Henschel, 1993
ISBN 3-89487-181-4

1. Auflage
Gestaltung: Hans-Jörg Sittauer
Schutzumschlag: Ingo Scheffler
Gesamtherstellung: Offizin Andersen Nexö Leipzig

Inhalt

Die Idee zu diesem Buch kam mir vor einem Jahrzehnt: Als bisweilen auf den DDR-Bühnen und, seltener, in halböffentlichen Nischen ästhetische Traditionen übergangen und avantgardistische Konzepte ausprobiert wurden, war der Widerstand heftig. Er kam von oben und unten. Der Widerstand von oben, von der kulturpolitischen Obrigkeit, hatte bemerkt, daß sich diese neuen Theaterformen der Zensur entzogen. Wo nicht mehr die Vor-Schrift des Dramas galt, ließ sich das Theaterereignis nicht länger als Werkzeug der »Volksbildung« gebrauchen. Wo der Zuschauer zur ureigenen Phantasie ermutigt wurde, stärkte sich seine Neigung zur Querdenkerei. Nicht minder heftig war der Widerstand von unten. Das Publikum im Theatersaal wollte die überlieferten, gewohnten ästhetischen Muster wiedererkennen. Viele Zuschauer verweigerten das Angebot geistiger Freizügigkeit. Sie blieben in der Rolle, zu der sie das deutsche Theater am Ende des 18. Jahrhunderts vergattert hatte – diszipliniert und mundtot.

So wie die »Verordentlichung« des Publikums um 1800 eine übergreifende Ordnung spiegelte, so war auch zwei Jahrhunderte später der Widerstand gegen den ästhetischen Wandel ein DDR-Stück. Indem ich jene historische Entmündigung beschrieb, wollte ich auch auf die gegenwärtige anspielen.

Als das Manuskript dann 1989 druckreif war, hatte sich auf einmal sein Anlaß geschichtlich überlebt. Denn in den glücklichen Monaten der politischen Wende schienen mit der Mauer auch alle Fremdbestimmungen gefallen. Am Ende des Realsozialismus durfte ich mich fragen: Wie anstößig wäre wohl noch ein Rückblick in jene Zeit, in der das Publikum entmündigt wurde? Rasch gaben die neuen Erfahrungen in der Marktwirtschaft ihre Antwort: Wiederum erlebe ich nun, wenn auch nicht vergleichbar mit den DDR-eigenen Zwängen, das Diktat der Einordnung – in der beruflichen Hierarchie, in der amtlichen Bürokratie, in den Meinungsmedien, in den Regeln der Körpersprache.

Auch das Theater lebt im Zaun dieser Realität. Obgleich nun freie Gruppen unbehindert spielen, die Szenerie neue Formen entdeckt, kein Landesfürst mehr die Premiere verbietet, bleibt doch das Publikum in seiner alten Rolle gebannt. Es blickt im Theatersaal wie im Alltagsgeschäft zur Autorität empor. Die Herrschaft der vierten Wand wird nicht bezweifelt. Darum, denke ich, könnten Rückschau und Nachfrage, wie denn diese vierte Wand entstand, noch immer spannend sein …

Leipzig, am 19. Mai 1993

Prolog

In einem Brief an seinen Vater beschreibt Mozart einen Münchner Theaterabend des Jahres 1778: Die Zuschauer »haben schon die ersten zwei Actricen ausgepfiffen, und es war so ein Lärm, daß sich der Kurfürst selbst über die Loge neigte und ›sch - - -‹ machte – aber nachdem sich kein Mensch irre machen ließ, hinab schickte; und aber der Graf Seeau, nachdem er einigen Offizieren sagte, sie sollten doch keinen so Lärm machen, der Kurfürst sehe es nicht gerne, zur Antwort bekam, sie seien um ihr bar Geld da und hätten ihnen kein Mensch zu befehlen ...«[1] Daß der Landesherr selbst vergeblich um Gehör für die Musen rang, wird von Mozart nicht als außergewöhnlicher Skandal registriert. So war der Theateralltag in deutschen Landen. Mit dem Eintrittspreis hatte sich das Publikum das Recht erkauft, als Herr im eigenen Hause aufzutreten.

Doch schon ein Jahrhundert später hatte sich die Stiuation gründlich gewandelt. Nun waren für jeden Zuschauer strikte Anstandsregeln zu beachten. Ein ganzer Katalog davon ist in dem um 1900 populären Buch DER GUTE TON IN ALLEN LEBENSLAGEN aufgeblättert: »In erster Linie muß völlige Ruhe gewahrt werden. Das erfordert die Achtung vor dem Publikum, das genießen will, wie auch die Achtung vor den Künstlern, die den Genuß darbieten. Unruhiges Sitzen stört die Nachbarn ... (Sie) mit Fragen während der Aufführung zu behelligen, ist unstatthaft, denn wir verkümmern ihnen den Genuß wesentlich. Eine noch weit größere Rücksichtslosigkeit ist das Plaudern während der Aufführung. Zur Unterhaltung sind die Pausen da und nicht die Aufführung selbst. Insbesondere seien die Besucher eines Opernhauses darauf aufmerksam gemacht, daß die Oper nicht mit dem Aufgehen des Vorhanges, sondern mit dem ersten Ton, welcher aus dem Orchester den Beginn der Ouvertüre ankündigt, beginnt. Die Mehrzahl der Theater-und Konzertbesucher kommt nicht, um ihre Neugier zu befriedigen, sich an Kleidern und dem Publikum satt zu sehen, sondern um sich durch die Kunst auf ein paar Stunden über das Alltagsleben hinwegheben zu lassen. Die Unsitte, Eßwaren in Theater und Konzert mitzubringen und sie dort zu verzehren, bedarf in diesem Zusammenhang nur der Erwähnung, um sie als grobe Unistte erkennen zu lassen ... Ferner ist das Umschauen im Zuschauerraum während des Spiels auf der Bühne unstatthaft. Solange der Vorhang aufgezogen ist, gebührt die Aufmerksamkeit nur der Szene und dem, was auf ihr vorgeht ... Auch das Zeichen des Beifalls soll derart gegeben werden, daß er anderen nicht lästig.«[2]

1 W. A. Mozart, Briefe und Aufzeichnungen, hg. v. W. A. Brauer u. E. Deutsch. Kassel, Basel, London, New York 1962. S. 505.

2 F. Eberhardt. Der gute Ton in allen Lebenslagen. 11. Aufl., Berlin, Wien 1889. S. 412 ff.

Was hier an Vorschriften zusammengestellt war, widerspiegelt gleichermaßen die Wunschvorstellung von einem idealen Publikum wie die alltägliche Theater-Realität. Man lauschte im Theater tatsächlich andächtig auf die Botschaft des Dichters, wie sie die Darsteller zu Gehör brachten. Man ließ sich tatsächlich in die poetische Welt entrücken – oder gab sich den Anschein der entrückten Andacht. Man entweihte den Tempel der Kunst wirklich nicht durch so profane Tätigkeiten wie Essen, Trinken oder gar Liebäugeln – oder versteckte seinen Appetit. Man war auf geistigen Genuß, nicht auf gesellige Unterhaltung aus. Immer vorausgesetzt: MAN wollte wohlerzogen, gebildet, auf der Höhe seiner gesellschaftlichen Position erscheinen. Das anonyme »man« drückt die gesellschaftlich verbindliche Anschauung aus. Die Institution Theater galt als Weihestätte, die der einzelne ehrfürchtig zu betreten und sittlich geläutert zu verlassen hatte.

Ein solches Rufbild läßt erstaunen. Daß das deutsche Theaterpublikum – spätestens seit Mitte des 19. Jahrhunderts – die Rolle des disziplinierten Zöglings angenommen hatte, erscheint im historischen Rückblick fast unglaublich. Denn Zeugnisse aus nur wenig älteren Jahrzehnten weisen immer wieder auf die ungezwungene, unbezwingliche Lust des Publikums an eigener Unterhaltung hin. Es ließ sich in seiner vorlauten Aktivität im Theatersaal zwei Jahrhunderte lang nicht einschränken.

Nichts kritisierten die Theaterdirektoren zwischen 1750 und 1820 mehr als die »Nebenabsichten« des großen Haufens. Diese »Nebenabsichten« der Zuschauer-Mehrheit waren das schier unausrottbare Bedürfnis nach Späßen, nach Sinnesgenüssen wirklich aller Art. Das Schwatzen mit dem Banknachbarn und das Glücksspiel gehörten in eine Theater-Vorstellung des 18. Jahrhunderts ebenso wie Bier-Ausschank, Tabakqualm und der Blick hinter die Kulissen. Noch im 19. Jahrhundert kämpften die Gastronomen und die Prostituierten – häufig Seite an Seite und häufig erfolgreich – um ihr Gewerberecht mitten im Theatersaale.

Wenn die Schauspieler den Zuschauern einmal mit einer eigenen Auffassung entgegentraten, war ein Pfeifkonzert wohl die mindeste Antwort. Anschaulich berichtet Goethe in WILHELM MEISTERS THEATRALISCHER SENDUNG, welche Rechte sich das Publikum im Saal nahm und gegenüber der Bühne beanspruchte: Als eine Rolle von einem Darsteller gespielt wurde, den die Zuschauer nicht wünschten, gab das Anlaß für einen Publikumskrawall, bei dem schließlich das gesamte Theatergebäude ruiniert wurde. Goethes Roman brauchte nichts zu übertreiben. Das deutsche Theaterleben lieferte Beispiele genug.

Nur einhundert Jahre später sind die Zuschauer wirklich zum Schweigen gebracht worden. Das ist wörtlich zu verstehen: sie sind entmüdigt worden. Gewiß, auch am Ende des 19. Jahrhunderts mag der Beifall nicht immer so sittsam gezollt worden sein, wie es in dem eingangs zitierten Anstandsbuch gefordert war. Mancher Zuschauer wird weiterhin seinen Unwillen über eine Aufführung oder über die Welt auf dem Hausschlüssel hinausgepfiffen haben. Aber solche Publikumsäußerungen blieben nach 1850 dann doch Ausnahmen. Sie bestätigten eigentlich nur die gesellschaftlich durchgesetzten Regeln. Ein Jahrhundert hatte genügt, um das Publikum zur Disziplin zu zwingen.

Von diesem Wandel berichtet dieses Buch. Es stellt dar, wie aus dem städtischen Unterhaltungslokal allmählich die Abenduniversität des Bürgers, die Sittenschule der Nation wurde. Doch die Entwicklung des bürgerlichen deutschen Nationaltheaters ist schon ausgiebig erforscht worden. Längst sind die Archive und Zeitzeugnisse durchforstet, und manche Dokumente, die bisher unbeachtet blieben, von der Theaterhistoriographie seinerzeit vielleicht gering geschätzt, mögen in den Flammen des zweiten Weltkrieges endgültig verloren gegangen sein. Warum also gerade diesen altbekannten Zeitabschnitt nochmals untersuchen?

Die Antwort gibt das Theater der Gegenwart. Die abendliche Begegnung von Zuschauern und Darstellern ist stark von Normen und Gewohnheiten geprägt, die die Theatergeschichte überliefert hat. Das wird selten bewußt. Wenn beispielsweise 7-jährige Zuschauer nach einer Aufführung von MAX UND MILLI als erstes und wichtigstes kritisieren, daß der Zuschauerraum während des Spiels nicht eingedunkelt wurde, dann ist das ein versteckter Hinweis auf die »Vererbung« kultureller Urteilsmuster. Von Generation zu Generation weitergereicht, teils verändert und teils verfestigt, bilden sich Wahrnehmungsprogramme aus, die die Rezeption des einzelnen Zuschauers lenken. Unbeschadet, ob er um seine historische Erb-Last weiß, sieht er gewissermaßen – auch! – mit den Augen Lessings, Ekhofs oder Ifflands auf die heutige Bühne. Publikumskonventionen des Nationaltheaters leben so im Zeitalter der elektronischen Medien fort. Was im 18. Jahrhundert mühevoll als Zuschaukunst konzipiert wurde, ist zweihundert Jahre später zum gesellschaftlichen Wahrnehmungsmuster geronnen.

Dieses Wahrnehmungmuster entstand und entsteht in einem langfristigen historischen Prozeß. Es bildet sich in zeitlicher Verspätung zur Spielweise aus, verändert sich langsamer als die Sprache der Szene. Der innovativen Tendenz in der Kunstsproduktion steht die eher konservative Tendenz in der Rezeption kritisch entgegen. Das Publikum hat eine/seine feste Theater-Kenntnis. Es glaubt genau zu wissen, was es selbst im Theater zu leisten und von ihm zu gewärtigen hat.

Viele Momente des Zuschauerverhaltens erscheinen gleichsam naturgegeben, Urteilsraster als selbstverständliche Leistung der menschlichen Physiologie. Wie sich Theaterwahrnehmung zeitgemäß wandelt, bleibt oft unbedacht. Selbst viele Fachleute des Theaters kennen den Gang der Publikumsgeschichte nur in vagen Unmrissen. So sorgfältig auch theaterhistorische Fakten gesammelt wurden, bisher erfuhr die Situation des Publikums dabei wenig Beachtung. Falls es in der Theatergeschichtsschreibung vorkam, dann oft nur, wenn es sich extrem auffällig verhalten hatte. Es schien immer dort besonders bemerkenswert, wo es randaliert oder ein Kunstwerk blamabel mißverstanden hatte. Die bisherige Publikumsgeschichte liest sich viel eher als Chronique scandaleuse denn als Alltag. Gerade die vielzitierten Künstlermemoiren und -anekdoten lenken die Aufmerksamkeit auf denkwürdige, ungewöhnliche Vorfälle. Die alltäglichen Theatervorstellungen erscheinen dagegen weniger berichtenswert. Um es mit anderen Worten zu sagen: Rasch könnte der interessierte Leser in einem Fachbuch nachschlagen, wie die Deckengemälde in der Königlichen Oper Unter den Linden gestaltet waren. Aber wie dort seinerzeit die Zuschauer die kalten Winterabende durchgestanden haben, ob und wann das Haus beheizt war – auf solche profane Fragen antwortet die Theatergeschichtsschreibung gewöhnlich nicht.[1]

Auch in diesem Buch werden Heizungsfragen nur am Rande behandelt, doch geht es um das »Klima« im Saal. Es geht um die kommunikative Situation, die die Rezeption jedes einzelnen mitbestimmt. Das ist auch ein Einspruch gegen die geläufige Formulierung »Theater und Publikum«. Sie unterstellt zwei Hemisphären des Theaters. Für die erste, den Bühnenraum, wird die Ästhetik für zuständig erklärt, für die zweite, den Zuschauerraum, die Soziologie. In dieser Sicht wird »natürlich« Publikumsverhalten weitgehend aus der Kunstgeschichtsschreibung ausgeklammert.

Daß die Geschichte des Theaterpublikums nur als Nebensache behandelt wurde, ist das markanteste Zeugnis für den geschichtlichen Gang. Denn es war kein bornierter oder elitärer Blick einzelner Wissenschaftler, da sie sich so wenig für die Situation diesseits der Rampe interessiert haben. Unter ästhetischem Blickwinkel wurde der Zuschauersaal nach 1780/1790 wirklich immer unwichtiger. Weil das Publikum in die Passivität eines stummen Zeugen abgedrängt wurde, wurde es in der Rückschau um so leichter übersehen. So wie es buchstäblich im Dunkel des Theatersaales versank, verschwand es auch auf die Schattenseite theaterhistorischer Studien. Hinzu kommt die methodische Schwierigkeit, daß der flüchtige Charakter der Theaterkunst sie so schwer dokumentierbar macht. Die Aufführung verfliegt, sobald sie entsteht. Sie ist nicht zwischen gelehrten Buchdeckeln aufzubewahren. Noch schwerer lassen sich entsprechende Publikums-Urteile festhalten. Zwar sind gerade aus den vergangenen beiden Jahrhunderten sehr viele Zuschauerstimmen überliefert. Doch sie sind wenig zuverlässige Zeugen. Nicht selten zieht ein Rezensent begeisterte oder empörte Äußerungen als Autoritätsbeweis für sein eigenes Urteil heran. Das ist ein Verfahren, das 1793 ebenso zweifelhaft war, wie es 1993

[1] Damit sollen wichtige Arbeiten zur Publikumsgeschichte keinesfalls unterschlagen werden. Die hier angeführte Literatur – an erster Stelle Rudolf Weils Analyse des Berliner Theaterpublikums um 1800 und Arno Pauls Studien zum Theaterkrawall – beweist, wie gründlich bisher einige Einzelfragen besprochen wurden. Dennoch fehlt die Gesamtdarstellung der Publikumsentwicklung im sogenannten Nationaltheater. Diese Lücke wird um so auffälliger, wenn man sie mit der ausgebreiteten Literatur zu allen möglichen ästhetischen Einzelfragen der Bühnenkunst kontrastiert. Auch über das Publikum in den Trivialtheatern und auf den Jahrmärkten ist mehr geschrieben worden als über das »eigentliche« Theaterpublikum.

noch immer ist. Überdies lebten die Publikationen des 18. Jahrhunderts von phantasievollen Übertreibungen. Oft bauschte sich die Subjektivität der Theaterjournalisten zu barocken Schilderungen eines Theaterabends auf, der sich so wohl nie ereignet hatte. Dichtung und Wahrheit sind zweihundert Jahre später nicht immer zu unterscheiden. Wenn es der Theaterwissenschaft schon schwer genug fällt, heutige Rezeptionsvorgänge »objektiv« zu erfassen, so wird diese Schwierigkeit in der Rückschau erst recht vergrößert.

Mitunter werden hier Berichte zitiert werden, deren Glaubwürdigkeit im Detail nicht erwiesen ist – die aber doch, sollten sie erfunden sein, als gut erfunden und signifikant für den historischen Augenblick gelten dürfen. Die Darstellung wird sich an zeitgenössische Einzelstimmen halte, die als Chorus verstanden werden sollten. Mit dieser »pars-pro-toto-Methode« ist keine sorgsam fortschreitende Chronik des Jahrhunderts zu gewinnen, Verkürzungen und Zeitsprünge sind unumgänglich. Diese Überschau kann leicht übersehen lassen, daß beispielsweise zwischen der Leipziger Theaterreform der Neuberin und Ifflands Berliner Theaterdirektion ein ebenso großer Abstand liegt wie zwischen der Theaterarbeit Leopold Jessners und Peter Steins. Zudem kann der schmale Blickwinkel des Buches auch nur wenige kulturelle Querverbindungen – den Einfluß der ausländischen Theater – und wenige Längsverbindungen – die Tradition der Tradition – erfassen.

Werden hier Normen im Publikumsverhalten behandelt, sollen sie nicht festgeklopft werden. Der derzeitige Endpunkt der Traditionslinie kann nicht ihr Schlußpunkt sein. Im Gegenteil: der Rückblick schafft, indem er den Anfängen des Theaterbildes nachfragt, Raum für künftige Entwicklung. So erscheint die Gegenwartskultur als gewordene, sie wird historisiert. Der Rückblick wird zur Vorschau, da er neuerliche Wandlungen ansagt.

Wer sich auf Geschichte einläßt, muß damit rechnen, daß seine Recherchen schon sehr bald von neuen Fakten widerlegt oder als trivial geschmälert werden können. Während also der Autor den Archivstaub von alten Programmzetteln geblasen hatte, schritt »draußen« die Theaterkunst rasch fort. Was sollte noch die Frage nach dem Bauplan der »Vierten Wand«, da sich doch das Stadttheater längst mit der Avantgarde verehelicht hatte? Der Auszug der Darsteller aus dem tradierten Bühnenraum und -rahmen, der Verzicht auf die Rampe als künstlerisches Prinzip, die geistige und körperliche Ungezwungenheit des Publikums während der Rezeption, die Skepsis gegenüber engültig vorgefertigten »Botschaften« – alles Indikatoren, wie sehr die Normen des bürgerlichen Nationaltheates ins Zwielicht geraten, nicht mehr uneingeschränkt zu akzeptieren sind. Wenn sich die Hansestadt Hamburg inzwischen nicht mehr nur mit ihren Staatstheatern, sondern ebenso mit der Kampnagel-Szenerie schmückt, wird offenkundig, wie weit der Theaterbegriff der »Hamburgischen Dramaturgie« heute inzwischen greift. Andererseits wird gerade vor dem Hintergrund des alternativen Theaters die Macht der Verhaltenskonventionen deutlich. Theatersoziologische Studien belegen, daß die Zuschauer der freien Gruppen überwiegend dasselbe Publikum sind, das auch die öffentlichen (Stadt-)Theater besucht. Auch wer sich vielleicht in der freien Szene anders kleidet, anders aufführt, ist dennoch überdurchschnittlich oft im »eigentlichen« Theater. Dort benützt er dann den ästhetischen Maßstab, an dem sich das Theater seit Generatione orientiert. So überschneiden sich in der Person des »Szeneasten« gewissermaßen überlieferte Sicht und neue Erfahrungen, die er in den freien Gruppen gewinnt. Die Jahresstatistik der meistinszenierten Stücke, der meistgespielten Inszenierungen und der meistbesuchten Aufführungen spricht ein deutliches Urteil, wie stark die deutsche/die deutschsprachige Theaterkultur noch mit der überlieferten Ästhetik verbunden ist.

Von der Schaubude zur Sittenschule

Nur im deutschsprachigen Raum gibt das Wort »Theaterlandschaft« einen Sinn. Denn nirgendwo sonst in der Welt sind so viele Theatergebäude in so enger Nachbarschaft erbaut worden. Vom Dach des einen läßt sich gewissermaßen schon am Horizont das nächste erblicken. Dieses engmaschige Netz von Theatern, das sich noch immer in Deutschland, aber auch in Österreich ausbreitet, ist großenteils in der zweiten Hälfte des 18. Jahrhunderts geknüpft worden. Manchmal nicht mehr als zwei oder drei Postkutschenstunden voneinander entfernt, leisteten sich die deutschen Duodezfürsten oder bürgerliche Aktionäre den Bau eigener Bühnenhäuser. So sparsam auch vielerorts mit der Staatskasse gewirtschaftet werden mußte, so wenig für soziale Zwecke verausgabt wurde – öffentliche Theaterhäuser entstanden doch. Selbst in winzigen Residenzstädten wie in Schwedt, Coburg oder Rudolstadt erhielten die Kommunen ihr eigenes Theater. Zwischen 1750 und 1805 wurden in mehr als einhundert Städten des Heiligen Römischen Reiches Deutscher Nation Theater erbaut oder aus provisorischen Spielstätten so gut wie gänzlich neu geschaffen. Sie bildeten das Fundament für die nun aufblühende deutsche Theaterkultur. Die Geschichte des »eigentlichen« Theaters in Deutschland begann mit steinernen Gebäuden! Sie waren Fundament auch im übertragenen Sinne – der umbaute Raum setzte Maß und Grenzen für die künstlerische Gestaltung wie für die Situation des Publikums. Umgekehrt beeinflußte die Gestaltungsabsicht dann auch die architektonische Gestalt.

Die rege Bautätigkeit, besonders im letzten Viertel des Jahrhunderts, zeugte vom raschen Aufstieg der Theaterkunst. Ihre Entfaltung mutet im trägen Fluß der gesamten wirtschaftlichen und sozialen Entwicklung geradezu stürmisch an. Als die politischen Verhältnisse so gut wie keinen Spielraum für politischen Wandel erlaubten, entsteht Raum für das Theaterspiel. Als die sozialen Rollen, seit Jahrzehnten verteilt, von der großen Mehrheit der Bevölkerung gehorsam verinnerlicht waren, wächst die Aufmerksamkeit für die szenische Rollengestaltung. Mit Riesenschritten gewinnt das neue Theater seine Identität. Es bringt Leistungen hervor, die für die nächsten zweihundert Jahre einen, ja in Mitteleuropa sogar den Maßstab für Theater liefern sollten.

Am Anfang dieser Epoche hatte Lessing noch allen Grund zur Klage, wie er sie 1760 formulierte: »Wir haben kein Theater. Wir haben keine Schauspieler. Wie haben keine Zuhörer ... Der Franzose hat doch wenigstens eine Bühne; da der Deutsche kaum eine Bude hat. Die Bühne des Franzosen ist doch wenigstens das Vergnügen einer ganzen großen Hauptstadt; da in den Hauptstädten des Deutschen die Bude der Spott des Pöbels ist. Der Franzose kann sich doch wenigstens rühmen, oft seinen Monarchen, einen ganzen prächtigen Hof, die größten und würdigsten Männer des Reiches, die feine Welt zu unterhalten; da der Deutsche sehr zufrieden sein muß, wenn ihm ein paar Dutzend ehrliche Privatleute, die sich schüchtern nach der Bude geschlichen, zuhören wollen.«[1]

Es war nicht einmal ein halbes Jahrhundert vergangen, um Lessings Wünsche – mindestens dem Augenscheine nach – zu erfüllen. Zu Beginn des neuen Jahrhunderts mußte kein Bürger mehr »schüchtern nach einer dürftigen Schaubude« schleichen. Denn nun hatte er sich womöglich selbst und selbstbewußt sein städtisches Theatergebäude errichtet oder der Regent hatte es ihm zur Verfügung gestellt oder stellen müssen. Nun gehörte es durchaus zum guten Ton der »feinen Welt«, den Feierabend im Comödienhaus zu verbringen.

Die Anekdote berichtet, daß einige wohlsituierte Damen den gedruckten Namen des Schauspielers Franz Mattausch, der seit 1798 am Berliner Nationaltheater engagiert war und das aktuelle Jünglings Ideal verkörperte, aus den Programmzetteln herausrissen und das Papierchen in ihrem Morgenkaffee auflösten.[2] An solch einem Kaffee hätte Lessing gewiß keinen Geschmack gefunden. Doch er hätte in dem beginnenden Starkult vielleicht auch ein Signal für das gebesserte Rufbild des deutschen Theaters gesehen. Aus der«Bude«, in der eine »Bande« von Komödianten den »Pöbel« unterhielt, war ein »Tempel« geworden, in der eine »Gesellschaft« die »Nation« die »besseren Sitten« lehrte. Veränderte Begriffe erfassen veränderte Bewertung.

Diese Entwicklung verlief keineswegs gradlinig und widerspruchsfrei. Sie mag für die Zeitgenossen auch schwerer überschaubar gewesen sein, erfuhr sie doch die größten regionalen Differenzierungen. Daher ist erklärlich, daß die Urteile der Zeitzeugen zum Theaterleben am Ende des 18. Jahrhunderts weit auseinanderfallen. Das historische »Noch« und das »Schon« griffen ineinander. Aber aus heutiger Entfernung werden einige Linien deutlicher, die über die persönliche Leistung eines Künstlers oder über die Zufälle eines Ortes hinausweisen. Eine solche wesentliche Linie in der Theaterentwicklung ist die Disziplinierung des Publikums. Der Wandel der Kommunikation, der Wandel im Verhältnis zwischen Szene und Saal und zwischen den Zuschauern untereinander ist das auffälligste Kennzeichen des entstehenden bürgerlichen Nationaltheaters. Es definiert sich durch seinen veränderten, völlig neuen Adressatenbezug.

Die Publikumskonzeption war Dreh-und Angelpunkt des reformierten Theaters. Sie erfuhr zwar viele lokale Modifikationen, paßte sich den Gegebenheiten eines Ensembles, einer Stadt, eines Theaterhauses an. Doch trotz aller Unterschiede gab es eine gemeinsame Aufgabe: Die Erziehung des Publikums. In diesem Ziele stimmten selbst extrem unterschiedliche Künstler-

[1] G. E. Lessing, Briefe, die neueste Literatur betreffend; in: Gesammelte Werke, Bd. 4, Berlin und Weimar 1968. S. 357.

[2] G. Wahnrau, Berlin. Stadt der Theater. Berlin 1957. S. 201.

persönlichkeiten überein. Da trat der Hamburger Theaterdirektor Friedrich Ludwig Schröder nach der deutschen Erstaufführung von Shakespeares HEINRICH IV. 1777 vor das ablehnende Publikum: »In der Hoffnung, daß dieses Meisterwerk Shakespeares, welches Sitten schildert, die von den unsrigen abweichen, immer besser wird verstanden werden, wird es morgen wiederholt!«[1] Da donnerte Goethe als Leiter des Weimarer Hoftheaters das Publikumsgelächter während der Uraufführung von Schlegels ALARCOS mit einem autoritären »Man lache nicht!« nieder ...Persönliche Stimmen in einem gesellschaftlichen Prozeß. Was als Sendungsbewußtsein einzelner erschien, war vielmehr eine grundlegende Umgestaltung: Die Beziehung zwischen Spielern und Zuschauern spiegelte Wandlungen in der gesellschaftlichen Kommunikation, wenn auch vielfach gebrochen. Verändertes Publikumsverhalten im Theater war Folge und Ausdruck umfassender sozialer Veränderungen. Auch wenn das Gleichheitszeichen zwischen der Situation in einem Comödienhaus und der sozialen Realität kurzschlüssig wäre, ist jene nur zu begreifen, wenn diese mitgedacht wird.

Der »Gothaischen Theaterkalender« fordert 1783 ein Polizeigesetz

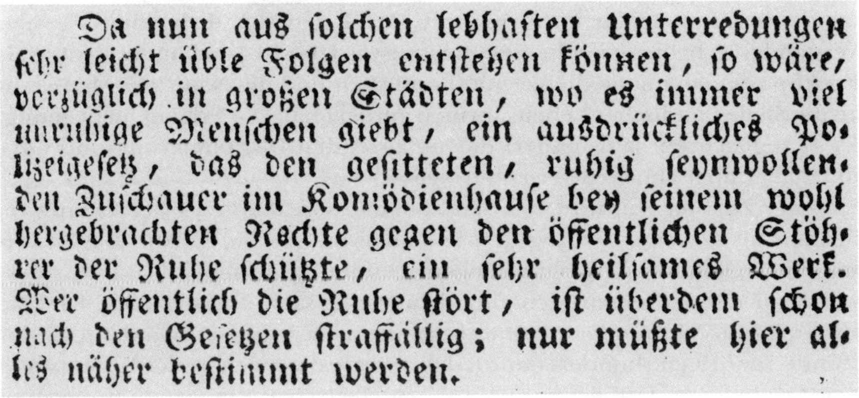
Da nun aus solchen lebhaften Unterredungen sehr leicht üble Folgen entstehen können, so wäre, vorzüglich in großen Städten, wo es immer viel unruhige Menschen giebt, ein ausdrückliches Polizeigesetz, das den gesitteten, ruhig seynwollenden Zuschauer im Komödienhause bey seinem wohl hergebrachten Rechte gegen den öffentlichen Stöhrer der Ruhe schützte, ein sehr heilsames Werk. Wer öffentlich die Ruhe stört, ist überdem schon nach den Gesetzen straffällig; nur müßte hier alles näher bestimmt werden.

Dabei sind zwei fundamentale zeitgeschichtliche Vorgänge zu erinnern, die zwar aufeinander bezogen, aber doch unterscheidbar sind: erstens die ökonomische Entwicklung, die die soziale Psyche veränderte, zweitens die deutsche Variante der europäschen Aufklärung, die auf die politischen Verhältnisse antwortete. Im Schnittpunkt beider Vorgänge entstand die Konzeption des deutschen Nationaltheaters.

[1] E. Devrient, Geschichte der deutschen Schauspielkunst, Bd. 1, Berlin 1967. S. 474.

Disziplin als Lebenssinn

Unter geistesgeschichtlichem Blickwinkel wird das 18. Jahrhundert als Epoche der Aufklärung bezeichnet. Das ist ein Verabredungsbegriff. Er widerspiegelt die Ablösung theologischer Geschichtsdeutung durch Geschichtsphilosophie, die wachsende Bedeutung der Natur- und Wirtschaftswissenschaften sowie den Ausbau einer Ideologie, die auf die vernuftgemäße Selbstbestimmung des Menschen orientiert. Im Zuge der Aufklärung befreien sich auch die Künste aus höfischer Abhängigkeit und treten auf den bürgerlichen Markt. Sie fordern im Namen der Menschheit die natürlichen Rechte des Individuums ein. Dabei spielt in Deutschland das Theater eine herausragende Rolle. In einigen Städten wird es sogar, mindestens zweitweise, zum wichtigsten Medium aufklärerischen Gedankengutes. Das geistige Leben in Frankfurt, Leipzig, Hamburg, Berlin, Hannover, Breslau, Mainz, Mannheim, Weimar ... wäre ohne den Beitrag der »Comödienhäuser« entschieden ärmer gewesen. Insofern läßt sich auch der Aufbau des deutschen Nationaltheaters – trotz zeitlicher Nachfolge – mit dem Dachbegriff der Aufklärung fassen.

Immanuel Kant hatte »die Beantwortung der Frage: Was ist Aufklärung?« mit der berühmten Maxime formuliert: »Habe den Mut, dich deines eigenen Verstandes zu bedienen!«[1] In diesem Sinne wird das 18. Jahrhundert häufig als Epoche angesehen, die die Vernunft entfesselt und die Natur des Menschen an die Stelle ständischer Lebensnormen gerückt hat. Doch damit nicht genug: Es ist zugleich ein Jahrhundert der umfassenden Disziplinierung und Ordnung aller menschlichen Verhaltensweisen.

Dieser Zug der Zeit wird von den Zeitgenossen allerdings viel seltener reflektiert als die Opposition gegen feudalabsolutistische Willkür. Das ist verständlich. Denn die Disziplinierungen schreiten ganz allmählich fort, stückweise, für den einzelnen Menschen kaum insgesamt überschaubar. Und sie hatten schon Jahrhunderte früher begonnen, verdichteten sich dann an der Wende zum 19. Jahrhundert derart, daß sie nun die Eigenart der Lebensweise deutlich prägten. Daß das zur politischen Herrschaft drängende Bürgertum seinen Anspruch ausschließlich mit dem Ruf nach Freiheit des Geistes legitimierte und nicht ebenso auch nach einer Disziplin des Körpers rief, war in jener Situation ebenfalls verständlich ...

Doch gerade der gesamtgesellschaftliche Disziplinierungsprozeß war es, der das Theaterwesen tatsächlich veränderte – tiefgreifender, praktisch durchschlagender als es die aufklärerischen Ideen und ästhetischen Konzeptionen je vermochten. Ja, ohne Disziplin als Grundwert und Handlungsprogramm in der Lebensweise der Menschen wäre die Entwicklung des neuen, eigentümlich-bürgerlichen Theaters undenkbar. Nur vor dem Hintergrund des sich fest

[1] I. Kant, Beantwortung der Frage: Was ist Aufklärung? in: Kants Werke, Akademie-Textausgabe, Bd. 8. Berlin 1968. S. 33.

verwurzelnden »Ordnungs-Sinns« ist die Entmündigung des Theaterpublikums, wie sie hier dargestellt werden wird, erklärlich.

Der Gedanke der bürgerlichen Freiheit setzt die Akzeptanz von Ordnung voraus. In Kants berühmtem »kategorischen Imperativ« wird sowohl das individuelle Handlungsrecht wie die soziale Handlungspflicht des Menschen eingefaßt. Der bürgerliche Staat, von dem die fortschrittlichsten Köpfe träumen, wird immer als eine freiwillige Unterordnung aller Bürger unter das vernünftige Gesetz gedacht. Sehr deutlich hatten die französischen Aufklärer Voltaire, Montesquieu und besonders Rousseau ausgesprochen, daß die zivile Freiheit im Gehorsam gegen die Gesetze besteht. Rousseau hatte im »Gesellschaftsvertrag« bestimmt, unter welchen Bedingungen egoistisches Privatinteresse, Konkurrenz und soziale Ungleichheit vom Dienst am Allgemeinwohl abgelöst werden können: wenn der einzelne nämlich alle individuellen Rechte an die Gemeinschaft entäußert. Um vom Individuum zum Staatsbürger zu reifen, müsse er sich als Glied der Gemeinschaft verstehen. Das bedeutet für ihn, an die Stelle seiner physischen eine moralische Existenz zu setzen, die Individualität in den Teil eines größeren Ganzen zu verwandeln.[1]

In diesen Jahrzehnten wurde der Gedanke der sittlichen Disziplinierung nicht nur von Rousseau entwickelt, und er wurde nicht als Widerspruch zum gleichfalls proklamierten Menschenrecht auf freie Entfaltung der Subjektivität gesehen. Offenbar war die Forderung nach Unterordnung individueller Handlungsziele unter das »größere Ganze« keineswegs bloß eine schöngeistige Tirade. Vielmehr widerspiegelte sie – jeweils subjektiv gebrochen und ins Moralische übersetzt – den Entwicklungsstand der Produktivkräfte. Sie erheischen nun Disziplin in bisher unbekanntem Ausmaß. Das mag weder den Philosophen noch ihren Lesern völlig bewußt geworden sein. Aber aus der Rückschau des 20. Jahrhunderts ist sehr deutlich zu erkennen, wie tief die industrielle Revolution in die Denkfiguren des Alltags eindringt, wie sie das Wahrnehmungsmuster des Jahrhunderts gründlich verändert. Das ist ein für die deutsche Theaterkultur ganz entscheidender Vorgang!

Wenn auch gegenüber anderen westeuropäischen Ländern verzögert, so bildete sich doch im Heiligen Römischen Reich Deutscher Nation in der zweiten Hälfte des 18. Jahrhunderts der Manufaktur- und Handelskapitalismus kräftig aus. Manufakturen und Kaufleute von europäischem Rang hatte es in Deutschland auch schon in früheren Jahrzehnten gegeben; jetzt aber wurden die Konturen ihrer künftigen ökonomischen Dominanz offensichtlich. Grundlage für diesen sich allnmählich entwickelnden Kapitalismus bot die industrielle Revolution, die sich seit etwa 1760 von England aus über den Kontinent ausbreitete. Sie bedeutete die größte Umwälzung im Stoffwechsel des Menschen mit der Natur seit der »agrarischen Revolution«, die vor mehr als zehntausend Jahren aus Jägern und Sammlern seßhafte Ackerbauern und Viehzüchter gemacht hatte. In den Jahrzehnten vor 1800 wurden zahlreiche

[1] J. J. Rousseau, Du contrat social. Paris 1963. S. 104.

naturwissenschaftlich-physikalische Zusammenhänge und mathematischen Gesetze entdeckt, die in technologischen Neuerungen eine rasche Anwendung erfuhren. Die Erfindung der Dampfmaschine und des mechanischen Webstuhls, die Begründung der chemischen Nomenklatur und die erste chemische Großproduktion, die Eröffnung der ersten Technischen Hochschule und des ersten Patentamtes kennzeichnen das dynamische Wachstum der Produktivkräfte.

Ihre Wirkungen erfaßten jedoch nicht nur die materielle Produktion und die volkswirtschaftliche Struktur. Die industrielle Revolution veränderte ebenso das Netzwerk der alltäglichen Kommunikation, das Erlebnisspektrum wie die Weltsicht des einzelnen.

Die Handwerker verändern sich zu Manufaktur-Arbeitern, und damit wandelt sich auch ihr Wahrnehmungsmuster. Der vorindustrielle Handwerker hatte nach dem Augenmaß gearbeitet; die Sinne, ungeheuer geschärft durch Übung und tägliche Wiederholung, waren seine wichtigsten Kontrollinstrumente. Er konnte sich auf die von Generationen überlieferte und immer wieder bestätigte Erfahrung verlassen. Noch stellte die Mathematik nicht die eigene Anschauung in Frage! Die Meßinstrumente des Handwerkers, wie Zirkel oder Richtscheit, blieben Hilfsmittel. Sie verlängerten sozusagen seine natürlichen Organe, ersetzten sie noch nicht.[1] Dann entsteht aus dem Bedürfnis, möglichst viele Waren bei geringstmöglichem Aufwand zu produzieren, die Manufaktur. In ihr wird die Produktion in viele Einzeloperationen zerlegt. Die globale Fähigkeit des Handwerkers, die während des Fertigungsvorgangs allseitig gefordert war, schrumpfte nun zur Virtuosität des Spezialisten. Auch von ihm wird Kraft, Geschicklichkeit, Ausdauer, Präzision verlangt, doch immer nur bezogen auf ganz wenige Handgriffe. Der Einzelarbeiter verliert in der Manufaktur den Überblick über das ganze Produkt. Auch dadurch vertieft sich die Kluft zwischen Hand- und Kopfarbeit. Diese muß die sich immer weiter differenzierende Produktion gedanklich zusammenfassen, jene muß einen winzigen Ausschnitt exakt und unermüdet beherrschen.

Die neue Technologie löst Handwerksbetriebe auf, drängt die traditionellen Zunftbindungen zurück und zerstört allmählich die in Jahrhunderten befestigte Sozialstruktur des Familienbetriebes, in dem der Meister patriarchalisch an der Spitze thronte und verantwortlich für Gesellen und Gesinde sorgte. An die Stelle persönlicher Bindungen tritt in der Manufaktur die ökonomische Beziehung. Nun bestimmt das Kosten-Nutzen-Denken den Verkehr der Produzenten. Eine exakte Leistungs-und Lohnabrechnung, die jede Minute, jedes Stück und jeden Groschen genau mißt, zwingt zu präziser Bilanz.

Der Arbeiter, der nun nicht mehr mit, sondern an der Maschine arbeitet, braucht freilich auch gewisse Kenntnisse über ihre Funktion. Wer eine Maschine bedient, muß in langen Wirk-Ketten denken können. Das anschauende Denken des Handwerkers verschiebt sich nun zum kausal-logischen Denken,

[1] dazu: F. Haug (Hg.), Entwicklung der Arbeitstätigkeiten, Bd. 2. Berlin 1978.

das die Manufaktur-Produktion erfordert. Die Maschine erzwingt eine strikte Regelung der Gedanken, verlangt Abkehr von plötzlichen Einfällen, von sporadischen Experimenten, von Entdeckerlust. Wer seine Phantasie in die Bedienung der Maschine einmischt, gefährdet die Produktion. Mit einem Wort: die Technologie der industriellen Revolution erfordert disziplinierte Produzenten. Umgekehrt gilt ebenso: die Berufstätigkeit in der industriellen Produktion fördert geistige Disziplin, und sie fördert Denkfiguren, in denen lange Ursache-Folge-Beziehungen verknüpft sind. Marx hat darauf hingewiesen, wie in der Manufakturperiode die Einzeltätigkeit des »Teilarbeiters« zu einem »Organ des Gesamtarbeiters« wird: »Es ist klar, daß diese unmittelbare Abhängigkeit der Arbeiten und daher der Arbeiter voneinander jeden einzelen zwingt, nur die notwendige Zeit zu seiner Funktion zu verwenden, und so eine ganz andere Kontinuität, Gleichförmigkeit, Regelmäßigkeit, Ordnung und namentlich auch Intensität der Arbeit erzeugt wird als im unabhängigen Handwerk oder selbst der einfachsten Kooperation.«[1]

So wie die Technolgie der Manufakturproduktion normierte Arbeitsschritte verlangte, mußten ebenso die Produkte normgerecht gefertigt werden. Sollte das Handwerksstück noch persönliche Meisterschaft und schöpferische Varianten zeigen, mußte sie das Manufakturerzeugnis verbergen. Seine Qualität lag in der Unterordnung unter die Norm. Wäre noch die »persönliche Hand« des Produzenten im Produkt erkennbar, würde sein Gebrauch dadurch beeinträchtigt.

Mit den Vokabeln »Regelmäßigkeit«, »Ordnung« und »Intensität der Arbeit« sind Richtlinien genannt, die nicht nur für die Produktion gelten. Auch in der Distribution ist jetzt Disziplin zwingend erforderlich, damit der sich immer weiter ausdehnende und verzweigende Warenverkehr reibungslos, das heißt profitabel funktionieren kann.

Jetzt wird die nützliche Arbeit häufig als »industriös« bezeichnet, um so die neuartige Ordnung gegenüber dem traditionellen Fleiß des Handwerkers hervorzuheben. Friedrich Schiller hat den Zug der Zeit zur »industriösen Tätigkeit« empfindsam registriert. Er warf dem »Genius der Zeit« vor, daß er die Kunst von der Gestaltung des Ideals entfernt und sie der »Notdurft der Materie« untergeordnet habe: »Jetzt aber herrscht das Bedürfnis und beugt die gesunkene Menschheit unter sein tyrannisches Joch. Der Nutzen ist das große Idol der Zeit, dem alle Kräfte frönen und alle Talente huldigen sollen.«[2]

Freilich, die Industrialisierung kam in Deutschland erst sehr langsam ins Laufen. Beispielsweise wurden die ersten mechanischen Webstühle in Deutschland 1818 in Betrieb genommen, als sie in England schon seit dreißig Jahren produziert hatten – und Militär mußte sie noch vor Zschopauer Maschinenstürmern schützen! Noch immer lebten zur Jahrhundertwende ein

[1] K. Marx, Das Kapital; in: Marx Engels Werke, Bd. 23. S. 365 f.

[2] F. Schiller, Über die ästhetische Erziehung des Menschen in einer Reihe von Briefen; in: Nationalausgabe, Bd. 20. Berlin u. Weimar 1962. S. 311.

Dreiviertel der deutschen Bevölkerung auf dem Lande, waren vom Industriezeitalter in ihrer unmittelbaren Lebensgestaltung wenig berühert. Nur 2,3 Millionen Menschen – jeder zehnte Deutsche – waren gewerblich beschäftigt. Die Textilmanufakturen bildeten den am weitesten entwickelten Zweig. Die Verstädterung stand erst am Anfang. Noch um 1815 gab es nur drei Großstädte mit mehr als 100 000 Einwohnern: Wien, Berlin und Hamburg. Es folgten die Städte Prag, Breslau, Königsberg und Köln mit mehr als 50 000 Einwohner. Um die Jahrhundertwende lebten 99 Prozent der Bevölkerung in Orten unter 5000 Einwohner; nur 5 Prozent lebten in Städten mit mehr als 20 000 Bürgern.

Die Sozialstruktur des Reiches war regional sehr unterschiedlich. Kursachsen, eine um 1750 ökonomisch fortgeschrittene Region, zählte in dieser Zeit zum städtischen Bürgertum 20 Prozent, zu den städtischen Unternehmerschichten 16 Prozent, zur bäuerlichen Landbevölkerung 25 Prozent, zur nichtbäuerlichen Landbevölkerung 38 Prozent, zur Geistlichkeit und zu adligen Grundbesitzern jeweils ein halbes Prozent der Gesamtbevölkerung. Ein anderes Beispiel, fünfzig Jahre später, bietet noch kein wesentlich neues Bild: Um 1800 gliederte sich die Gesellschaft in den thüringischen Territorien: städtisches Bürgertum 23 Prozent, Handwerksgesellen, Dienstboten, Fabrikarbeiter, Tagelöhner 13 Prozent, Landbevölkerung 63 Prozent, Angehörige des Adels 1 Prozent.[1]

Das Stadtbürgertum rekrutierte sich nicht nur aus Kaufleuten und »Manufakturisten«; Mediziner, Juristen, Professoren gehörten ebenso dazu wie städtische Beamte, Künstler, nichtadlige Offiziere. Innerhalb der sozialen Schichten des Bürgertums gab es enorme Unterschiede im Einkommen, folglich auch in der Lebensweise und im Erfahrungshorizont. In Bezug zum Jahreslohn einer Dienstmagd oder eines Kutschers beispielsweise verdiente ein untergeordneter Beamter das zehnfache, ein Universitätsprofessor bis zum hunderfachen Jahresgehalt. Selbst innerhalb der sozialen Gruppen waren die Einkommensunterschiede – gemessen mit dem Blick des 20.Jahrhunderts – beträchtlich. So erhielten die bestbezahlten Schauspieler in einer Theatergesellschaft um 1790 gegenüber den Empfängern niedriger Gagen das Zwanzigfache. Insofern wird verständlich, daß die sozialen Gruppen die unterscheidenden Momente im Alltag subjektiv stärker erlebten als die Gemeinsamkeit des Standes. Gleichzeitig verband sie alle das Ethos der Arbeit. An welchem Ort sie auch tätig waren, ob im kaufmännischen Kontor oder in einer Werkstatt oder auf der Bühne des Comödienhauses, sie alle lebten von der eigenen Berufstätigkeit. Ob sie Brot- oder Profiterwerb war, gleichviel – ihre eigene Leistung sicherte ihnen ihre Existenz.

Diese Existenz war freilich für die Mehrzahl der Bevölkerung kärglich genug. So wird über die Berliner Einwohner ausgesagt, daß um die Jahrhun-

[1] dazu: H. A. Glaser (Hg.), Deutsche Literatur. Eine Sozialgeschichte. Bde. 4 u. 5. Reinbek 1980.

dertwende mindestens jeder fünfte sein Existenzminimum nicht mehr durch eigene Arbeitskraft sichern konnte und auf Almosen angewiesen war. Wie differenziert in den sozialen Gruppen und in den deutschen Territorien auch immer, allmählich bildete sich doch bei der Mehrheit der arbeitenden Bevölkerung dieses übereinstimmende Wertbewußtsein heraus: Produktive Leistung als Lebenssinn.

Diese Übereinstimmung rechtfertigt den verschwommenen Begriff »Bürgertum«. Er erhält seinen Sinn erst als Widerwort zu »Feudalität«, der politisch herrschenden Klasse. Sie lebte, um den ererbten Stand zu repräsentieren. Was sie verausgabte, verdankte sie der Geburt und nicht der eigenen Arbeit. Repräsentanz als Lebenssinn.

In dem wohl meistgespielten Stück der achziger Jahre – dem Lustspiel NICHT MEHR ALS SECHS SCHÜSSELN von G.F.W.Großmann – kommt die Kollision zwischen produktiver und parasitärer Lebensweise auf der Szene zur Anschauung. Da läßt der Autor den klugen bürgerlichen Justizrat seinen adligen Widerpart, der faul vom Vermögen der verachteten bürgerlichen Verwandtschaft und vom höfischen Intrigenspiel lebt, fragen: »Wenn Sie Ihren Abschied bekommen hätten, was wollten Sie in der Welt anfangen!«[1]

Als zum Ende des 18.Jahrhunderts verhältnismäßig viele bürgerliche Unternehmer beträchtliche Vermögen gesammelt hatten, standen sie am Scheideweg – entweder den feudalaristokratischen Luxus zu kopieren oder das Kapital zu investieren und die Akkumulation anzukurbeln. Die meisten entschieden sich für den Weg der persönlichen Sparsamkeit, ja Askese. Der demonstrative Verzicht auf Konsum und Freizeit gehörte nun zum Selbstbild bürgerlicher Tüchtigkeit. Es war zugleich ein schroffes Gegenbild zum »standesgemäß« entfalteten Luxus der Feudalität.

Auch wenn die Industrialisierung vor der Jahrhundertwende nur langsam fortschritt, griff doch das neue Wahrnehmungs-und Urteilsmuster mit der industriellen Revolution unaufhaltsam um sich. Offenbar entsprach das kausallogische Denken und die allseitige Disziplinierung, wie sie das Maschinenzeitalter brauchte, genau dem Wesen der bürgerlichen Weltsicht, wie sie schon seit Jahrhunderten gewachsen war. Begriffe wie »Ordnung«, »Regelmäßigkeit«, »Tugend«, »Mäßigung« waren solide Grundsteine, auf denen das Kapital aufbauen konnte.

Der Ton des resignierenden Bedauerns ist unüberhörbar, wenn ein Autor 1780 im »Teutschen Merkur« meldet: »Bücher sind nun einmal Ware geworden, so gut wie Zucker, Caffee, Schnupftabak oder irgend eine Art von Handlungs- und Fabrikartikeln ...«[2] In der Tat: auch die Theaterkultur beugte sich »unter das Joch des Nutzens«. So ist die Erziehung der Theaterzuschauer zu Ordnung und Vernunft nichts anderes als eine Welle im breiten Strome der Zeit, der im Ethos der nützlichen Arbeit mündet. Der neue Zeitgeist der

[1] G. F. W. Großmann, Nicht mehr als sechs Schüsseln. Leipzig 1785. S. 164.
[2] Ch. M. Wieland (Hg.), Teutscher Merkur. Juni 1780. S. 267.

Ökonomisierung war in den norddeutsch-protestantischen Territorien stärker spürbar als im süddeutsch-katholischen Raum, wo die vorindustrielle Produktionsweise noch länger dominierte. Doch er kanalisierte nicht nur die Lebensmaximen der Stadtbürger. Selbst die stärksten Zentren der feudalabsolutistischsten Ideologie konnten sich auf Dauer dem »Genius der Zeit« nicht versperren.

Das Beispiel des Kartenverkaufs im höfischen Theater dokumentiert die unaufhaltsame Verbürgerlichung: Die plebejischen Wandertheater hatten nie verhehlt, warum sie Zuschauer warben – um von deren Eintrittsgeld ihre Existenz zu bestreiten. Dagegen war an den höfischen Theatern des 17./18. Jahrhunderts der Eintritt für die jeweils geladenen Gäste frei. Die Aufführungen wurden nicht als kulturelle Handelsware angesehen, sondern als Spiegel für den Glanz des Potentaten. Erst im letzten Viertel des 18. Jahrhunderts öffneten viele deutsche Hoftheater ihre Pforten fürjedermann, der eine Karte kaufen konnte. (Die leere Staatskasse bildete gewissermaßen den Resonanzboden für den philanthropischen Gedanken der Volkserziehung!)

Daß ein Kunstereignis verkäuflich werden kann, widerspiegelt die profitorientierte Denkweise, die nun auch in die feudale Bürokratie einzieht. Wie sehr manchen Adligen die neue Praxis befremdete, überliefert eine Anekdote aus Hannover. Der Gouverneur, der das Schauspiel in einer provisorischen Bude gern besucht hatte, blieb fern, als die Gesellschaft dann im Königlichen Opernhaus auftreten konnte. In des Königs Hause, so war die Begründung des Hofbeamten, könne er kein Eintrittsgeld bezahlen. »Dat is‹ despectierlich vor den König.«[1] Kunst zu verkaufen, bedeutet für die Hoftheater-Kultur einen tiefen Einschnitt.

Die Veränderungen im Opernhaus Unter den Linden sind symptomatisch und keineswegs ein berlinischer Sonderfall: Seit der Eröffnung des Theatergebäudes 1742 waren die Hoffeste selbstverständlich – dem Selbstverständnis des Hofes folgend – eintrittsfrei. Friedrich II. hatte alle Vorschläge, die finanzielle Situation der Oper durch Eintrittsgelder zu verbessern, strikt abgelehnt. Das Hofmarschallamt vergab die Billetts nach einem standesgemäßen Schlüssel, der auch Behörden und Korporationen berücksichtigte. Am Tage der Aufführung, so hatte de König ausdrücklich befohlen, erkundigte sich ein Hoffourier in den Berliner Gasthöfen nach der Anzahl der Fremden. Waren sie höheren Standes, erhielten sie ein Billett. Das war alles andere als königliche Gastfreundschaft – es war der Export kultureller Geltung. Strenge Strafen wurden dem Verkauf von Eintrittskarten angedroht. Fürstlicher Glanz sollte nicht durch Geld beschmutzt werden. Eine Policeyverordnung verkündete die Staatsräson: »Da nach der von Sr. Majestät Allerhöchstverordneten Verteilung der Logen und des Parterres im Opernhause für alle Stände nach Möglichkeit und soweit es der Raum gestattet, gesorgt und die wenigen für einige Logen und das Parterre zu erteilenden Billetts, so wird solches und daß die

[1] F. L. Schmidt, Almanach fürs Theater. Hamburg 1809. S. 131.

ernsthaften Maßregeln getroffen, daß keine Plätze verkauft werden können, hiermit zu jedermanns Wissenschaft bekannt gemacht. Da auch durch das Übersteigen von einer Loge zur anderen oder von den unteren Logen in das Parterre die beabsichtigte Ordnung gänzlich vereitelt werden würde, so wird jedermann ernstlich gemahnt und gewarnt, sich dessen zu enthalten, widrigenfalls aber die unangenehmen Folgen sich selbst zuzuschreiben.«[1] Doch trotz aller Verbote blühte der schwarze Markt des Kartenhandels. Seit 1789 wurde schließlich im Opernhaus Unter den Linden Eintrittsgeld erhoben. Unmittelbar ausgelöst hatte diese Neuerung zwar der wiederholte Ärger des Königs über das schwunghafte Geschäft mit den Billetts, doch der tiefere Grund lag im allmählichen Wandel des Theaterverständnisses. Theater wurde nun als Dienstleistungsbetrieb begriffen; es war nicht länger eineökonomische Freihandelszone. Vom 4. April 1789 datiert die Regelung, daß ein Billett im ersten Rang 2 Taler, im zweiten Rang 1 Taler und auf den übrigen Plätzen Zweidrittel Taler koste. Der Eintritt in eine Loge kostete nun pauschal 32 Taler für 20 Personen.

Die Öffnung des Theaters für Jedermann änderte zunächst gar nichts am Geist des Hauses. Denn die hohen Preise sicherten die Exklusivität des Publikums. Zum Vergleich: Der Jahresverdienst eines Hof-und Kriegsrates betrug 300 Taler, eines Kanzeleidieners 50 Taler, einer Köchin oder Magd 15 Taler. Eine Köchin wird wohl nur ausnahmsweise bereits gewesen sein, ihren Lohn von zwei sauren Arbeitswochen für eine italienisch gesungenen Opernaufführung auf dem schlechtesten Sitzplatz auszugeben. So war dank der Preise gesichert, daß die »bessere Gesellschaft« unter sich bleiben konnte.

Die Einführung der Eintrittspreise auch im höfischen Theater ist exemplarisch für das Kosten-Nutzen-Denken, das jetzt in alle Sphären des gesellschaftlichen Lebens eindringt. Und von der finanziellen »Nützlichkeit« zur »Ordnung«, zur »Disziplin« und »Regelmäßigkeit«, also zur Berechenbarkeit ist es nur ein kurzer Gedankenschritt. Daß sich diese Denkfigur in der zweiten Hälfte des 18. Jahrhunderts so rasch ausbreiten konnte, obgleich die Lebensverhältnisse noch weithin vom Feudalabsolutismus dominiert waren, ist durch die sozialökonomische Entwicklung der vorausgehenden Jahrhunderte bereits angelegt. Seit der Renaissance und der frühbürgerlichen Revolution in Deutschland wurde gewissermaßen schon der Boden für die in ihrem Kern bürgerliche Wertkategorie »Disziplin« bereitet. Diesen langfristigen Prozeß hat der Kultursoziologe Norbert Elias im Begriff der »Zivilisation«, die beständig wird und sich wandelnd fortschreitet, eindrucksvoll dargestellt. Elias beschreibt »Zivilisationskurven«, die die Scham-und Peinlichkeitsgrenzen immer enger ziehen. Seit der Renaissance werden die natürlichen Regungen des Menschen immer mehr tabuisiert oder »hinter die Kulissen« des sozialen Verkehrs gelegt. Dabei tritt die Abhängigkeit der fortschreitenden Disziplinierung von den Produktionsverhältnissen deutlich zu Tage: »In der höfisch-ari-

[1] O. Weddigen, Geschichte der Theater Deutschlands. Berlin o. J. S. 240.

stokratischen Phase wird die Zurückhaltung, die man den Neigungen und Affekten auferlegt, vorwiegend mit der Rücksicht und dem Respekt begründet, den man anderen und vor allem sozial Höherstehenden schuldet. In der folgenden Phase wird das, was zu Triebverzicht, Triebregelung und Zurückhaltung zwingt, weit weniger durch bestimmte Personen repräsentiert; es sind ... unmittelbarer als zuvor die weniger sichtbaren und unpersönlichen Zwänge der gesellschaftlichen Verflechtung, der Arbeitsteilung, des Marktes und der Konkurrenz, die zur Zurückhaltung und zur Regelung der Affekte und der Triebe zwingen.«[1]

Die Triebregelung, die zur bürgerlichen Arbeit notwendig ist, konditionierte das Verhalten des einzelnen derart, daß es als eigenes, aus innerem Antrieb gewolltes Verhalten in Erscheinung tritt. So werden die Notwendigkeiten der kapitalistischen Produktionsweise als Werte verinnerlicht, ohne daß ihr Ursprung in der Wirtschaftspraxis bewußt bleibt.

Einem ganz besonderen Zwang ist dabei die Sexualität ausgesetzt. Zu ihrer legitimen Enklave wird im 18. Jahrhundert die Kleinfamilie. Die Treue eines Mannes und einer Frau füreinander, die durch kirchlichen Segen verbunden sind, versteht sich nicht als Wert an sich, und es ist auch kein selbstverständlicher Wert des Bürgertums. Denn Jahrhunderte zuvor wurden selbst in ehrbaren Bürgerfamilien die ehelichen und die unehelichen Kinder gemeinsam aufgezogen. Der Hausvater sorgte sich auch um seine »natürlichen« (!) Kinder und stattete außerehelichen Töchtern ehrenvolle, prächtige Hochzeiten aus. Das bedeutete: außereheliche Beziehungen galten noch nicht als anrüchig und wurden folglich nicht verheimlicht. Dieses Urteil hat sich dann bis zum 18. Jahrhundert gründlich gewendet: Eheliche Monogamie und Harmonie sind nun höchste bürgerliche Lebenswerte. Und im Theaterrepertoire um 1800 herrscht das sogenannte »Familiengemälde«, das die Gattenliebe verherrlicht!

Aus bürgerlicher Perspektive erscheint die in der höfischen Gesellschaft vorherrschende Eheform als äußert lax. Dazu Elias: »Die gesellschaftliche Meinung verurteilt nun ganz streng jede außereheliche Beziehung der Geschlechter ... Und das ist ganz gewiß nur eines der vielen Beispiele für das Stärkerwerden der Zurückhaltung, der Selbstzwänge, die sich der einzelne nun aufzuerlegen hat.«[2]

In diesem Sinne sind die Ordnungsrufe, mit denen die Theaterreformatoren ihr Publikum zu gesittetem Verhalten erziehen wollen, keine Einzelstimmen. Ihr Tonfall paßt haargenau in die Zeit. Es sind jene Jahrzehnte, in denen die staatlichen Reformen und Verfügungen immer wieder auf die Integration des Individuum ins »größere Ganze« drängen. Was noch 1762 in Rousseaus kühnem Geist zur Vision einer Volkssouveränität führte, münzt ein Vierteljahrhundert später ein bescheidenerer philosophischer Kopf zum Lob

[1] N. Elias, Über den Prozeß der Zivilisation. Bd. 1. Frankfurt/M. 1967. S. 206 f.
[2] ebenda, S. 256.

des Polizeiwesens um. Carl Gottlieb Rößig, »der Philosophie öffentlicher Lehrer auf der hohen Schule zu Leipzig«, bemerkte 1787: »Die Leipziger Polizeyverfassung zeichnet sich aus durch gute Verbindung der einzelnen Teile, durch Wachsamkeit in Entdekkung der Polizeyvergehung und Störer der Sicherheit, durch vorzügliche Feueranstalten, durch Verschönerung der öffentlichen Orte und der Stadt überhaupt, durch Vorsorge für das Medizinal- und Armenwesen, insgleichen für die Bequemlichkeit und öffentliche

Der »Gothaische Theaterkalender« gegen freizügige Reden

Die beste Art, den Schauspielern seine Achtung auf der Bühne zu beweisen, ist, wenn der Zuschauer sich während der Vorstellung ruhig verhält, alles laute Plaudern, unanständige Lachen, das den andern Zuschauern so lästige unnöthige heraus und hereinlaufen unterläßt. Noch weniger schicklich und höchst unbillig ist es, wenn man sich die Freyheit herausnimmt, auf die Bühne herauf zu rufen, und den Schauspielern wohl gar Beleidigungen in den Bart wirft. Der vernünftige, der unbefangene Mann sey hier Richter zwischen mir und denen, die sich solche Ungezogenheiten erlauben, und ihn frage ich, ob so etwas nicht ein usurpirtes Recht sey, das jedem wohlerzogenen edeldenkenden und mit Ehren und Würden bekleideten Mann nicht anstehet? durch solche Handlungen kann der Zuschauer bey dem Schauspieler die Achtung vergessen machen, die lezterer dem ersten schuldig ist. Man dulde lieber eine Kunst ganz und gar nicht, ehe man ihr Achtung, die sie wie jede andere fordern kann, entziehen will. Unter der Abwürdigung des Künstlers, leidet die Kunst.

Sicherheit.«[1] (Im 18.Jahrhundert wurde unter »Polizey« die gesamte Tätigkeit des Staates nach innerm, insbesonders seine Wohlfahrtsaufgaben, verstanden. Erst um die Jahrhundertwende verengte sich der Begriff auf die Funktion der inneren Sicherheit – ein Schlaglicht jenes Disziplinierungsprozesses!).

[1] C. G. Rößig, Die Chursächsische Staatskunde. Leipzig 1787. S. 347 f.

Aufschlußreich ist, wie der Leipziger Philosoph den inneren Zusammenhang der verschiedenen Ordnungsmaßnahmen erkannte.

Was er hier für die Stadt Leipzig beschrieb – daß öffentliche Ruhe gesichert, die Feuerwehr organisiert, die Stadt gereinigt, die medizinische Betreuung gelenkt wird –, das ließe sich ähnlich auch von anderen deutschen Städten sagen und mit zahllosen Verordnungen dokumentieren. Von den einschlägigen Theatervorschriften wird hier später noch die Rede sein. Dabei sind aufklärerische Konzepte, »vernüftige« Regelungen (wie die Hygiene-Ordnung!) und restriktive Maßnahmen ganz eng verquickt. Was an jenen Vorschriften Ausdruck von absolutistischer Willkür, was Ausdruck von Bürokratie und was Ausdruck progressiver Reformen war, läßt sich nicht immer auseinanderflechten.

Ein lokales Beispiel, wiederum aus der ausgeprägt bürgerlichen Stadt Leipzig, mag den schleichenden Prozeß der Diszplinierung veranschaulichen. Denn sie setzte sich nicht »naturgesetzlich« durch, sondern bekam oftmals juristische Füße – ihre Resultate jedoch werden später im Lebensgefühl als Selbstverständlichkeit verinnerlicht. Die Leipziger Universitätschronik liefert beredte Zeugnisse vom Widerstand der Studenten gegen behördliche Disziplinierungsmaßnahmen. (In diesem Lichte findet das aufsässige Treiben des Leipziger Studenten Karl Moor, wie es Schiller dargestellt hat, manche realen Vorbilder!) Das alte Studentenrecht der Vivat-Rufe und das nächtliche Musizieren auf Leipziger Straßen werden erstmals 1741 durch ein Rescript eingeschränkt. Hinfort bedürfen die Vivat-Rufe der vorherigen Genehmigung. Als dann 1768 Rektor Böhme sein Amt antritt, verkündet er in seiner ersten Rede drei Verbote: das Reiten in großen Gesellschaften, das Vivat-Rufen und den ständigen Besuch der Schauspiele. (Zwei Jahre zuvor hatte das erste Leipziger Stadttheater seinen Dauer-Betrieb eröffnet!) Die Universitätsleitung setzte eine Beschränkung der Theaterveranstaltungen auf zwei Wochentage durch, konnte sie gegenüber dem Dresdner Hof doch argumentieren, daß von den Studenten »im Comödien-Hauße geschlagen und einander provocieret« würde.[1] Aber die Studenten wehrten sich energisch gegen die Reglementierung ihrer akademsichen Freiheit. Mit Steinwürfen gegen den rituellen Zapfenstreich der Stadtsoldaten und gegen die Fenster des Stadthauptmannes Frege unterstrichen sie ihre Forderungen. Ihre Revolte hatte drei Ziele: Sie wollten des Nachts Lärm schlagen, nicht durch Ratssoldaten angegriffen werden und jeden Tag Theateraufführungen sehen dürfen. Der sächsische Hof setzte im Oktober 1768 ein Tumultmandat dagegen. Es verbot die Vivat-Rufe in den Nachtstunden gänzlich sowie jede studentische Zusammenrottung. Um seinem Verbot Nachdruck zu verleihen, ließ der Hof im November eine Anordnung folgen, daß künftig in Kursachsen nur in den Staatsdienst angestellt werde, wer ein Sittenzeugnis über seine Studienzeit beibringen könne. Zweck dieser Anordnung, so sprach sie es unverblümt aus, war, »zu Erhal-

[1] O. Günther, Zur Geschichte des Leipziger Musenkrieges. Leipzig 1894. S. 9.

tung gebührender Ordnung und Ruhe unter den Studierenden« beizutragen.[1]

Doch auch in den folgenden Jahren ließen sich die Studenten nicht völlig an die Kandare des bürgerlichen Anstandes legen. Immer wieder meldete die Chronik Zusammenstöße zwischen Ordnungshütern und Studenten. Auch die französische Revolution fand ein – freilich zaghaftes – Echo in einem studentischen Aufruhr im August 1791. Rasch wurde Militär eingesetzt. Anlaß genug für den Hof, ein neues Tumultmandat zu verabschieden. Demzufolge sollten bestraft werden »alles ungesittete Lärmen und Schreyen auf den Gassen, in dem Schauspielhause, es geschehe unter welchem Vorwand es wolle, und an allen öffentlichen Orten ...«[2]

Das Leipziger Beispiel veranschaulicht, wie das Theaterleben von der übergreifenden Tendenz der gesellschaftlichen Disziplinierung betroffen war. Es zeigt das Theater unmittelbar in staatliche Reglementierungsversuche eingeschlossen. Wenn nun das Publikum zu »gesittetem« Verhalten genötigt wird, so folgt es nicht in erster Linie dem reformerischen Eifer der Künstler, die um ihrer Kunst willen Aufmerksamkeit einfordern. Vielmehr liegt die treibende Kraft im sozialökonomischen Wandel, der eine strenge Disziplin verlangt.

Der aufgeklärte Monarch und der vernünftige Bürger

In dem Zeitalter, in dem die Grundsteine zum bürgerlichen Nationaltheater gelegt wurden, reifte eine europäische Zeitenwende heran. Die französische Revolution löste die ständisch-feudale Gesellschaft ab und errichtete eine juristisch-egalitäre Ordnung, in der sich nun der kapitalistische Markt ungehindert entfalten konnte.

Jedoch fand die Krise des Feudalabsolutismus in deutschen Köpfen ein merkwürdig verzerrtes Spiegelbild. Als Ursache der gesellschaftlichen Fäulnis – sie war jedermann offensichtlich – erschienen meist einzelne Hofbeamte. Ihnen allein wurde die frevlerische Nutznießung feudaler Privilegien vorgeworfen. Die feudale Staatsverfassung als objektive Grundlage für subjektive Willkür geriet nicht oder höchst selten ins Zentrum antifeudaler Kritik. Der Titel eines trivialen Lustspiels, mit dem die Zachersche Schauspielgesellschaft 1790 den Geburtstag des Reußischen Fürsten zu Greiz feierte, ist bezeichnend für die soziale Psychologie dieser Jahrzehnte: »Der Fürst hilft gerne, wenn er es nur weiß.«

Für diese Geisteshaltung steht der Begriff vom »Landesvater«. Er verspricht einerseits gehorsame Landeskinder im Sinne des vierten Gebotes; andererseits fordert er fürstliche Verantwortung fürs Staatswohl. So wie der Hausvater

[1] Gesetze und Verordnungen für die Universität Leipzig; in: Museum für Geschichte der Stadt Leipzig, Blatt 38.

[2] ebenda. Blatt 37.

die Versorgungspflicht für die bürgerliche Familie hatte, so wurde nun auch der Fürst in die Pflicht zu sozial vernünftiger Regentschaft genommen. Aber seine Demission stand in Deutschland nie ersthaft zur Debatte. Anders die Franzosen: sie hatten sich im buchstäblichen Sinne von ihrem königlichen Haupte getrennt.

Statt grundlegender gesellschaftlicher Umbrüche setzten die deutschen Ideologen auf die individualethische Erziehung. An Stelle einer riskanten politischen Wende trat die Persönlichkeitsentwicklung, die Pflanzschule des Individuums. Als Ausgangspunkt des Fortschritts sah Wieland – wie die meisten seiner Zeit- und Denk-Genossen – die Fähigkeit des einzelnen zu humanistischem Verhalten. Im Jahr der Jakobinerherrschaft formulierte er »Worte zur rechten Zeit an die politischen und moralischen Gewalthaber«: »Es ist der ewige Refrain aller meiner politischen Träume und Resultat alles dessen, was mich die große Regenten- und Völkerschule, die französische Staatszerrüttung, seit fünf Jahren gelehrt hat ... Sollte es jemals besser um die Menschen stehen, so muß die Reform nicht bei Regierungsformen und Constitutionen, sondern bei den einzelnen Menschen anfangen.«[1]

Die Hoffnung auf die ethische Qualifizierung des einzelnen blieb ein zentrales Element der progessiven deutschen Ideologie – auch über die Epoche der Aufklärung hinaus. Das Nachdenken über die Reform gesellschaftlicher Verhältnisse führte immer wieder zum veredelten »Karakter«, wie es Schiller – ebenfalls 1793 – in einem Brief ausdrückte: »Politische und bürgerliche Freiheiten bleiben immer und ewig das heiligste aller Güter, das würdigste Ziel aller Anstrengungen, und das große Zentrum aller Kultur – aber man wird diesen herrlichen Bau nur auf dem festen Grund eines veredelten Karakters ausführen, man wird anfangen müssen, für die Verfassung Bürger zu erschaffen, ehe man den Bürgern eine Verfassung geben kann ...«[2]

Unüberhörbar aktivierte die französische Revolution die deutschen Geister, das Ziel gesellschaftspolitischen Wandels genauer zu bestimmen. Gleichzeitig stellte sich ihrem Nachdenken jenes »Aber« in den Weg, das im zitierten Brief Schillers Gedankengang umgelenkt und aufs Individuum hingeführt hatte.

Der Aufklärung bedürftig, darin stimmten die Aufklärer überein, waren die Fürsten ebenso wie ihre Untertanen. Jene sollten ihre Regierung allein dem Staatswohl widmen; diese sollten ihre Vernunft gebrauchen und mit einer gerechten Regierung kooperieren. Erstrebenswert erschien ein fürstlicher Rechtsstaat, der seinen Bürgern Brot und Lohn sicherte. Die Regierung hatte Straßen anzulegen, hatte die Pfaffen kleinzuhalten und die Waisen zu versorgen, hatte die Armen gegen die Vermögenden, die Bauern gegen die Adligen zu schützen. Vor allem hatte die Regierung den wirtschaftlichen Erfolg zu er-

[1] Ch. M. Wieland, Wielands Werke (Ausgabe G. Hempel), Bd. 34. Berlin (1879). S. 351.
[2] F. Schiller, Briefe an den Augustenburger v. 13. 7. 1793; in: Schillers Briefe, hg. v. F. Jonas, Bd. 3. Stuttgart 1892–1896. S. 336.

lauben und ererbte Privilegien zu beschneiden. Ein Staat also, in dem die Vernunft regiert und nicht Korruption oder Verschwendung.

Die Bürger sollten sich nicht durch Anbiederung an die Aritokratie »Reputation« erkaufen wollen. Stattdessen sollten sie sich auf eigene Tüchtigkeit und wirtschaftliche Potenz verlassen. Mit allergrößtem Nachdruck forderte das Nationaltheater seine Zuschauer zur Akzeptanz der eigenen sozialen Position heraus. Der bürgerliche Duckmäuser, der sich von einem adligen Wappen an die Wand drücken läßt, und der eitle Geck, der höfischen Luxus kopiert, waren gängige Spottfiguren im sogenannten Familiengemälde, dem die zeitgenössische Bühne beherrschenden Genre.

Die Herausforderung der individuellen Ethik war zugleich eine antifeudale Kampfansage, erschien in dieser Optik der Bürger als »Einzelmensch« ebensogut wie der Adlige. Der Wert eines Menschen wurde nun nicht mehr an der Ahnenreihe gemessen, sondern ausschließlich an seinen persönlichen Leistungen, an seiner Tatkraft, an seinem Erfolg, an seinem Verstand und – dazu in Korrespondenz – an seinem Gefühlsreichtum, an der Tiefe seiner Seele.

Indem so der Fürst als Mensch ins Blickfeld rückte, wurde er seinen Untertanen gleichberechtigt und gleichverpflichtet. Für jedermann wurden nun Verhaltensnormen gültig, die keinen ständischen Bezug mehr hatten. Wie deutlich der Begriff »menschlich« jetzt vom bürgerlichen Denken besetzt war, belegt ein Aufführungsbericht aus einem Theateralmanach des Jahres 1798: In einer »churfürstlichen Residenzstadt« – der Autor läßt sie ungenannt – mußte der Text einer Bühnenfigur: (der Fürst) »Gelo reicht die menschliche Rechte zum Frieden« verändert werden in: »Gelo gab Frieden«. Die aufschlußreiche Begründung der Zensur: »... weil es respektwidrig sein, von einem Regenten zu sagen, er habe eine menschliche Rechte.« (!)[1]

Je konsequenter die aufklärerische Perspektive den Fürsten vermenschlichte, um so konsequenter wurde nun auch nach seiner moralischen Legitimation gefragt. Zwar stand ihm eindeutig und unwidersprochen die legislative und exekutive Entscheidungsbefugnis zu, aber seine Taten sollten sich nun an allgemein-menschlichen Kritierien orientieren.

Die hier beschrieben ideologischen Zielvorstellungen wollten den Bürger zum Bewußtsein seiner sozialen Identität, wollten den Monarchen zum Bewußtsein seiner menschlichen Natur führen. Ihnen ist der Gedanke der freien Individualität gemeinsam. Sie wird das Ideal – ein Grundwert, der die kulturelle Entwicklung antreibt und lenkt.

Diesem Denkmuster eignet auch die Tendenz eines demokratischen Kunstgebrauchs. Jetzt wird Kunst an jedermann adressiert, und jedermann wird als kompetenter Rezipient anerkannt. Ein charakterisierendes Ereignis: Erstmals in Europa entstand 1779 in Kassel ein allgemein zugängliches Kunstmuseum,

[1] H.J. Schmieder (Hg.), Taschenbuch fürs Theater, auf 1798 und 1799. Mainz u. Hamburg o.J. S. 201.

das von vornherein als Gebäude für Besucher aus allen sozialen Schichten konzipiert wurde. Die Kehrseite dieser demokratischen Museumsgründung – sie wurde vom Landgraf Friedrich II. von Hessen durch den Verkauf von 17000 Landeskindern in den englischen Kriegsdienst finanziert! Diese Beispiel wirft ein Schlaglicht auf die gerade in diesen Jahrzehnten und gerade in Deutschland weit geöffnete Schere zwischen ideeller Programmatik und Lebenspraxis.

Eine »wirklich wichtige öffentliche Einrichtung«

Die hier mit den Stichworten »Disziplin« und »Aufklärung« erinnerten Wege führen zum Nationaltheater. Ihr Treffpunkt ist mit einem dritten Stichwort zu bezeichnen, aus dem die Idee des Nationaltheaters entspringt: Es ist die bürgerliche Öffentlichkeit. Mit diesem Begriff läßt sich eine ideelle Instanz beschreiben, die zwar keinerlei legislative oder exekutive Kompetenz hat, gleichwohl ein unüberhörbares Kontrollorgan der feudalabsolutistischen Souveränität wurde.

Der Kulturphilosoph Jürgen Habermas, der die Entwicklung der bürgerlichen Öffentlichkeit eindrucksvoll nachgezeichnet hat, spricht von einer »Sphäre der zum Publikum versammelten Privatleute.«[1] Diese neue Öffentlichkeit ist die Opposition zur repräsentativen Öffentlichkeit des Hofes, die nur eine der Aristokratie ist. In dem Maße, in dem der Warenverkehr die Grenzen der Hauswirtschaft sprengt, bildet sich einerseits die Sphäre der privaten Kleinfamilie, andererseits und davon geschieden die gesellschaftliche Sphäre der Reproduktion heraus. Nun tritt der Privatmann auf die geschichtliche Bühne. Er kombiniert die Rolle des Menschen mit der des Eigentümers.

Die Privatleute beanspruchen die Öffentlichkeit, die bisher der Raum für obrigkeitliches Regime war, im Verlaufe des 18. Jahrhunderts immer nachdrücklicher gegen die feudale Staatsmacht. Denn sie suchen die Verständigung über Regeln, die keinen Bezug mehr auf die ständische Gesellschaft haben, sondern den kapitalistischen Warenverkehr ordnen können. In ihrer Rolle als Privatleute fragen die Bürger nach ihrem Verkehr als Eigentümer.

Das Räsonnement, die vernüftige Erwägung, hat die gesamte bürgerliche Lebensweise mit allen ihren Elementen im Auge. Paradigmatisch dafür ist die Theaterkritik, die – indem sie die Bühnenhandlung kritisiert – auch bürgerliche Verhaltensvorschriften gibt. In der Institution der Theaterkritik organisiert sich das Laienurteil des mündigen Publikums. Die »Kunstrichter«, wie sich die Rezensenten gern titulierten, schreiben in doppelter Funktion. Sie sind Sprecher des Publikums, und sie sind seine Erzieher. Auffallend oft wird in den Theaterkritiken des 18. Jahrhunderts neben den künstlerischen Lei-

[1] J. Habermas, Strukturwandel der Öffentlichkeit. Neuwied 1962. S. 40.

stungen auch das Publikumsverhalten beschrieben und bewertet. Nicht selten bekommen die Zuschauer eine schlechte Note für ihre eigene »Aufführung«.

Erst im 18. Jahrhundert wird der Ausdruck »Publikum« in Deutschland gebräuchlich. Er steht nun für »Öffentlichkeit« im weiteren Sinne sowie für eine umgrenzte Rezipienten-Gruppe im engeren Sinne. Bezeichnenderweise beziehen sich alle Beispiele, mit denen das Grimmsche Wörterbuch die Einbürgerung des Ausdrucks belegt, auf ein urteilendes, kritisierendes, abwägendes Publikum.[1] Sein Richtspruch verschafft einer Angelegenheit »Publizität«. Die »Welt« der Zuschauer – so der vormalige Ausdruck – wird zur räsonnierenden Öffentlichkeit, wird zum Publikum.

Natürlich hatte es auch in früheren Jahrhunderten die Kraft der »öffentlichen Meinung«, die sozial geprägte Normenbildung in der urbanen Lebensweise gegeben. Es gab Keime ihrer Organisation – wie gelehrte Tischgesellschaften, Akademien usw. Nach 1750 erhält diese »öffentliche Meinung« jedoch ein bis dahin unbekanntes Gewicht, die nun ihre eigenen Institutionen hervorbringt. Sie entwerfen, besprechen, kritisieren, korrigieren die soziale Psychologie. Sie regen das öffentliche Nachdenken über bürgerliche Existenz, bürgerliche Moral und bürgerliche Ansprüche an. Zwei Organe spielen dabei eine Rolle: die journalistische und schöngeistige Literatur sowie das Theater.

In der zweiten Hälfte des 18. Jahrhunderts verdoppelte sich ungefähr in jedem Jahrzehnt die Buchproduktion belletristischer Literatur. 1750 erschienen jährlich weniger als 200 neue Romane auf dem deutschen Markt; 1800 gab es fast die zehnfache Auswahl. Ebenso sprunghaft steigerte sich der Druck von neuen Dramen. Zwischen 1751 und 1760 waren es 125 Neuerscheinungen, im Jahrzehnt zwischen 1791 und 1800 bereits 1002! Darunter war ein großer Teil von »verdeutschten« Werken, meist Adaptionen der englischen und französischen Trivialdramatik.[2]

Längst nicht alle Bücher, Journale oder Theatervorstellungen waren aufklärerischen Ideen verpflichtet. Aber tendentiell zielten diese neue Literatur und Theaterkunst auf bürgerliche Ideale und Lebensmaxime. Literatur und Theater machten bürgerliche Existenzfragen zum Thema der außerkünstlerischen Diskussion, indem sie sie zum Thema hatten.

Freilich überschätzten die Künstler des ausgehenden 18. Jahrhunderts ihren Einfluß auf die »Sitten der Menschheit«, überschätzten die Vorbild-Wirkung der poetischen Gerechtigkeit. Auch das Publikum, daß sich durch gute Taten einer Bühnenfigur rühren ließ, wird deshalb nur ausnahmsweise sein eigenes Verhalten überdacht, geschweige verändert haben. Gleichwohl sind die Hoffnungen des Nationaltheaters, zeitgenössisches Bewußtsein zu beeinflussen, nicht einfach als Illusion zu belächeln.

Diese Hoffnungen – in ihrer Kurzschlüssigkeit heute allzu naiv erscheinend

[1] J. u. W. Grimm, Deutsches Wörterbuch, Bd. 7. Leipzig 1889. S. 2201 f.

[2] M. Krause, Das Trivialdrama der Goethezeit.Bonn 1981. S. 80.

– werden in gewisser Weise durch aktuelle Forschungsresultate der Mediensoziologie sogar bestätigt! Denn auf die Wirkungsfrage der elektronischen Medien, weltweit und intensiv gestellt, gibt es inzwischen eine gesicherte Antwort: Die Medien bestimmen die Tagesordnung des öffentlichen Gesprächs.[1] Darin sieht die sogenannte »Agenda-Setting-Hypothese« die eigentliche Wirkung der Medien. Sie bestimmen die Liste der Themen, die »in aller Munde« sind. Medien können keine Einstellungen wandeln – aber den Dialog über sie veranlassen oder verdrängen. In diesem Lichte wäre die Wirkung einer Theateraufführung nicht an der »Botschaft« des Stückes festzumachen, sondern an der Tatsache, daß auf der Szene bürgerliche Existenz zur (Theater-)Sprache kam. Theater als Brennspiegel bürgerlicher Selbstverständigung.

In diesem Sinne in Gesellschaft eingreifen zu können und eingreifen zu sollen, war den Ideologen des 18. Jahrhunderts ziemlich genau bewußt. Dabei sprachen sie im Namen der Menschheit. Denn, so Marx und Engels in der »Deutschen Ideologie«: »Jede neue Klasse nämlich, die sich an die Stelle einer vor ihr herrschenden setzt, ist genötigt, schon um ihren Zweck durchzuführen, ihr Interesse als das gemeinschaftliche Interesse aller Mitglieder der Gesellschaft darzustellen, d.h. ideell ausgedrückt: ihren Gedanken die Form der Allgemeinheit zu geben, als die einzig vernünftigen, allgemeingültigen darzustellen. Die revolutionäre Klasse tritt von vornherein, schon weil sie einer Klasse gegenübersteht, nicht als Klasse, sondern als Vertreterin der ganzen Gesellschaft auf, sie erscheint als die ganze Masse der Gesellschaft gegenüber der einzigen, herrschenden Klasse. Sie kann dies, weil im Anfang ihr Interesse wirklich noch mehr mit dem gemeinschaftlichen Interesse aller übrigen nichtherrschenden Klassen zusammenhängt, sich unter dem Druck der bisherigen Verhältnisse noch nicht als besonderes Interesse einer besonderen Klasse entwickeln konnte.«[2]

Literatur und Theater sprengten sich gewissermaßen in dem versteinerten feudalabsolutistischen Denk-Gebirge einen Raum frei, in dem überhaupt erst einmal bürgerliche Ideen im Pro und Contra entfaltet werden konnten. Wieviel Spielraum sich die bürgerliche Öffentlichkeit dabei erkämpfte, mag ein prominenter Einzelfall veranschaulichen.

Einer der namhaftesten Theaterdirektoren des 18. Jahrhunderts war Gustav Friedrich Wilhelm Großmann (1743–1796).[3] Wichtige theatergeschichtliche Ereignisse sind mit seiner Leistung verbunden: Großmann besorgte die Uraufführung von Schillers DIE VERSCHWÖRUNG DES FIESCO ZU GENUA (1. Fassung) und KABALE UND LIEBE. Daß Großmann nicht – wie Dalberg in Mannheim – die Kammerdienerszene strich, als Direktor sogar die bescheidene Rolle des Kammmerdieners übernahm, zeigte deutlich seine politische Intention an. Als Publizist trat Großmann u.a. für das erste Lessing-

[1] dazu: P. Winterhoff-Spurk, Fernsehen. Stuttgart 1986.

[2] K. Marx, F. Engels, Die deutsche Ideologie; in: Marx Engels Werke, Bd. 3, S. 47.

[3] dazu: G. Steiner, Jakobinerschauspiel und Jakobinertheater. Stuttgart 1972.

Denkmal und für eine Altersversorgung der Schauspieler ein. Vor allem war Großmann seinerzeit ein sehr erfolgreicher Dramatiker. In mehrerern Ländern wurden seine »Familiengemälde« aufgeführt. Die Komödie NICHT MEHR ALS SECHS SCHÜSSELN war eines der meistgespielten Werke der Zeit, auch wenn sie dank ihrer antifeudalen Tendenz nur beschnitten die Zensur passieren konnte. Der hochgebildete Autor, Theaterunternehmer, Schauspieler und Journalist stand mit vielen klugen, meist aufgeklärten Zeitgenossen in engem Kontakt – so mit Lessing, Schiller, Knigge und Frau Rat Goethe.

Als die französische Revolution die deutsche Feudalmacht alarmierte, wurde Großmanns Theatertätigkeit noch stärker kontrolliert. Dennoch scheute er den Konflikt mit der Obrigkeit nicht. Zu einer Aufführung des Hannoveranischen Hoftheaters wählte Großmann absichtsvoll ein Nachspiel, in dem es um die Rekrutierung von Soldaten ging. Das war ein heißes Eisen, wurde doch gerade (Anfang 1795) die hannoversche Armee verstärkt und mobilisert, um gegen das revolutionäre Frankreich zu marschieren. Die Gemahlin des Oberbefehlshabers über die alliierten Truppen, Herzogin Auguste von Braunschweig, Schwester des englischen Königs, saß in der Theaterloge. An sie wendete sich Großmann von der Bühne. Extemporierend verglich er den König von England mit einem Esel. Pantomimisch fügte Großmann hinzu, wie mühevoll der König regieren mußte: betrunken wankte er zur Erde und schnarchte tief. Empört verließ der Hofstaat das Theater ...

Großmann wurde verhaftet. Aber er war kein unbekannter Wandertruppenprinzipal, den die Obrigkeit ohne Aufsehen verschwinden lassen konnte. Das »Journal des Luxus und der Moden« berichtet, wie die Gefängnishaft »des berühmten Schauspieldirektors H.Großmann ... in allen politischen Zeitungen, in einigen selbst mit hämischen Seitenhieben, angekündigt worden ist ...«[1] Daß die deutsche Öffentlichkeit so starken Anteil an Großmanns Verhaftung nahm, ist insofern bemerkenswert, als seine Gesinnung keineswegs der Mehrheit des gebildeten Bürgertums entsprach. Sie, von der Aristokratie gar nicht zu reden, sympathisierte 1795 nicht mit der französischen Revolution. So wenig die Öffentlichkeit mit Großmann übereinging, so sehr wünschte sie eine juristisch »faire« Behandlung seines Falles. Am liebsten hätte die hannoversche Regierung den Gefangenen mit einem ärztlichen Attest über seinen angegriffenen Gesundheitszustand »entschuldigt« und sein Gnadengesuch akzeptiert. Doch Großmann schrieb die geforderte Bittschrift nicht – kritisierte stattdessen noch schärfer und direkter Regierung und Adel. Auch diese Schrift wurde, auszugsweise, in Journalen publiziert. Die öffentliche Aufmerksamkeit war nur zu neutralisieren, indem ein Gerücht über Großmanns Geistesverwirrung in Umlauf geschickt wurde. Nach zweimonatiger Haft, nun wirklich körperlich und seelisch gebrochen, wurde er entlassen. Mit der schlimmen Erfahrung des 20. Jahrhunderts ließe sich formulieren: Die Psychiatrie als Werkzeug, um einen politischen Gegner zu zerbrechen ...

[1] Journal des Luxus und der Moden, hg. v. F.J. Bertuch. Weimar 1795. S. 137.

Großmanns Biografie verdeutlicht, daß die öffentliche Theaterbühne mehr sein konnte als ein Lehrraum für philanthropische Schwarmgeister. Allerdings kann auch dieser Einzelfall nicht verwischen, daß das Räsonnement der bürgerlichen Öffentlichkeit tendentiell um den Mittelpunkt privater Existenzverhältnisse kreiste. Sie war keine explicit politische Öffentlichkeit. Die Formierung des dritten Standes zur Klasse war in Deutschland unmöglich, eine Revolution »von unten« stand nicht auf der Tagesordnung. Das Scheitern der Mainzer Republik (1793) war ein bündiger Beweis, daß selbst in einem deutschen Teilstaat die bürgerlich-revolutionäre Position nur schwach besetzt und zersplittert war. So konnte sich die Öffentlichkeit nur als eine literarisch bestimmte konstituieren; sie mochte keine politische Herrschaft verändern, aber sehr treffend als überlebt kritisieren.

Ungefähr seit der Jahrhundertmitte erschien vielen bürgerlichen Köpfen, meist den aufgeklärtesten und weitblickenden, das Theater als Tribüne des öffentlichen Räsonnements vorzüglich geeignet. Sie dachten dabei nicht an Theater im weiten, heutigen Wortsinne. Sie schlossen das plebejische Jahrmarkttheater ebenso aus wie die Oper. Das – buchstäblich verstanden – »Volkstheater« erschien zu roh, zu ungelenk, allzu sehr auf die Bedürfnisse der untersten sozialen Schichten, auf die leiblichen Sinnesgenüsse orientiert, als daß es zum Werkzeug bürgerlicher Normenbildung getaugt hätte. Die Oper andererseits erschien durch ihren Gebrauch bei Hofe historisch belastet. Opernaufführungen hatten stets Gelegenheit zu adliger Repräsentation geboten. Und die Ästhetik der Oper, ihre Künstlichkeit, widersprach dem bürgerlichen Ideal der naturgetreuen Wiederholung des Lebens auf der Bühne. Schon Gottsched hatte nur Ironie für die Oper übrig: »Die Leute (die Figuren der Opernszene, R.D.) denken, reden und handeln ganz anders, als man im gemeinen Leben thut: und man würde für närrisch angesehn, wenn man im geringsten Stücke so lebete, als uns die Opern vorstellen. Sie sehen daher einer Zauberey viel ähnlicher als der Wahrheit, welche Ordnung und einen zulänglichen Grund in allen Stücken erfordert ... Ich schweige noch der seltsamen Vereinbarung der Musik mit allen Worten der Redenden. Sie sprechen nicht mehr, wie es die Natur ihrer Kehle, die Gewohnheit des Landes, die Art der Gemüthsbewegungen und der Sachen, davon gehandelt wird, erfordert: sondern sie dehnen, erheben und vertiefen ihre Töne nach den Phantasien eines anderen. Sie lachen und weinen, husten und schnupfen nach Noten. Sie schelten und klagen nach dem Tacte; und wenn sie sich aus Verzweiflung das Leben nehmen, so verschieben sie ihre heldenmäßige That so lange, bis sie ihre Triller angeschlagen haben. Wo ist doch die Natur, mit der diese Fabeln eine Ähnlichkeit haben?«[1]

War vom Nationaltheater die Rede, so dachten die Aufklärer im allgemeinen nur ans Sprechtheater in einem wohlgeordneten Hause. Auffällig oft geht es dabei um die »Sittenlehre«, die »Bildung des Herzens«, die »Schule des Ver-

[1] J. Ch. Gottsched, Versuch einer kritischen Dichtkunst, 4. Aufl. Leipzig 1751. S. 739 f.

standes«. Solche pädagogischen Vokabeln bringen ein Theaterprogramm auf den Begriff, das in die Praxis des Schultheaters zurückreicht. Obgleich »darstellendes Spiel« um 1750 nur noch vereinzelt an höheren Schulen geübt wurde, war seine Tradition gut genug bekannt, zumal die Mehrheit der führenden Theaterpraktiker und -reformatoren eine höhere Schule besucht hatte. Als im 16. und 17. Jahrhundert Schüler zunächst in lateinischer, dann in deutscher Sprache biblische Stoffe vorstellten, bot ihr Spiel in erster Linie Belehrung. Erst recht galt das für die Theateraufführungen in den jesuitischen Ordensschulen, die das propagandistisch-didaktische Ziel hinter üppigen Schau-Effekten zu verbergen wußten. Auch in der Gegenwart der Nationaltheater-Gründung hatte die Pädagogik das Theater insofern vereinnahmt, als Dramen im Unterricht eingesetzt wurden: In der Spätaufklärung entstanden in Deutschland über 200 Kinderschauspiele als Lehrmittel. Hauslehrer ließen ihre Zöglinge mit verteilten Rollen über Wetterkunde, Heringsfang oder Bodenbearbeitung, vor allem über den Konflikt zwischen Moral und Laster disputieren, um die vernüftig-sittliche Lebensart anschaulich einzuprägen. Zentrales Thema war kindlicher Gehorsam, der sich in Bildungseifer, Genügsamkeit und Gemeinsinn äußerte. Das Spiel im buchstäblichen Sinne – die Probe alternativer Möglichkeiten, der zweckfreie Einsatz ungenützter Kräfte, die Distanz zum sozialen Rollenverhalten – trat hinter die Didaktik zurück. Das Kind wurde dabei als ein werdender Mensch, als ein noch unentwickelter Erwachsener, nicht in seiner dem Lebensalter eigenen Individualität angesprochen. Vor diesem kulturell-pädagogischen Hintergrund wird erklärlich, warum gerade das deutsche Bildungsbürgertum den Theaterbegriff überaus betont mit der Vorstellung von Belehrung und Besserwisserei besetzt hatte.

Die Idee zum Nationaltheater ging allerdings mehr von der kühnen Fiktion eines idealen Theaters denn von der zeitgenössischen Kunstpraxis aus. Auf lebendige Beispiele konnte sich die Idee so gut wie überhaupt nicht berufen. Aber dieses erträumte, in vielerlei Programmschriften konzipierte Theater erschien als Organ der antifeudalen Aufklärung besonders tauglich. Tauglich erschien freilich nicht Theater im allgemeinsten Sinne, sondern *eine ganz bestimmte Form von Theaterkunst.* Ihre Eigentümlichkeit eröffnete dem bürgerlichen Räsonnement einzigartige Chancen, barg sie doch einzigartiger Vorzüge, die in der besonderen theatralen Kommunikationssituation begründet lagen: Theater gesellte Rezipienten als Publikum, in dem der einzelne seine soziale Wesentlichkeit erfährt. Der Text des Theaters kann auch von Analphabeten verstanden und anschaulich dargestellt werden. So erlaubt Theater Entpflichtung aus den Zwängen des Alltags und ermuntert gleichzeitig antifeudale Kritik. Das Theater bot die ideale Bühne, um bürgerliches Selbstbewußtsein zu schulen.

1. Zur Publikumssituation Der Theatersaal vereint eine Rezipienten-Schar zur Gemeinschaft auf Zeit. Jeder einzelne erfährt die allmähliche Bildung des Publikumsurteils – augen- und ohrenfällig. Während sich der Leser bei seiner

Lektüre mitdenken kann, daß vielleicht tausend andere Leser ebenso wie er empfinden, während er sich im Familien- und Freundeskreis sein Lese-Erlebnis nur nachträglich bestätigen lassen kann – so erlebt dagegen der Theaterzuschauer die allgemeine Bestätigung seiner Rezeption durch ein größeres Publikum ganz unmittelbar.

Für Angehörige der mittelständischen Intelligenz bot das gesellige Theaterereignis das seltene Erlebnis sozialer Partnerschaft. Unter den Verhältnissen der Kleinstaaterei – das Deutsche Reich war in über 2000 gesonderte politische Einheiten zersplittert – lebten die Intellektuellen geographisch verstreut und daher eigentümlich individualisiert. (Anders dagegen in Frankreich oder England, wo die Hauptstädte auch Brennspiegel der geistigen Kommunikation waren!)

Während die höfische Gesellschaft in den Residenzen so etwas wie einen geschlossenen Verkehrskreis bildete, mußten die Intellektuellen ihre Kontakte oft außerhalb suchen – direkte durch den Briefverkehr, indirekte durch das Medium gedruckter Texte. Allenfalls vermochten die Universitäten, bürgerliche Akademiker wenigstens auf Zeit zusammenzuführen. Nur im Zuschauerraum des Theaters konnten sich Gleichgesinnte zum Publikum versammeln!

Was »Publikum« wirklich für den einzelnen bedeuten konnte, läßt sich vielleicht exemplarisch mit den Erfahrungen des DDR-Theaters begreifen: Da die Medien des Realsozialismus nur ein Zerrbild der Gesellschaft spiegelten, boten manche Theaterinszenierungen, vor allem in den achziger Jahren, kostümierte Anspielungen auf die gesellschaftliche Frustration. So konnte das befreiende Gelächter oder das beredte Schweigen der Theatergemeinde dem einzelnen bestätigen, daß nicht er allein die DDR-Politik ablehnte …

Im Publikumsverhalten werden nicht schlechthin individuelle Erlebnisse addiert – sie akkumulieren und potenzieren sich zu einem ganz neuen Eindruck. Darüber schrieb ein Konzertbesucher 1747 in einer Moralischen Wochenschrift: »Es ist mir allzeit eine Freude anzusehen, was die Musik für verschiedenen Wirkungen auf fast allen Gesichtern hervorbringt. Sie gibt allen Anwesenden ein vertrauliches und gesellschaftliches Ansehen … Man muß Geschmack besitzen, das Vergnügen sich vorzustellen, welches man empfindet, wenn man auf einem fröhlichen Gesicht sozusagen noch alle Töne, die man höret, doch noch sehen kann.«[1] – Einer der führenden Theoretiker des neuen, bürgerlichen Theaters, Diderot, behauptete: »Der Mensch, dessen Empfindungen durch die große Anzahl derjenigen, die daran teilnehmen, nicht steiget, muß ein heimliches Laster haben.«[2] – Schiller ließ seine Verteidigung der »Schaubühne als eine(r) moralischen Anstalt« im Hinweis auf die Publikumssituation gipfeln: »Jeder einzelne genießt die Entzückungen aller, die verstärkt und verschönert aus hundert Augen auf ihn zurückfallen,

[1] Vgl. G. Wustmann, Quellen zur Geschichte Leipzigs. Leipzig 1889. S.427.
[2] G. E. Lessing, Das Theater des Herrn Diderot. Leipzig 1981. S. 132.

und seine Brust gibt jetzt nur einer Empfindung Raum – es ist diese, ein Mensch zu sein.«[1]

Solche Äußerungen sahen im Publikum immer eine vielhundertköpfige Menge. Damit das Publikum wirklich auf den einzelnen wirken konnte, jene massenweise »Ansteckung« der Rezipienten gewährleistet war, baute das deutsche Nationaltheater auf eine Öffentlichkeit, die durch eine wirklich große Teilnehmerzahl gebildet wurde. Die Theaterarchitektur zeugt davon: Am Ende des 18. Jahrhunderts und in den ersten Jahrzehnten des 19. Jahrhunderts wurden Gebäude für tausend und mehr Zuschauer gebaut. (Zwar entstanden auch kleinere Theater, wie das Kurtheater in Bad Lauchstädt – nur eben als Ort für die Elite!) Selbst in Kleinstädten wurden vergleichsweise riesige Theaterhäuser errichtet. Doch diese großen Zuschauersäle waren überwiegend nicht ausgelastet. Immer wieder hatten die Theaterdirektoren Anlaß, den Zuschauermangel zu beklagen. Aber kein Vorschlag ist überliefert, die Räume von vornherein zu verkleinern und sie dem vermutlich geringeren Zuschauerinteresse anzupassen. Stattdessen überwiegen bis ins 20. Jahrhundert hinein jene Stimmen, die sich das Publikum nur als große Menge vorstellen können. Das allgemeine Theaterinteresse der städtischen Bevölkerung wurde schlichtweg als natürliche Gegebenheit vorausgesetzt. Auch hier klafften, wie so oft in der deutschen Nationaltheatergeschichte, Anspruch und Realität auseinander. Zeitgenössische Berichte könnten beim heutigen Leser leicht den Eindruck erwecken, daß die großen Theaterhäuser früher durchweg gut besucht gewesen seien. Aber die Berichte halten meist spektakuläre, außergewöhnliche, eben buchenswerte Ereignisse fest und nicht den sauren Alltag.

Die Vorstellung, daß sich im Theater eine zahlenmäßig große Öffentlichkeit versammeln muß, hat sich seit 1800 tief verwurzelt. Am Ende des 19. Jahrhunderts erklärte Gustav Freytag, »daß die Zeit gekommen ist, wo man mit dem Aufrichten colossaler Häuser ein Ende machen muß« und daß für das »recitierende Drama und für die Spieloper« kleine Häuser eine dringende Notwendigkeit seien, um die Kunst der Menschendarstellung zu ermöglichen. Er forderte als Ideal »ein bescheidenes Haus, welches nicht mehr als 900–1000 Personen faßt.«[2]

Noch 1909 bezeichnete die Preußische Polizeiverordnung Theatergebäude mit zwei Rängen und 750–800 Sitzplätzen als kleine Theater; der mittlere Typ bezog sich auf eine Kapazität von 1000–1100 Plätzen mit zwei bis drei Rängen; als große Theater galten Gebäude, die 1500–2300 Zuschauer fassen und vier Ränge haben.[3]

Die Geschichte der Theaterarchitketur liefert anschauliche Belege dafür, wie die ursprüngliche Konzeption – die Öffentlichkeit als Raum für bürger-

[1] F. Schiller, Was kann eine gute stehende Schaubühne eigentlich wirken? in: Nationalausgabe a. a. O. Bd. 20. S. 100.

[2] H.Zielske, Deutsche Theaterbauten bis zum zweiten Weltkrieg. Berlin 1971. S. 55.

[3] ebenda.

liches Räsonnement – schließlich versteinerte und sich, nun materialisiert, ins Gegenteil verkehrt hat. Denn die »colossalen Häuser« boten alles andere als Selbstverständigung im Sinne der bürgerlichen Aufklärung.

2. Zum sozialen Ausgleich Indem der einzelne sein individuelles Erlebnis ins gemeinschaftliche Publikumserlebnis einbetten konnte, traten zugleich ständische Unterschiede, die den Alltag sonst bestimmten, deutlich zurück. Die kollektive Rezeption ließ die »Natur« des Menschen erfahren, überbrückte Gräben der sozialen Differenzierung. Auch das hatte Schiller in seiner Schaubühnen-Rede enthusiastisch hervorgehoben: »... welch ein Triumph für die Natur! ... wenn Menschen aus allen Kreisen und Zonen und Ständen, abgeworfen jede Fessel der Künstelei und der Mode, herausgerissen aus jedem Drange des Schicksals, durch eine allwebende Sympathie verbrüdert, in ein Geschlecht wieder aufgelöst, ihrer selbst und der Welt vergessen und ihrem himmlischen Ursprung sich nähern.«[1]

Für jedermann auffällig, versammelte das Theaterereignis Menschen ganz unterschiedlichen Standes, die die soziale Praxis streng trennte. Gelegentlich bot einzig der Kirchenraum eine vergleichbare räumliche Nähe von (fast) allen Gesellschaftsschichten.

Das ermöglichte den Theaterbesuchern eine überraschende Erfahrung, die auch in zeitgenössischen Quellen oft reflektiert wurde: Zwar bleibt die ständische Gliederung in den drei Raumzonen – Parterre, Logen, Galerie – noch gewahrt; sie ist jedoch durch die Gesamtarchitektur des Theatersaales erstmals in Frage gestellt. Denn Landesfürst und Hochadel und wohlsituierte, gebildete Bürger und Tagelöhner und Mägde verbrachten den Abend unter einem Dache! Theater führte zusammen, »was die Mode streng geteilt«!

Dieses neue Gemeinschaftsgefühl bezeugte ein Bericht über eine Opernaufführung DOKTOR UND APOTHEKER 1788 in Coblenz. Eben hatte Hofrat Schmitz auf eigene Kosten ein neues Theatergebäude errichten lassen: »Das Haus war gedrängt voll; die Freude des Publikums über die Gegenwart ihres Landesherrn, das laute Jubelgeschrey rüherte den Churfürsten ungemein; er schien zu empfinden, wie gern das Volk seinen Fürsten in öffentlichen Versammlungen, theilnehmend an ihren Vergnügungen, sieht.«[2]

Bei allem nötigen Respekt vor dem Landesfürsten schwingt in den Zeilen auch die Genugtuung des Bürgers mit, da er die Kluft zwischen seiner und der höfischen Kultur überbrückt sieht. Die Kunst weckte das Gefühl des sozialen Ausgleichs, ja der sozialen Gleichheit. Der adlige Logenbesitzer sah keine höheren Sprünge im Pas-de-deux als der Handwerksgeselle auf der Galerie. Die Sopranistin sang für das diamantengeschmückte Ohr der Aristokratin nicht anders als für das lärmgewohnte des Manufakturarbeiters. Das Theater bot dieselbe Kunst für alle – die im kulturellen Alltag sonst streng nach

[1] F. Schiller, Was kann eine gute stehende Schaubühne ... a. a. O. S. 100.

[2] Annalen des Theaters, hg. v. Ch. A. v. Bertram. Berlin 1788. H. 1. S. 119.

Ständen, Konfessionen, Zünften, Geschlechtern, Vermögen differenziert, ja diffamiert wurden.

Mit der Entstehung des Nationaltheaters prägte sich der Gedanke der »Kunst für alle« so tief aus, daß ihn der – nicht sonderlich demokratisch gesinnte! – Direktor des Königlichen Nationaltheaters August Wilhelm Iffland 1813 aufgreift und damit ganz selbstverständlich seine Theaterleitung rechtfertigt: »Der Direktor hat... für das Publikum zu sorgen, was Berlin enthält; er muß streben, diesem mannigfach zu sein, und das Repertoire beweist, daß er das ist. Er darf nicht auf den Salon, nicht auf den einzelnen Mißvergnügten, nicht auf den überreizten schönen Geist, nicht auf den gelangweilten Abonnenten, der jeden Tag ein neues Stück sehen möchte, nicht auf den parteisüchtigen Gelehrten hinsehen; er muß alle im Blick haben, von allen sich beurteilen, von allen sich mißverstehen lassen.«[1] Hier spricht sich keine Zivilcourage aus, wenn Iffland den Geschmack seines Königs dem des allgemeinen Publikums unterordnet. Vielmehr wird Theater jetzt als Institut der Allgemeinheit verstanden. Indem es alle Bürger einer Stadt, Obrigkeiten wie Untertanen, vereinigte, konstituierte es die »Nation«. Diese Orientierungsgröße,die schließlich in der Bezeichnung »Nationaltheater« mündete, bezieht sich (noch) nicht auf die Nation als Synonym für einen Nationalstaat, der ein großes Wirtschaftsgebiet darstellt. Dem Nationaltheater des 18. Jahrhunderts ging es primär nicht um die politische Einheit des Reiches. Es ging um die soziale Einheit der Bevölkerung in einem bestimmten Territorium. War vom Vaterland die Rede, so meinten die einen Bayern, die anderen Sachsen, Preußen, ihre Hansestadt oder vielleicht zwei Quadratmeilen von Hessen-Homburg.

Charakteristisch für das eingeengte Verständnis der Nation war ein Gutachten, mit dem Maler Müller 1777 die in Mannheim eröffnete »Deutsche Nationalschaubühne« begleitete: »Original und national können wir nicht anders als durch Erziehung der schlichten, unverdorbenen Natur und genauen Kenntnis unserer eigenen Sitten werden. Jedes Land hat seine eigenen Ideeninklinationen, Abscheulichkeiten, Gebräuche vor anderen, welche der Dichter als Autor in einem gewissen Lichte beobachten und wieder zurückspiegeln soll.«[2] Das Land hieß für Müller nicht Deutschland, sondern die Pfalz. Zwar verspottete Lessing in einem Brief an seinen Bruder gebührend den Lokalpatriotismus, bei dem »ein deutsches Nationaltheater dasselbst ein Theater ist, auf welchem lauter geborene Pfälzer agierten.«[3] Doch Müllers beschränkte Konzeption entsprach genauer dem deutschen Zeitgeist als Lessings kühner Vorgriff. Denn das Hamburgische Nationaltehater hatte, jedenfalls in Lessings

[1] H. Devrient (Hg.), Ifflands Rechtfertigung seiner Theaterverwaltung am 27. Juni 1813; in: Archiv für Theatergeschichte. Bd. 1, Berlin 1904. S. 89.

[2] M. Oeser (Hg.), Friedrich Müllers Werke. Bd. 1. Mannheim 1918. S. 17.

[3] G. E. Lessing, Brief an K. Lessing v. 25. 5. 1772; in: Gesammelte Werke ... a. a. O. Bd. 9, S. 749.

Absicht, tatsächlich auf die ganze Nation gesetzt – und war nach einem reichlichen Jahr gescheitert.

Sprachen die Nationaltheater schon nicht fürs ganze Reich, so beanspruchten sie doch, im Namen der »Menschheit« zu sprechen. Auch das erwies sich als Illusion: Bildung und Besitz blieben Zulassungskritierien für die Menschheit! Die Nationaltheaterbewegung schloß die untersten sozialen Schichten aus. Weder kamen die Bedürfnisse der Besitzlosen auf der Bühne zur Sprache noch war ihre Anwesenheit sonderlich erwünscht. Mit harscher Konsequenz drängte das Nationaltheater das »andere Theater«, die plebejische Alternative zum Theater des Bürgertums und der Höfe, in die Randzonen der städtischen Kultur. Große Teile der Bevölkerung konnten sich keinen Theaterbesuch leisten. Um 1780 entsprach der Eintrittspreis für den schlechtesten Stehplatz in einem »wohleingerichteten Comödienhaus«, sofern eine renommierte Schauspielergesellschaft auftrat, ungefähr dem Tageslohn eines Arbeiters oder einer Dienstmagd. Wenn auch der (relative!) Anteil von proletarisch-plebejischen »Werktätigen« im Theater des 18. Jahrhunderts erstaunlich groß war, schlossen doch die Lebenshaltungskosten von vornherein viele Menschen aus der Theaterkultur aus. Insofern ist die bürgerliche Öffentlichkeit, entgegen allen eigenen Erklärungen, doch kein unbeschränktes Terrain.

Obwohl aufgeklärte Theaterjournalisten gern auf die angebliche Stimme des »Volkes«, die von der Galerie herab die Kunst beurteilte, hinwiesen, obwohl das Wort eines Lohnkutschers oder einer Magd gern als Autoritätsbeweis für unverfälschte »Natürlichkeit« zitiert wurden – ein großer Teil der arbeitenden Bevölkerung blieb draußen vor der Tür.

3. Zur Verständlichkeit für Analphabeten. Indem sich das Publikum räumlich und ständisch vereinte, waren auch die Analphabeten in den geistigen Austausch einbezogen. Ihnen war der »Text« des Theaters nicht minder verständlich als den Gebildeten. Dieser Gesichtspunkt der Theaterreform wird im 20. Jahrhundert meist übersehen. Wenn die stürmische Entwicklung der Buch-und Zeitschriftenproduktion ab 1750 und die Sprengkraft ihrer antifeudalen Texte gebührend hervorgehoben wird, bleibt oft unerwähnt, wie klein der Kreis des tatsächlichen Lesepublikums war. Schätzungen zufolge waren bis 1770 etwa 85 Prozent der erwachsenen Bevölkerung des Reiches Analphabeten; bis 1800 mögen es noch 75 Prozent gewesen sein. Das eigentliche Lesepublikum dürfte im 18. Jahrhundert kaum mehr als 1 Prozent der Bevölkerung umfaßt haben.[1] In Kursachsen, einem für die Theaterreform des 18. Jahrhunderts wichtigen Territorium, wurde 1763 die allgemeine Schulpflicht eingeführt. Trotzdem mußte sich auch dann noch die Mehrheit der Bevölkerung weiterhin ums tägliche Brot, nicht ums Alphabet sorgen. Regelmäßiger Schulbesuch blieb selbst im wirtschaftlich entwickelten Sachsen die

[1] dazu: R. Engelsing, Analphabetentum und Lektüre. Stuttgart 1973. S. 14.

Ausnahme. Die Kenntnis des Lesens und Schreibens war in allen sozialen Schichten gering, wenn auch die schulische Bildung in den oberen Schichten besser war, da sie vor allem über private Hauslehrer vermittelt wurde. Gelegentlich konnten auch Domestiken, die durch ihr Dienstverhältnis im unmittelbaren Kontakt mit dem Hof oder mit gebildeten Bürgern standen, lesen. An sie hatte Lavater seine »Sittenschule für Gesinde« 1773 adressiert – ein Beispiel für die erzieherische Literatur, die sich speziell an die »gehobene Unterschicht«, an die Lakaien, Gärtner, Zofen, Wachsoldaten, Friseure usw. wandte. Deren Stellung zwischen den Schichten ließ sie als Übersetzer aufklärerischer Gedanken besonders geeignet erscheinen.

Im 19. Jahrhundert begannen die rationalistischen Konzeptionen, die pädagogischen Diskussionen und die Schulreform der siebziger, achziger Jahre allmählich zu greifen. Die allgemeine Schulpflicht wurde mehr oder weniger konsequent in allen deutschen Territorialstaaten durchgesetzt. Dennoch waren 1840 noch 40 Prozent der Bevölkerung des Lesens und Schreibens unkundig. An der Schwelle zum 20. Jahrhundert gab es noch 10 Prozent Analphabeten.

Unter diesem Aspekt konnte die Möglichkeit des Theaters, öffentliches Räsonnement außerhalb der gedruckten Literatur anzuregen, gar nicht hoch genug eingeschätzt werden.

4. Zur Anschaulichkeit der Verhaltensmuster. Auf der Theaterbühne konnte das Publikum lebendige, erfolgreich tätige Vorbilder erleben. Das Kunstspiel als Beispiel für Lebenspraxis. Bemerkenswert am Theater erschien nicht seine Ausdrucksmöglichkeit als Kunst, sondern als moralische Propaganda.

Die Vorschriften für sittliches Verhalten, die in den Büchern und Wochenschriften umständlich, akademisch-trocken und abstrakt bleiben mußten, konnten durch handelnde Menschen auf der Bühne zur sinnlich-konkreten Anschauung gebracht werden. Die Szene wirke »tiefer und dauernder als Moral und Gesetz«, meinte Schiller, weil »toter Buchstabe und kalte Erzählung« durch sichtbare Darstellung ersetzt würden.[1] Die szenische Handlung konnte besonders tugendhafte, im Alltag seltene Verhaltensweisen in einem Vorbild konzentrieren. Mehr noch – die Bühne konnte markante Verhaltensmuster schaffen. Ihre Schilderungen waren Warnbilder, die sich gegen unvernünftige Leidenschaften kehrten, und sie waren Vorbilder, die die Gesetze der Sittlichkeit malten. Die »sinnlichschönen« Bilder erschienen lehrreich, weil sie die Natur bis zur »Täuschung« nachahmten. Das war beste Legitimation, denn die Natur konnte ja nicht »lügen« …

Als höchster Adel erschien auf der Bühne der »Tugendtrieb«. Es bedeutete für den Bürger des 18. Jahrhunderts genußvolle Selbstbestätigung, wenn er Menschen, nicht Potentaten agieren sah. Bis über die Jahrhundertmitte hinaus galt die Ständeklausel, derzufolge dramatische Handlungen nur hochge-

[1] F. Schiller, Was kann eine gute stehende Schaubühne … a. a. O. S. 92.

stellten Personen vorbehalten blieben. – Nun erlebte der Bürger nicht nur sein Spiegelbild als Kunstsubjekt ernstgenommen, er sah seine eigenen Lebensansprüche künstlerisch gestaltet. Er sah sie – »einst im bessern Vaterland« – in der Zukunft eingelöst. Die Theaterbühne konnte Konflikte aufbrechen lassen, die in der Realität nur zu ahnen waren oder im feudalen Sinne gekittet wurden. (Welcher Vater hätte seine Tochter wirklich eigenhändig erdolcht, um sie vor dem Los einer fürstlichen Mätresse zu bewahren – wie es Lessings erdichteter Odoardo Galotti vollbringt?) So konnte die bürgerliche Szene gesellschaftliche Dynamik und einen Zukunftshorizont veranschaulichen, wo in der deutschen Realität Stillstand und Resignation zu erleben waren.

Wenn sich das entwickelnde Berufstheater so einseitig auf Sittenschulung festlegte – jedenfalls in der theoretischen Standortbestimmung – , so ist das auch dem Legitimationsdruck geschuldet. Im Kampf gegen die Theaterfeindlichkeit zählte das Argument des Nutzens. Denn die frühkapitalistische Ideologie, dem Akkumulationszwang des Kapitals verpflichtet, lehnte Theater wie andere unnütze Vergnügenen vielerorts rigoros ab. So war der Hinweis auf die versittlichende Kraft der Schaubühne auch Selbstschutz – aber zugleich wurde der moralische Lehrauftrag des Theaters von den führenden Künstlern akzeptiert.

Ganz im Sinne eines solchen Theaterverständnisses definierte Conrad Ekhof seinen Schauspieler-Beruf. Einem Theologen schrieb er einmal ins Stammbuch, daß beider Aufgaben, die eines Geistlichen und die eines Schauspielers, die gleichen seien. Als »Prediger der Sitten« ließen sich nun die Comödianten gern titulieren. Dieses Wort erborgt sich ja nicht nur die Autorität der Kirche, um damit Theatertätigkeit aufzuwerten. Es wies dem Theater auch eine ausgesprochen missionarische Rolle zu. Die Künstler wurden nicht müde, auf die bleibende Wirkung im Verstande und im Herzen hinzuweisen – und daraus ihr Selbstwertgefühl zu beziehen.

Iffland, als Direktor des Königlichen Nationaltheaters zu Berlin die erste Autorität unter den Theaterdirektoren und vielgespielter Autor, versicherte 1792: »Veredelung der Sitten und Gefühle ist der Zweck, den ich mit meinen theatralischen Schriften erreichen möchte.«[1] 1774 entstand die Idee, Sittenlehrer an jedem Theater anzustellen. Sie sollten einmal wöchentlich auftreten, sollten moralische Lebensweise predigen. Und in Berlin wurde 1791 der Vorschlag eingereicht, die besonders schlecht besuchten Kirchen zu Theatern umzuwandeln. Denn für den einfachen Mann würden »heilsame Wahrheit und gesunde Moral« einprägsamer, da vergnüglicher, von der Szene als durch einen Priester gelehrt werden können.

Solche Überlegungen konnten nur zur Sprache kommen, weil Theater wie Kirche in der Funktion einer Sittenschule gesehen wurde. Diese Sicht auf

[1] Vgl. R. Weil, Das Berliner Theaterpublikum unter A. W. Ifflands Direktion. Berlin 1932. S. 83.

Theater blieb erhalten, als es sich seinen Platz in der anerkannten Kultur längst gesichert hatte und es keiner Legitimation mehr bedurfte. Jetzt sprachen die Theaterleute kaum noch von der bessernden Wirkung der Bühne – gleichwohl hatte sich das Rufbild einer »moralischen Anstalt« fest verwurzelt. In allen Publikumsschichten war dieses Bild inzwischen unbefragt verinnerlicht worden. Wenn 1809 der preußische König die Theater »nicht bloß in Rücksicht auf Sittlichkeit, sondern auch auf Geschmack und Bildung überhaupt mit allen übrigen Bildungs- und Unterrichts-Anstalten in Verbindung unter der Section des öffentlichen Unterrichts gesetzt« wissen will, folgt er der landläufigen Theatersicht:[1] Theater als ein besonders anschauliches Fach im System der Volksbildung. Eine solche Sicht hatte buchstäblich ein Lehrer-Schüler-Verhältnis im Auge – das Kunstwerk Aufführung zeichnete sich durch Besser-Wissen aus, zu dem sich die Zuschauer »emporstudieren« sollten.

Im Verlaufe des 19. Jahrhunderts hat sich dieses Theaterverständnis derart verfestigt, daß nun umgekehrt Bildungsanstalten für sich die Bezeichnung »Theater« reklamierten. Die 1888 gegründete Berliner »Urania« warb für ihre akademischen Vorträge: »Man soll in unser Theater gehen mit derselben Absicht, mit welcher man irgend ein andres Theater besucht, wo ein ernstes, zu tiefem Nachdenken anregendes Schauspiel uns vorgeführt wird.«[2]

5. Zur Entpflichtung im Kunstgenuß Das Theatererlebnis konnte den Zuschauer aus inhumanen ökonomischen Zwängen entlassen. So nachdrücklich Sparsamkeit, Arbeitsfleiß, genau kalkulierte Finanzaktionen, Nüchternheit, Askese auf der Bühne als Tugenden propagiert wurden, ebenso nachdrücklich wurde die uneigennützige Liebe zum Mitmenschen, das selbstlose Opfer für den Freund dargestellt. Freund oder Freundin traten bezeichnenderweise immer nur als Single in Erscheinung! Das Theater lenkte den Blick in ein Reservat für private Freundschaftsbeziehungen. Es konstruierte eine Gegenwelt zum inhumanen Konkurrenzkampf, der nun immer stärker in den Lebensalltag vieler Bürger eindrang. In der Realität mußten sie sich zunehmend zwischen »Hammer« oder »Amboß« entscheiden, wie Goethe 1792 eine Figur im GROSSKOPHTA reflektieren läßt. Indem die Theaterszene ideal-menschliches, von ökonomischen Nöten unbelastetes Verhalten zeigte, bot sie ihren Rezipienten einige Stunden Entpflichtung aus den Zwängen des bürgerlichen Werktages.

Die Schere zwischen Kunsterlebnis und Alltagsleben war den Zeitgenossen duchaus bewußt: Im »Neuen Teutschen Merkur« war sie so beschrieben: »Verwiesen von der Beschaffenheit ihres Berufes in die eingeschränkten Zimmer, treiben (die meisten Menschen) gleichgültig die gewohnten Geschäfte, deren Mechanismus den Unternehmungsgeist einschläfert ... Der Zuhörer, Zu-

[1] ebenda, S. 81.
[2] Vgl. H. Kubach, Entwicklung als Prinzip; in: Sonntag 1988/10. S. 3.

schauer oder Leser tritt in das Gleis seiner Geschäfte und Bedürfnisse zurück. Sehet ihn da, wie er mit unzähligen geisttödtenden Dingen sich befassen muß, wie er in die Irrgänge vielfacher Konkurrenzen geräth, wie ihn die tausendstimmigen Forderungen des Ehrgeizes, des Stolzes, der Habsucht anfallen …«[1]

Doch dieser Gedanke der Entpflichtung stand zunächst nur im Hintergrund der Nationaltheaterbewegung. Im Vordergrund stand die Verpflichtung, das Publikum zu moralkonformen Verhalten zu leiten. Daß jenes neue Theater auch ein Ort des Vergnügens sein könnte, wurde zunächst gewissermaßen nur hinter vorgehaltener Hand geäußert.

Als 1784 der Fürst von Braunschweig-Oels ein Hoftheater errichten ließ, für das er ausschließlich heitere Werke zur Aufführung bestimmte, rechtfertigte er sich mit einer Inschrift über dem Haus: »Ridendo corrigore mores«. (»Die Sitten sind lachend zu bessern«.) Da sprach das schlechte Gewissen – es bestand auf der theatralen Pflicht zur Sittenschule.

Hier ist vom konzeptionellen Verständnis des Theaters, von seinem programmatischen Habitus die Rede. Die Praxis sah oft ganz anders aus. Selbst im Weimarer Hoftheater, in dem unter Goethes Leitung die Kunst vergeblich mit der Kasse rang, wurden auch die ernsthaftesten Aufführungen bisweilen durch Arien oder Tanzeinlagen in den Zwischenakten »verschönt«.

Andererseits: Noch wird dem Bürger kein Vergnügen pur gegönnt. Da gastierte 1802 im Greizer Rathaus eine Trupe aus Grimmitschau mit der »modernen Oper« DON JUAN. Der Eintrittspreis von acht Groschen war verhältnismäßig hoch, denn nach der Aufführung fand ein städtischer Ball statt. Doch wurde die Teilnahme an der Opernaufführung für das nachfolgende Tanzvergnügen ausdrücklich vorausgesetzt. Der Weg zum Spaß hatte durch die Pforte der Pflicht zu gehen …

6. Zur antifeudalen Kritik Bedeutete schon die Darstellung bürgerlicher Verhaltensmuster eine Kritik am Feudalismus, weil so feudale Verhaltensmuster unausgesprochen als Anachronismus erschienen, bot das Theater auch Gelegenheit zur direkten Kritik an feudaler Willkür. Zwar duldete die Zensur der Behörde und die Selbstzensur der Schauspielergesellschaften keine persönlichen Angriffe gegen Regenten oder den Hof. Jedoch lud die Eigenart der Theaterkunst ihre Rezipienten zur kritischen Assoziation ein. Denn Theater bedeutet immer mehr, als es darstellt. Was sich auf der Bühne ereignet, geschieht stellvertretend für tausend ähnliche Ereignisse. Die Zuschauer wußten darum sehr gut: Lessings italienisches Fürstentum, die Heimat Emilia Galottis, liegt mitten in Deutschland!

Die politische Beweiskraft des theatralen Exempels hatte bereits Gottsched 1729 bemerkt: »Die Wahrheit, welche in ihrer natürlichen Gestalt durch eure Leibwachen und Trabanten (am Fürstenhof, R. D.) nicht durchdringen kann,

[1] Neuer Teutscher Merkur. 1794, H. 6. S. 266.

sieht sich genötigt, von der göttlichen Melpomene ihr tragisches Kleid zu erborgen.«[1] Lessing sprach von der höchsten Würde des Schauspiels, wo es als »das Supplement der Gesetze«[2] auftrat. Das Theater bot die Möglichkeit, die absolutistische Herrschaft wenigstens in Gedanken aufzuheben. Schiller sprach es ganz deutlich aus: »Die Gerichtsbarkeit der Bühne fängt an, wo das Gebiet der weltlichen Gesetze sich endigt.«[3]

Alle die hier benannten Vorzüge des Theaters machten es – jedenfalls in der Perspektive bürgerlicher Geister – zu einem ganz wichtigen, dem wichtigsten »Erziehungsträger«. Es formte die neue, die erwünschte und benötigte Welt zur Anschauung. Weil es ein »anderes Leben«, eine Alternative zur feudalen Gesellschaft, auf der Bühne *und* im Zuschauerraum anbot, wurde ihm ideologische Wirkung zugesprochen. Daß Theater tiefgreifende Verhaltens- und Einstellungsänderungen veranlaßt, das wurde überhaupt nicht in Frage gestellt.

Auch die energischsten Gegner theatralischer Veranstaltungen gründeten ihre Kritik ja auf die Annahme einer Wirkung. Was nichts bewirkt, hätte auch nicht bekämpft werden müssen. Die Theatergegner sahen in der »lügenhaften Verstellung« der Darsteller oder in der Verkörperung des Lasters auf der Bühne die Gefahr der negativen Vorbildwirkung. Daran banden sie auch den Vorwurf des destruktiven Zeitvertreibes, da die Zuschauer die von Gott gewährte Gnadenzeit versäumten, Arbeitslust verlören und zur Liebesglut angestiftet würden. Paradigmatisch für dieses Urteil war eine 1771 in Magedeburg veröffentlichte Predigt des Pastors Lüdecke, die »nötige Vorsichtigkeits-Regeln bei Ergötzungen« aufstellte – und das Theater verdammte. Postwendend erschien auf dem Büchermarkt eine »Beleuchtung« dieser Predigt, die das Theater mit dem Argument der Moralität verteidigte. Noch im selben Jahr brachte die »Handlaterne zur Beleuchtung der Lüdeckischen Predigt ...« den Widerspruch zum Widerspruch. In dieser Schrift meinte der Autor, Theater könne keine Tugend lehren, weil die Schauspieler selbst kein tugendhaftes Leben führten. Dieser Angriff rief sogleich einen Verteidiger mit der »Ermahnung des Beleuchters an den Handlaternenmacher, sein Handwerk niederzulegen« auf den Plan. Die Debatte endete schließlich mit der Schrift »Acht Groschen zur Verbesserung der Handlaterne und zur Verteidigung der Schaubühne«. Der Autor hielt seine schützende Hand über die Szene, indem er salomonisch daran erinnerte, daß ja auch nicht jede Predigt auf alle Hörer moralisch wirke.[4]

Der Magedeburger Theaterstreit ist ein Beispiel für die lebhafte öffentliche Debatte, die in jenen Jahrzehnten der Theaterwirkung nachfragte. Theater-

[1] K. Hammer (Hg.), Dramaturgische Schriften des 18. Jahrhunderts. Berlin 1968. S. 17 f.

[2] G. E. Lessing, Hamburgische Dramaturgie; in: Gesammelte Werke ... a. a. O. Bd. 6. S. 40.

[3] F. Schiller, Was kann eine gute stehende Schaubühne ... a. a. O. S. 92.

[4] Vgl. R. Weil, Das Berliner Theaterpublikum ... a. a. O. S. 82.

historisch besonders berüchtigt wurde der Hamburger Pastor Goeze. Er griff die Comödienhäuser mit dem schlauen Argument an, daß man die Sittenlehre eines Dramas mit weniger Zeitaufwand auch zu Hause lesen könne – und verbot kurzerhand den Candidaten der Theologie jeden Theaterbesuch.

Sulzers »Allgemeine Theorie der schönen Künste« zählte im Zeitraum zwischen 1713 und 1780 mehr als 70 deutschsprachige Schriften zur Theaterwirkung.[1] Umstritten war allerdings bei den Theaterfreunden das Wie. Das Spektrum reichte von der Annahme einer ganz unmittelbaren, zwangsläufigen Besserung der Sitten bis zum eher zurückhaltenden Hinweis, daß das Publikum unterschwellig, langfristig, »unvermerckt« (Sulzer) beeinflußt würde. Die gewissermaßen naivste Variante, aus der szenischen Darstellung linear auf reale Wirkung zu schlußfolgern, beschrieb der Theaterjournalist Schink 1782: »Nur drei bis vier solche Vorstellungen des Jahres, an den feierlichsten Tagen des Jahres von vortrefflichen Dichtern geschrieben und von vortrefflichen Schauspielern vorgestellt, und der Einfluß auf Wohl und Wehe des Staates, auf Ruhe und Glückseligkeit der Bürger müßte unglaublich sein ... Bessern soll und muß das Theater. Schlimm für den, der's nicht glaubt, dem's erst bewiesen werden muß.«[2]

Da die meisten Befürworter der Schaubühne immer auch im Widerspruch zu den Theatergegnern kontradiktorisch zuspitzen mußten, erscheinen solche wirkungsästhetischen Prämissen in heutiger Sicht kurzschlüssig. Das sollte dennoch die enorme gedankliche Anstrengung nicht übersehen lassen, mit der im 18. Jahrhundert die Wirkungsfrage gestellt wurde.

Gottsched, als Autor, Übersetzer und Theoretiker der Wegbereiter des bürgerlichen Theaters, hatte eine langfristige Wirkung im Auge: »Die Besserung des menschlichen Herzens ist fürwahr kein Werk, welches in einer Stunde geschehen kann. Es gehören tausend Vorbereitungen, tausend Umstände, viel Erkenntnis, Überzeugung, Erfahrung, Beispiele und Aufmunterungen dazu, ehe ein Lasterhafter seine Art fahren läßt. Genug, daß man einen Samen nach dem anderen ins Herz wirft, der zu seiner Zeit aufgeht und Früchte bringt. Es bleibt so manches in den Gemütern aufmerksamer Zuschauer kleben, dessen sie sich bei Gelegenheit wiederum erinnern.«[3]

Auch Lessing räumte ein, daß das Theater wohl keinen Geizigen bessern könne, aber als »vorbeugende Arzenei« sei es brauchbar.[4] Ins Zentrum seiner Überlegungen rückte er den seit Aristoteles geläufigen Begriff der »Katharsis« (»Reinigung, Läuterung«). Indem sich der Zuschauer in die Erlebnisse des Helden einfühlt, solle sich das Mitleid mit dem fremden und die Furcht vor dem möglichen eigenen Schicksal in »tugendhafte Fertigkeiten« verwandeln.

[1] J. G. Sulzer, Allgemeine Theorie der Schönen Künste, 1.Theil. Leipzig 1792. S. 736 ff.

[2] J. Mathes (Hg.), Die Entwicklung des bürgerlichern Dramas im 18. Jahrhundert. Tübingen 1974. S. 115 f.

[3] K. Hammer, Dramaturgische Schriften ... a. a. O. S. 18 f.

[4] G. E. Lessing, Hamburgische Dramaturgie; in: Gesammelte Schriften ... a. a. O. Bd. 6. S. 150.

Lessings Katharsis-Konzept griff über die passive Identifikation, über das folgenlose Gedanken-Spiel der Zuschauer hinaus, zielte auf und die Bereitschaft zur Tätigkeit. Die indirekten Wirkungen des Theaters, so Lessing, tragen zur allmählichen Hebung der individuellen Moral bei. An diesen Gedanken des langfristigen Einflusses knüpfte auch Schillers vielzitierte Verteidigungsrede der Schaubühne an. Sie ist als theaterhistorisches Zeugnis deshalb so aufschlußreich und wird hier so oft genannt, weil sie keine originären, sondern weitverbreitete Ansichten darlegt. Der junge Schiller greift (noch) nicht vor, er wiederholt und resümiert das zeitgenössische Denken. Zwar räumt Schiller ein, »daß vielleicht Molières Harpagnon noch keinen Wucherer besserte, daß Karl Moors unglückliche Räubergeschichte die Landstraße nicht viel sicherer machen wird ...«[1] Aber Zuschauer würden im Theaer, indem sie ihren Erfahrungsraum vergrößern können, für aktuelle Probleme – mit einem Wort des 20. Jahrhunderts – »sensibilisiert«.

Bis zum Ende des 18. Jahrhunderts wurde dem Theater eine unmittelbare Wirkungspotenz unterstellt – im einzelnen modifiziert, aufs Ganze gesehen ganz im Sinne des Jahrhunderts der optimistischen Aufklärung. Daran änderten auch die nachfolgenden 150 Jahre grundsätzlich nichts – allerdings wurde nun die Wirkungsfrage mehr oder weniger verdrängt, nachdem sich ein bestimmter Theatertyp endgültig im System der Kultur durchgesetzt hatte. Die Wirkung dieses Theaters wurde als Axiom stillschweigend vorausgesetzt. Das ganze Zensurwesen ging davon aus, daß die Darstellung zur Identifikation mit dem Dargestellten veranlaßt.

Erst Brechts Theatertheorie und – eingeschränkt! – Theaterpraxis hat diese wirkungsästhetische Einbahnstraße bezweifelt. Dennoch hatte selbst Brecht, als er sich später von seiner Lehrstück-Konzeption entfernte, das Vorher- und das Besser-Wissen der Theaterkünstler im Auge, wenn sie das Aha! der Zuschauer provozieren sollten. Auch Brecht wollte eine geistige Schulung seines Publikums, wollte es auf seine Erkenntnis-Höhe emporziehen.

Wie auch immer die Beweise für die »bessernde Wirkung« der Schaubühne im 18. Jahrhundert formuliert waren, sie sprachen meist ganz abstrakt vom Theater »als solchem«. Konkrete Beispiele als lebendiger Beleg waren in der Theaterpraxis rar. Die Argumente hielten sich an Dramen-Figuren, nicht oder nur ausnahmsweise an Theater-Gestalten. Offenbar empfahlen sich die Theaterhäuser, wie sie nun einmal realiter beschaffen waren, nicht als Muster. Zwar *könnten* die Theater Sittenschule der Nation sein, *könnten* bürgerliches Räsonnement anregen, *könnten* Normen für zwischenmenschliches Verhalten bilden – aber diese Möglichkeiten waren praktisch noch nicht entfaltet. Um 1750 sah die Theaterpraxis ganz anders aus als die Programmschriften sie sich vorstellten.

Den tatsächlichen Zustand des deutschen Theaterwesens hat Conrad Ekhof eindrucksvoll beschrieben: »Herumziehende Gauklertruppen, die durch

[1] F. Schiller, Was kann eine gute stehende Schaubühne ... a. a. O. S. 95.

ganz Deutschland von einem Jahrmarkt zum anderen laufen, belustigen den Pöbel durch niederträchtige Possen. Der Hauptfehler des deutschen Theaters war der Mangel an guten Stücken; die, welche man aufführte, waren gleich lächerlich vor dem Plane als nach der Darstellung. Eine Komödie, welche man überall am häufigsten spielte, hieß: ›Adam und Eva Oder der Fall des ersten Menschen‹. Sie ist noch nicht völlig verbannt, und ich erinnere mich, daß ich sie in Straßburg haben aufführen sehen. Da sah man denn eine dicke Eva, deren Körper mit schlechter fleischfarbener Leinwand bedeckt war, und der man einen kleinen Gürtel von Feigenblättern auf die Haut geleimt hatte. Der gute Adam erschien ebenso lächerlich gekleidet, Gott Vater aber in einem alten Schlafrocke, mit mächtiger Perücke und einem langen weißen Barte. Die Teufel stellten die Lustigmacher vor. Ein andere Fehler der alten deutschen Stücke, und zwar der meisten ist, daß sie nicht durchgängig niedergeschrieben sind. Die Komödianten besitzen vielmehr gemeiniglich nur den Entwurf davon und spielen alles aus dem Stegreife. Hanswurst vor allem findet da ein Feld, seinen Einfällen freien Lauf zu lassen. Im übrigen war alles widerwärtig: Eine schlechte bretterne Bude diente zum Komödienhause; die Verzierungen darin waren jämmerlich; die Akteure, die in Lumpen gehüllt waren und confiszierte alte Perücken aufhatten, sahen aus wie in Helden verkleidete Mietkutscher; mit einem Worte, die Komödie war ein Vergnügen nur für den Pöbel.«[1]

Damit aus der *Möglichkeit* des Theaters, ein Forum bürgerlichen Selbstbewußtseins zu bilden, *Wirklichkeit* werden konnte, mußte es von Grund auf reformiert werden.

Die Erziehung der Erzieher

Ekhof nannte die drei entscheidenden Ansatzpunkte der Theaterreform, da er erstens die herumziehenden Gauklertruppen in jämmerlich verzierten Bretterbuden, zweitens die niederträchtigen Possen und drittens das Stegreifspiel kritisierte. Indem sich das Theater reinigte, so Ekhof, reinigt es sich vom »Pöbel«.

1. Zur Betriebsform des Theaters Von Beginn an enthielt die Konzeption des deutschen Nationaltheaters den Gedanken der staatlichen Verantwortung. Dabei ging es zunächst um die materielle Sicherheit des Theaterwesens. Als 1746 der Dramatiker (und Professor für Politik!) Johann Elias Schlegel in einem »Schreiben von der Errichtung eines Theaters in Kopenhagen« Vorschläge für die deutsche Theaterreform machte, hatte er die landesfürstliche Besoldung der Theaterleute im Auge. Sie sollten sich nicht ums tägliche Brot zu sorgen haben, sondern in »Schutz und Pflege« des Fürsten ganz der Ent-

[1] J. v. Reden-Esbeck, Caroline Neuber und ihre Zeitgenossen. Leipzig 1881. S. 37 f.

wicklung ihrer Kunst leben können. Die Ausbildung der schauspielerischen Talente erfordere eine staatliche »Pflanzschule«.[1]

Schon um die Jahrhundertmitte war der Gedanke der Theatersubventionierung durch die öffentliche Hand weit verbreitet. Christin Fürchtegott Gellert formulierte 1751 in einem Briefe: »Wenn die Komödie so eingerichtet wäre, wie sie sein sollte, so wäre ein guter Akteur ein nützliches Glied in der Republik ... Das Theater müßte auf öffentliche Kosten erhalten werden.«[2]

Das sind angesichts der miserablen Praxis – noch 1760 wird der Sarg der Neuberin ohne kirchliche Weihe bestattet – kühne Ideen. Doch allmählich verliert der Gedanke der staatlichen Subventionierung an illusionärer Höhe und wird realitätsbezogener. Um an Subventionen »von einer hohen Hand oder einer ganzen und reichen Stadt« (Gellert)[3] zu denken, genügt nicht länger der vage Hinweis auf die wohltätige Förderung der Künste. Die Zeit der Mäzenate ging vorbei. Nun wird – ganz im Geiste der neuen Zeit – mit dem direkten Nutzen des Theaters für den Staat argumentiert. Sulzer schreibt 1779 in seiner einflußreichen »Allgemeinen Theorie der Schönen Künste« unter dem Stichwort »Schauspiel«: » ... daß die Schauspiele von der gesetzgebenden Macht nicht bloß als Privatanstalten geduldet oder geschützt, sondern als wirklich wichtige öffentliche Einrichtung besorgt und durch Gesetze gehörig eingeschränkt würden.«[4] Auffällig ist, daß der Gedanke der staatlichen Subventionierung sofort sein Janusgesicht zeigt – sie ist Schutz und Zensur der Kunst gleichermaßen!

Nach der Jahrhundertmitte fanden auch kompetente Wirtschafts-und Politikwissenschaftler gute Argumente für ein staatlich subventioniertes Theater. Die wichtigsten Repräsentanten des (späten) Kameralismus, der feudalabsolutistischen Staatswissenschaft, bezogen jetzt das Theater in ihr Programm der Volkserziehung ein. Sie hatten dabei zwei Punkte im Auge – einen ideologischen und einen merkantilistischen. Zum einen sahen sie im Theater ein sozialisierendes Instrument. Es konnte mit einem breit gefächerten Repertoire für Angehörige aller Stände vernünftige Unterhaltung bieten, konnte ästhetisch und sittlich geschulte Untertanen für ein aufgeklärt-absolutistisches Staatswesen bilden. Da die kameralistische Lehre die Obrigkeit für Volkserziehung und Wohlfahrt verantwortlich machte, sollte die Obrigkeit auch das Theater schützen. Dieser Schutz war in erster Linie restriktiv gemeint: sie hatte die Botschaft der Schaubühne zu kontrollieren und zu zensieren. Gleichzeitig sollte der Staat den Theaterbetrieb finanziell sichern. Damit die Schauspieler ihrer Aufgabe als Lehrer der Nation gerecht werden konnten,müßten sie ihrer Sorge ums tägliche Brot enthoben werden. Durch die Lande ziehende, abge-

[1] B. Seuffert (Hg.), Johann Elias Schlegels ästhetische und dramaturgische Schriften. Heilbronn 1877. S. 159.

[2] Ch. F. Gellert, Briefe. Lund 1798. S. 159.

[3] ebenda.

[4] J. G. Sulzer, Allgemeine Theorie der Schönen Künste, 4. Theil (2. Aufl.). Leipzig 1778. S. 112.

rissende Wanderkomödianten hätten umöglich selbst jene sittlichen Normen erfüllen können, die sie auf der Szene verkörpern sollten. Moral, Häuslichkeit und Familienbande sollten nicht nur rhetorisch behauptet, sondern erlebt werden können.

Johann Heinrich Gottlob von Justi, Professor für Kameralistik und deutsche Beredsamkeit, schrieb dazu 1750 in seinen »Deutschen Memories oder Sammlung verschiedener Anmerkungen, die Staatsklugheit, Commercium, Cammer und Polizey, auch andere merkwürdige Sachen betreffend«: »Unsere deutschen Schaubühnen würden auch schwerlich empor kommen noch mit anderen sich vergleichen dürfen, dafern unsere Landesherren nicht den Anfang machen, die Gelehrten zur Verteidigung guter Comödien durch Belohnung aufzumuntern und denen geschickten Acteurs zulängliche Pensionen zu ertheilen, bis künftig die Nation hierzu mehr Begierde und Empfindlichkeit bezeigen, mithin auch zur Erhaltung der Acteurs ein mehreres beitragen wird.«[1]

Wie Justi dachten auch andere Kameralisten zunächst an ein künstlerisches Programm, das notfalls auch ohne die sofortige Akzeptanz des Publikums durchgesetzt werden müßte. Die Kasseneinnahme war für sie nicht der wichtigste Maßstab. Geistiger Einfluß rangierte vor Popularität. Diese kameralistische Theatersicht ist eine Wurzel für die bis in die Gegenwart hineinreichende und nicht ernsthaft bezweifelte Annahme, daß die Erhaltung der öffentlichen Theaterbetriebe eine Staatsaufgabe sei – ebenso selbstverständlich wie die Subventionierung der Krankenhäuser, Gefängnisse oder Volksschulen. Daß beispielsweise in England oder in den USA heute die Theaterkultur viel stärker von Mäzenen und Sponsoren als von der öffentlichen Hand getragen wird, hatte sich bereits im 18. bzw. 19. Jahrhundert entschieden.

Doch auch die Kameralisten erwarteten, indem sie das Theater förderten, letzten Endes einen merkantilen Gewinn. Schließlich war Finanzverwaltung ihr Beruf! Das war der zweite Grund, warum sie sich so aufmerksam mit Theater befaßten. Die Kameralisten dachten an ein Theater, das zahlungskräftige Reisende ins Land locken könnte, die hier ihr ausländisches Geld in Umlauf bringen würden. Wenn schon das Theater keinen Überschuß erwirtschaftete, sollte es wenigstens auf dem Umweg rentabel sein, indem es das Fremdenverkehrsgewerbe stützte. Da die Kameralisten im Sinne des Merkantilismus den Abfluß des landeseigenen Geldes zu verhindern trachteten, gehörte zu ihren Überlegungen auch das ortsansässige Ensemble. Eine ambulante Komödiengesellschaft hätte womöglich das im Lande verdiente Geld in einem anderen Staat wieder ausgegeben.

Diese merkantilistische Begründung für eine stehende Bühne wurde im 19. und 20. Jahrhundert ironisch disqualifiziert, schien doch die sich ständig weiter öffnende Schere zwischen Kasseneinnahme und Betriebsausgabe allzu offensichtlich zu sein. Jedoch fanden in allerjüngster Zeit sachkundige Analysen

[1] H. Haider-Pregler, Des sittlichen Bürgers Abendschule. Wien 1978. S. 52.

eine überraschende Bestätigung jener Annahme: Öffentliche Theaterbetriebe bringen über ihre Umwegrentabilität möglicherweise mehr Geld ein als sie kosten. Sofern man tatsächlich alle wirtschaftlichen Folgen der kommunalen Theatersubvention in einer Inzidenzanalyse addiert, sind die Gewinne für die heimische Wirtschaft und den Fiskus größer als die Ausgaben. Hierzu zählt auch, daß ein öffentliches Theater inzwischen als ein wichtiger »weicher Standortfaktor« für Subventionsentscheidungen in einer Region gilt.[1]

Die staatlich gestützte, stehende Schaubühne war keine deutsche Novität. Schon länger als hundert Jahre strahlte das Vorbild der Comedie Francaise nach Deutschland ein. Doch nirgendwo bisher in Europa war das Theater konzeptionell so streng der staatlichen Verantwortung unterstellt worden. Obwohl die antifeudale Aufklärung und die feudale Kameralwirtschaft konträre Ziele im Auge hatten, kreuzten sich ihre Programme doch an einem Punkt – an dem sich nun das Theater tatsächlich entwickeln wird. Nirgendwo sonst in Europa wird das Nationaltheater so uneingeschränkt als subventioniertes, ortsgebundes Staatstheater entworfen.

Das war das Programm. Die Theaterpraxis war noch weit davon entfernt. Die meisten Theater des 18. Jahrhunderts blieben privatwirtschaftliche Unternehmen, die Zuschüsse aus fürstlicher oder städtischer Kasse kaum der Rede wert. Im Verlaufe des 19. Jahrhunderts wird sogar der privatunternehmerische Anteil am Theatermarkt noch stärker werden. Dennoch wirkt auch über die Phase der zahllosen Theater-Geschäftsgründungen der Gedanke fort, daß das Theater ein Ort des öffentlichen Interesses und öffentlicher Zuwendung ist. Dieser Gedanke ließ auch nach dem bitteren Ende beider Weltkriege – in der Republik von Weimar und in den zwei deutschen Staaten – trotz Finanznot keinen Zweifel an der staatlichen Selbstverpflichtung zum Theater-Erhalt.

2. Zum Repertoire Wollte das Theater als Organ bürgerlicher Selbstverständigung wirken, erschien notwendig, es dem Kommando dramatischer Texte zu unterstellen. Was sich auf der Bühne künstlerisch ereignete, hatte nun der Dichter vorzuschreiben. Das Theater wurde beauftragt, ein Drama aus der Dimension der Druckseite in die Dimension der Bühne »werkgetreu« zu übersetzen. Theater als Werkzeug des Autors, dessen Botschaft es verkörpert.

Der Leipziger Literaturprofessor, Autor und Übersetzer Gottsched hatte den Weg gebahnt, indem er in 6 Bänden der »Deutschen Schaubühne nach den Regeln und Exempeln der Alten« (1742-1745) erstmals vollständige Texte drucken ließ. Damit und mit dem »Nöthigen Vorrath zur Geschichte der deutschen dramatischen Dichtkunst« 1757-1765) band Gottsched einen Strauß deutschsprachiger Stücke, die ein Schlag gegen das Monopol der Wander-

[1] Vgl. H.J. Fuchs, Theater als Dienstleistungsorganisation. Frankfurt 1988. S. 53.

truppen-Prinzipale waren. Die Prinzipale besaßen meist als einzige in ihrem Ensemble den zusammenhängenden Text eines Dramas und übergaben den Schauspielern nur die jeweiligen Rollentexte. Gottsched wollte durch den Druck der Dramen Schauspieler *und* Zuschauer erziehen. In einer Vorrede begründete er, warum bisher keine Stücke gedruckt worden waren: »... daran hat allerdings der bisherige Eigensinn unserer Comödianten Schuld gehabt: die theils besorget, sie würden dadurch den alleinigen Besitz der Stücke verlieren, wenn sich auch andere Banden des Gedruckten zu Nutze machen könnten: theils aber auch besorget, es möchten die Zuschauer gar zu klug daraus werden, und sowohl die Gedächtnisfehler der Comödianten als auch ihre vorsetzlichen Verstümmelungen der Stücke daraus wahrnehmen lernen.«[1]

Daß Gottsched wohl nicht ganz unrecht hatte, unterstreicht ein Urteil Ekhofs über die Neuberin. Sie wäre »überhaupt mehr wider das Komödiendrucken. Dieser Widerwille war im Grunde nichts anderes als ein Neid, ihre Stücke nicht bei anderen Gesellschaften bekannt werden zu lassen: sie hatte ihn von ihren Vorfahren angenommen, und er existierte noch bis auf diesen Tag bei mehr als einer Prinzipalität.«[2] Nun waren die vollständigen Texte jedermann zugänglich – auch den »Kunstrichtern«im Parterre, die sich vorab kundig machen konnten und damit einen Maßstab in die Aufführung brachten.

Das Nationaltheater sah den Schauspieler in der Rolle als »Herold des Dichterwortes« (E. Devrient). Für die literarische Vor-Schrift gab es zwei Ursachen. Die erste, naheliegende war die mißliche Stegreif-Praxis der Comödiantenbanden, die in der ersten Jahrhunderthälfte Deutschland durchstreiften. Ihre Haupt-und Staatsaktionen reihten – so war jedenfalls die Optik der gebildeten Bürger – äußerliche Effekte, Zoten, nichtssagende Witze und schaurige Sensationen aneinander, ohne sonderliche Vernunft oder sittliche Vorbilder vorzuführen. Dieses Theater der Jahrmärkte und der Wirtshäuser ist jedoch nicht nur – wie es die Theatergeschichtsschreibung lange Zeit naserümpfend getan – auf blutrüstig-populäre oder burleske Banalitäten festzulegen. Dieses plebejische Volkstheater war unmöglich in das System einer bürgerlich-rationalistischen Sittenschule zu integrieren; denn es war kein künstlerisch »niedriges«, sondern ein anderes Theater: Die Stegreifkomödien und die Extempores, die »Haupt-und Staatsaktionen« und die Varianten eines deutschsprachigen teatro dell‹arte widerspiegelten, wie degeneriert auch immer, Spuren eines »karnevalistischen Weltempfindens« (Bachtin), das die radikale Umkehr aller Verhältnisse vorahmte. Wie Rudolf Münz in der Analyse einiger

[1] J. Ch. Gottsched, Die Deutsche Schaubühne nach den Regeln und Exempeln der Alten, 2 Bde. Leipzig 1742. S. 16 f.
[2] H. Fetting, Conrad Ekhof. Berlin 1954. S. 116.

Theateralltag von 1757: »Miss Sara Sampson« und ein pantomimisches Ballett

Mit Bewilligung einer hohen Obrigkeit

wird heute auf der

Schönemannischen

Schaubühne

in dem Schauspielhause in der Beckergrube

auf vielfältiges Begehren

Ein von dem Hrn. M. Leßing verfertigtes bürgerliches Trauerspiel

in fünf Aufzügen:

Miß Sara Sampson

vorgestellet werden.

Personen:

Sir Sampson.
Miß Sara, dessen Tochter.
Mellefont.
Marwood, Mellefonts alte Liebste.
Arabella, der Marwood Tochter.
Waitwell, ein alter Diener des Sampson
Norton, Bedienter des Mellefont.
Betty, Mädgen der Sara.
Hannah, Mädgen der Marwood.
Ein Bedienter der Marwood.

Den Beschluß macht ein pantomimisches Ballet:

Die vom Arlekin betrogene Pantalon und Pierrot.

Der Anfang ist um 5 Uhr.

Die Person giebt; in den Logen 1 Mark 8 Schilling: in dem Parterre 1 Mark; auf dem Mittelplatze 8 ßl. und auf dem letzten 4 ßl.

Wer sich beym Eingange nicht aufhalten will, kann auf dem Kaufberge in des Hrn. Bergmanns Hause bis Nachmittags um drey Uhr, Billette abholen lassen.

Donnerstag, den 3. Februar. 1757.

Truppen nachgewiesen hat, die im 18. Jahrhundert in Deutschland nicht-illusionistisches, betont kunsthaftes Theater machten, teils mit Masken, teils mit pantomimischen Elementen – es ging ihnen »nicht um ›bessernde‹ Korrektur dieser oder jener einzelner Unzulänglichkeiten, sondern um ›Welten‹.«[1] Das deutschsprachige teatro dell'arte verhöhnte die Torheiten der »Städte und Höfe«. Alles stellte der zügellose Harlekin auf den Kopf – die feudale Prahlerei wie die Bescheidung des guten Bürgers in seiner sozialen Rolle. Dieses Theater begnügte sich nicht mit den realpolitisch naheliegenden Zielen der Aufklärung. »Seine von Karnevalismus und mittelalterlicher Lachkultur, von der Überzeugung einer ›verkehrten Welt‹, die umzukehren ist, her bestimmten ›Botschaften‹ blieben so tendentiell rückwärts gewandt und – im Sinne der gesellschaftlichen Entwicklung – überwiegend destruktiv, hielten aber die Vorstellung vom ›Goldenen Zeitalter‹, und damit von einer besseren und menschenwürdigeren Ordnung auch für das soziale ›Unten‹ aufrecht. Es ging um das Ganze, nicht so sehr um eine realistische Kritik einzelner Unzulänglichkeiten in der besten aller möglichen Welten, wenn es dies auch nicht ausschloß. Deshalb blieb ihm seine Einbürgerung versagt.«[2] Da sich dieses Theater an der Mehrheit der Bevölkerung, an den untersten sozialen Schichten orientierte, ihre Genüsse, Sorgen und Träume aufgriff, konnte es nichts zur »Vernunft« im Sinne der bürgerlichen Aufklärer beitragen. Diese Art von Theater war zum Kompromiß unfähig. Dagegen konnten wortwörtlich ausgefeilte Texte, die gute Sitten feierten, die neue Moral des neuen Zeitalters stiften. Diese Texte gruben gewissermaßen ein festes Kanalbett für den gemächlichen Fluß der Aufführung.

Es gibt noch eine zweite, tieferliegende Ursache für die Selbstbeschränkung des Nationaltheaters unter die Obhut der Literatur. Die Ökonomie wurde nun vom sich ausbreitenden Warenverkehr geprägt, vom Austausch materieller »Werke«. Das produzierte, abgegrenzte, einem Eigentümer zuzuordnende Produkt wird zur wichtigsten Größe im sozialen Verkehr. Eine variable Theateraufführung, die von Abend zu Abend ihre Gestalt wechselte, entzog sich dem werkzentrierten Denkmuster dieses Jahrhunderts. Ein gedrucktes Theaterstück war hingegen als Produkt zu behandeln. Es war eine austauschfähiges Handels-Stück.

Diese Denkweise, die in der frühbürgerlichen Revolution entstanden und sich um 1750 endgültig durchgesetzt hatte, verband sich mit der Linearität der Druckseite. Das kausal-logische Denken, wie es die Manufakturproduktion forderte, wurde seinerseits entscheidend durch den Buchdruck gefördert. Es wurde beim Lesen trainiert. Die Struktur der Printmedien legten nun das heuristische Muster der Weltaneignung vor. Und dieses Muster – von links oben nach rechts unten, eines nach dem anderen – bildete die Denkschienen auch für Analphabeten, da es den ganzen Alltag durchdrang.

1 R. Münz, Das andere Theater. Berlin 1979. S. 156.

2 ebenda, S. 220.

Jenen Zusammenhang zwischen Lektüre und Wahrnehmung hat der kanadische Literaturwissenschaftler Marshall McLuhan ausführlich dargestellt. Ausgehend von der Dominanz der gedruckten Information nach Erfindung der Druckpresse hat McLuhan die Epoche zwischen dem 16. und dem 19. Jahrhundert als »Gutenberg-Zeitalter« bezeichnet. In dieser Zeit hätten die Bücher ein neues Wahrnehmungsmuster geschaffen. Seine Grundlage sei die massenhafte Kenntnis des Alphabets. »Das Alphabet ist ein Gebilde, das aus Gliedstücken und Teilen besteht, die als solche keinerlei Bedeutung haben und wie Perlen schnurgerade und gemäß einer vorgeschriebenen Anordnung aneinander gereiht werden müssen. Der Gebrauch des Alphabets fördert und begünstigt die Gewohnheit, jede Umwelt in visuellen und räumlichen Kategorien wahrzunehmen – insonderheit in Raum- und Zeitkategorien ... Die Gerade, das Kontinuum wurde zum Organisationsprizip des Lebens. Wer a sagt, muß b sagen.«[1] McLuhan nennt das Alphabet einen Trichter. Durch seine schmale Öffnung müßten alle sinnlichen Gegebenheiten gepreßt werden. Das Hörbare, Fühlbare, Riechbare werde durch die Buchstabenschrift ins Visuelle und Abstrakte übersetzt. Menschen, die mit dem Alphabet erwachsen werden, könnten Realität nur segmentiert erleben. Sie übersetzten sie gewissermaßen sofort in die regelmäßigen Schriftzeichen des Alphabets, und sie übernähmen die Struktur seines Druckes. Sie denken in einer Linie fortschreitend – die Linearität der Schrift werde zur Leitlinie der Realitätsaneignung.

Obschon McLuhan mitunter vereinfachend zuspitzt – er erklärt den massenhaften Buchdruck allein zur Quelle des technischen Fortschritts und nicht auch zu dessen Folge – , so ist der Hinweis auf das Gutenberg-Zeitalter doch für die Theatergeschichte aufschlußreich: Das Theater, das in der zweiten Hälfte des 18. Jahrhunderts entsteht, läßt sich insofern als »Druckseite« bezeichnen, als es der Linearität des geschriebenen Textes folgt. Die Kontinuität wird zum dramaturgischen wie zum schauspielmethodischen Prinzip. Wer auf der Bühne b sagen wollte, mußte zunächst a gesagt haben!

Programmatisch forderte der Wortführer einer neuen, bürgerlichen Theatertheorie, Denis Diderot, einen schnurgerade Verlauf der Handlung. Ausdrücklich kritiserte er verwickelte Handlungen, die so vielschichtig sind, daß ihr kunsthafter Charakter (»daß es keine sich wirklich ereignende Begebenheit ist«, Diderot) offenliegt.[2]

Jedoch ebensolche ambivalenten, mehrgleisigen Handlungen boten die »Aftercomödianten«, wenn sie in den Haupt- und Staatsaktionen Himmel und Hölle, Leben und Tod, königliche Weisheit und weise Narren, ernst und heiter, hoch und niedrig kunterbunt mischten. Gegen die A-Logik solcher Spektacula setzte Diderot die kausale Logik. Eines sollte vernünftig aus dem anderen hervorgehen: »In dem menschlichen Leben ist die Dauer einer Begebenheit mit einer Menge kleiner Zwischenfälle durchwebt, die zwar einen

[1] M. McLuhan, Das Medium ist Massage. Frankfurt 1969. S. 44.

[2] G. E. Lessing, Das Theater ... a. a. O. S. 99 f.

Roman wahrscheinlich machen ..., auf dem Theater hingegen, wo man nur besondere Augenblicke des wirklichen Lebens vorstellt, muß man nur eine einzige Sache beschäftigen. Ich will lieber ein einfaches als ein mit Zwischenfällen überhäuftes Stück. Unterdessen sehe ich doch mehr auf ihre Verbindung als auf ihre Vielheit. Ich bin weniger geneigt, zwei Begebenheiten zu glauben oder aufeinander zu tragen, als eine ganze Menge von Begebenheiten, die aber, wenn man sie mit der täglichen Erfahrung, der unwandelbaren Regel aller dramatischen Wahrscheinlichkeiten, vergleicht, so genau miteinander verknüpft sind, daß es scheint, die eine habe die andere notwendig veranlassen müssen.«[1]

Die einzeilige Kontinuität des Lebens als ein Muster für das Drama und für seine Aufführung! Ganz in diesem Sinne hatte Lessing in der »Hamburgischen Dramaturgie« immer wieder gefordert, die Handlung »stetig und ohne Sprung« zu entwickeln. Denn »wir lieben das Zweckmäßige so sehr, daß es uns, auch unabhängig von der Moralität des Zweckes, Vergnügen gewährt.«[2]

Eine doppeldeutige, in sich widersprüchliche Handlung, die sich in Sprüngen entwickelt (oder vielleicht überhaupt nicht »entwickelt«!), die sich der Alltagsvernunft entzieht, die keinen Bauplänen gehorcht – eine solche Handlung würde dem historischen Optimismus und der Hoffnung auf einen geradlinigen Geschichtsverlauf widersprechen. Sie brächte irrationale Ängste und alternative Utopien zum Klingen, die der bürgerliche Aufsteiger unter dem Mantel der Vernunft zugedeckt hielt. Bürgerliche Rationalität konnte und wollte nicht den Boden unter den Füßen verlieren. So viel an Freizügigkeit bot das öffentliche Räsonnement wiederum nicht, daß es seine eigenen Grundlagen zur Disposition gestellt hätte. Die mühsam errungene Erkenntnis, daß die gebildete Vernunft des Menschen die Weltordnung erkennen und nötigenfalls verbessern könne, ließ sich der Bürger nicht erneut in Zweifel ziehen.

Sind schon die Zeichen des Theaters prinzipiell mehrdeutig – eine Geste, ein Gesichtsausdruck, ein sprachlicher Akzent mochten so oder ganz anders verstanden werden –, so konnte die Aufführung jene Mehrdeutigkeit noch steigern, indem sie jene Zeichen phantasievoll-variant kombinierte. Der flüchtige Charakter der Theaterkunst machte sie so schwer faßbar und noch schwerer zensierbar. (Das erfuhren die staatlichen Zensoren oft genug: Gerade ein von ihnen verbotener Satz machte Wirkung, wenn auf der Bühne die entsprechende Pause »gesprochen« wurde.) Nur der literarische Text bot halbwegs sichere Gewähr, das zwielichtige Potential des Theaters aufzuhellen. Das geschriebene Wort konnte die Aufführung vereindeutigen. Wo die schauspielerische Aktion ins Grenzenlose ausgebrochen wäre, holten sie die Worte in die Umzäunung des Alltagsverstandes zurück. Der Text, auf den das Theater nun baute, schützte den Bürger vor dem schwankenden Grunde ungewis-

[1] ebenda.

[2] G. E. Lessing, Hamburgische Dramaturgie ... a. a. O. S. 403.

ser Imagination. Nun war die Botschaft des Theaterabends wirklich schwarz auf weiß nach Hause zu tragen – oder schon vor dem Theaterbesuch kritisch zu lesen.

Das Nationaltheater wünschte sich Dramen, die ihre Ereignisse im chronologischen Nacheinander entfalteten, die die Figurenabsichten verständlich motivierten und die den Erfahrungshorizont der Zuschauer nicht sprengten. Stücke, die die Wirklichkeit verzerrt oder auf den Kopf gestellt hätten, die fragmentarisch oder kunsthaft zuspitzten, wurden nur selten in die Spielpläne genommen. Oder sie wurden auf das Mittelmaß kausal-logischer »Richtigkeit« gestutzt. Daher ist verständlich, daß die Dramatik des Sturm und Drang wenig Platz auf der Nationaltheater-Bühne fand. Beispielsweise reduzierten Inszenierungen von Schillers RÄUBER alle Unwahrscheinlichkeiten in der Handlung, maßen die Kolportage und die opernhafte Struktur mit der Elle der Alltagslogik. Daß der junge Schiller als Besucher des feudalen Opernhauses zunächst eine ganz andere Ästhetik kennengelernt und dichterisch verarbeitet hatte, wurde übersehen. Fast zweihundert Jahre lang – und die RÄUBER sind eines der meistgespielten deutschen Dramen! – wurde das Stück inszeniert, als wäre es aus Ifflands Schule ...[1]

Indem sich das neue Theater auf einen bestimmten Dramen-Typ stützte, förderte es die Idee der »freien Individualität«. Auf höfisch-feudaler Bühne hatten Heere von Göttern oder Fabelwesen agiert. Die barocke Szene hatte im Plural und anonym erzählt. Das bürgerliche Drama erzählte jetzt im Singular. Seine Helden waren nicht einfach austauschbar. Es gab Individualitäten mit ihrer einzigartige Biografie zu erkennen. Schicksalsträger war nicht mehr ein mythologisches Wesen, vom Corps de ballet umflort, sondern ein einzelner, aus der Menschheit deutlich abgehobener Mensch. Sein persönliches Tun entschied den Konflikt. (Der »Karakter« als Grundlage der politischen Verfassung – so hatte es Schiller beschrieben!) Dieses Drama ist Ansichtssache und Leistung eines einzelnen Autors. Es dokumentiert die Chancen der freien Individualität.

Die Individualität der Stück-Figur sollte durch den Schauspieler auf der Szene nicht bloß wiederholt, sondern in möglichst vielen Nuancen, in vielen Tönen zum Klingen gebracht werden . Insofern wurde dem Schauspieler mehr zugetraut als die pure Verlautbarung des Dichter-Textes. Da heißt es in einer zeitgenössischen Beschreibung des Hamlet, wie ihn der von Goethe geschulte Schauspieler P.A.Wolff gab: »Die Szene mit Ophelia habe ich ihn dreimal ganz verschieden geben sehen. Einmal sprach er die Schlußworte: ›Geh in ein Kloster!‹ ton- und gemütlos, wie an andere Dinge denkend. Das andere Mal erzürnt, wie über ihr Schicksal ernstlich besorgt und aufgeregt. Und endlich ... hatte er einen ganz anderen Weg eingeschlagen und sagte wehmütig-zärtlich: ›Geh in ein Kloster!‹ wie ein scheidender, betrübter Liebhaber, den

[1] dazu: R. Dreßler, Zwischen Bürgerstube und Weltbühne; in: Friedrich Schiller. Angebot und Diskurs. Berlin u. Weimar 1987. S. 194 ff.

verstellten Wahnsinn vergessend und aufgebend. Solche Abweichungen, folglich Widersprüche bei einer solchen Aufgabe, gereichen dem Darsteller zur höchsten Ehre.«[1] Diese Ehre basiere auf der Fähigkeit, »der poetischen Gestalt neue Seiten abzugewinnen«.[2] Doch: Neue Seiten waren nicht zu erschaffen, sondern »abzugewinnen«. Sie sind schon vom Dichter beschrieben worden und müssen nun gewissermaßen vom Schauspieler aufgeblättert werden. Die »poetische Gestalt«, das Drama, bleibt der strenge Rahmen, in dem der Schauspieler sein individuelles Bildnis zeichnet. Es geht auf der Szene nicht um einen originären Schöpfungsakt. Es geht um die Ausschöpfung, ja die »äußere Exekution« (Hegel) des Dramas.

Rasch setzte sich auch im Verständnis der Schauspieler der Gedanke durch, sie seien »Botschafter« des Autors. Dieses Verständnis wurde dadurch erleichtert, daß die meistgespielten Autoren dieser Epoche beruflich eng mit dem Theater verbunden waren – als Theaterdirektoren, wie Großmann, Schröder, Babo, Iffland oder Kotzebue, oder als Schauspieler, wie Beck, Beil und Hagemann.

Als 1779 der Gothaer Theaterdirektor Reichard dem Landesherrn Herzog Ernst Vorschläge zur Ausgabenkürzung unterbreitete, schlägt er auch eine Einsparung der Beleuchtung vor. An Kerzen könne gespart werden, meinte Reichard, jedoch nicht am Kronleuchter. Denn das Licht im Saale müsse hell genug bleiben, damit die Zuschauer weiterhin den Text mitlesen könnten.[3] Das war kein schlitzohriges Argument eines Theatermannes, um Etatkürzungen zu verhindern. Es war Teil seines Theaterverständnisses.

Da das Theater seine erstrangige Pflicht darin sah, eine literarisch vorgezeichnete Geschichte nachzuerzählen, rückte auch der Librettist einer Oper auf den obersten Platz des Theaterzettels. Der Name des Komponisten erschien kleingedruckt in der zweiten Zeile. Denn er hatte ja »nur« die Musik, gewissermaßen das Ornament, geschaffen. Die eigentliche Botschaft der Aufführung wurde der literarischen Feder gedankt. DIE ENTFÜHRUNG AUS DEM SERAIL – ein Werk Stephanies, zu dem Mozart Musik beigegeben hatte …

3. Zum Berufsverständnis Wo die Nationaltheaterprogramme eine stehende Bühne fordern, meinen sie meist keine festen Häuser (denn die werden bereits überall gebaut!). Vielmehr geht es nun um ortsansässige Ensembles. Noch in der zweiten Hälfte des 18. Jahrhunderts waren die allermeisten Schauspieler in heimatlosen Wandergesellschaften tätig. Wenn Fürsten oder Städte ihnen eine dauerhafte Bindung ermöglichten, dauerten solche Ausnahmen schließlich nur wenige Jahre. Als Mäzene rühmten die Zeitgenossen

1 M. Jakobs (Hg.), Deutsche Schauspielkunst. Berlin 1954. S. 274.

2 ebenda.

3 R. Hodermann, Geschichte des Gothaischen Hoftheaters 1775–1779. Hamburg u. Leipzig 1894. S. 95.

Christian II., Herzog von Mecklenburg-Schwerin, der die Schönemannsche Truppe engagierte (1751–1756), oder Ernst II., Herzog von Sachsen-Gotha-Altenburg, der unter Ekhofs Leitung ein stehendes deutsches Theater errichten ließ (1775–1779). Aber auch diese wenigen positiven Beispiele zeigen die Unsicherheit der Künstlerexistenz. Nach wie vor waren die Komödianten dem persönlichen Wohlwollen des »Souveräns« ausgeliefert. Sein Nachfolger oder eine spontane Entscheidung konnten sie sofort wieder zurück auf die Landstraße schicken.

Die Reisechronik der Ackermannschen Gesellschaft kann die enorme physische Leistung veranschaulichen, die die Komödianten aufbieten mußten: In 16 Jahren (1753–1767 und 1769–1771) gab die Truppe 3000 Vorstellungen in 40 Städten. Ständig pendelte sie zwischen Straßburg und Königsberg und Warschau, zwischen Flensburg und Bern. Hatte sie schon keine aufwendigen Dekorationen zu transportieren, besaß doch Konrad Ernst Ackermann einen berühmten üppigen Fundus, der natürlich auch auf Reisen ging. Die langen Fahrten erhöhten nicht nur die Reisekosten; sie zwangen auch den Prinzipal, sein Ensemble zu beschränken, Kinder und Schwiegermutter eher einzusetzen als neue Mitglieder zu engagieren. Im Durchschnitt umfaßte eine wandernde Gesellschaft seinerzeit achtzehn künstlerische und zwei, drei technische Kräfte. Für Neueinstudierungen blieb unterwegs wenig Gelegenheit. Die alten Stücke wurden einem immer wechselnden Publikum gezeigt.

Da schon die führende Gesellschaft Ackermanns ständig neue Publikumsmärkte abgrasen mußte, waren erst recht die kleineren Truppen ständig auf Wanderschaft, zum Teil weit über die Reichsgrenzen hinaus. Kein Wunder, daß der Gothaische Theaterkalender jedes Jahr den Zerfall (aber auch die Neugründung!) vieler Gesellschaften anzeigte. Allerdings gab es in den letzten Jahrzehnten des 18. Jahrhunderts einige stehende Ensembles, die zwar aus Finanzgründen auch ausgedehnte Tourneen unternehmen mußten, aber doch eine ständige Theateradresse hatten. Doch diese theatergeschichtlich meist herausragenden Bühnen – wie Mannheim oder Weimar – repräsentieren die Ausnahme und nicht den Regelfall. Im Gothaischen Theaterkalender werden für 1787 nur 15 an einen Ort gebundene Ensembles genannt. Die große Mehrheit der deutschen Schauspieler ist auch im letzten Viertel des 18. Jahrhunderts nicht seßhaft. Insofern ist die pauschale Aussage, daß sich um 1800 in Deutschland endgültig das stehende Theater etabliert habe, ungenau.

Auch im Theateralltag des frühen 19. Jahrhunderts blieben die ortsfesten Ensembles in der Minderheit. Der von Iffland herausgegebene »Almanach für Theater« zählte im »Verzeichnis sämtlicher Deutscher Theater und ihrer Mitglieder« für die Spielzeit 1810/1811 ganze 17 Bühnen mit ständig engagierten Gesellschaften. Das waren: die Königlichen Schauspiele zu Berlin, das Bergische Theater (das im Winter in Düsseldorf, im Sommer in Elberfeld spielte), die Theater zu Bremen, Breslau, Brünn, das Königlich Sächsische Hoftheater (im Winter in Dresden, im Sommer in Leipzig), die Theater in Grätz, Königsberg, Mannheim, Nürnberg, Prag, Regensburg, Stettin, Weimar, die K.K.Hoftheater in Wien (einschließlich des privilegierten Theaters in der Leopoldstadt und des K.K. privilegierten Theaters an der Wien), das Königlich Würtembergische Hoftheaterr und das Hamburgische Theater. Außerdem nannte das Verzeichnis noch das teutsche Hoftheater in St. Petersburg.

Allerdings engte sich dann im 19. Jahrhundert der Radius der wandernden Schauspielergesellschaften immer mehr ein. Ihre Reisen beschränkten sich oft auf wenige Städte oder Regionen, die sie im Turnus heimsuchten. Die Zahl der verfügbaren Theaterhäuser überstieg die Zahl der reisenden Ensembles – um 1850 gab es etwa 200 deutschsprachige Theatergesellschaften – bei weitem. Bereits zu dieser Zeit existierten in Deutschland wesentlich mehr etablierte Bühnen und Ensembles als in anderen europäischen Ländern. An dieser staatlich geförderten Dominanz der Theaterkultur hat sich bis in die Gegenwart hinein nichts verändert, wenn man dafür als Maßstab die Einwohnerzahl ins Verhältnis zum Theaterplatz-Angebot setzt.

Als das Nationaltheaterkonzept ortsansässige Künstler forderte, ging es nicht um ihre private Bequemlichkeit. Sie sollten vor allem im buchstäblichen Sinne Bürger werden! Gerade die stabile Bindung an Stadt, Haus und Familie bildete ja den Kern bürgerlicher Existenz. Bürgerliche Lebensart verstand sich als extremes Gegenteil von bindungslosem Vagabundieren. Die Darsteller, die auf der Szene Arbeitsfleiß, Sittenstrenge, Gesetzestreue verkörpern sollten, erschienen nur glaubhaft, wenn sie diese Tugenden auch selbst lebten. Ein geregelter Theaterbetrieb hatte nun das ungeregelte Privatleben zu »heben«.

Der wichtigste Schritt zur inneren Ordnung der Truppen bestand in der Annahme einer eigenen Verfassung. Die Direktoren erließen Theatergesetze, die die künstlerische Tätigkeit nach »civilen« Maximen regulierten. Genialische Laune hatte sich nun der Vorschrift zu fügen. Der Prozeß der »Verordentlichung« der ganzen Gesellschaft machte auch vor dem Bühneneingang nicht halt und kanalisierte nun künstlerische Phantasie ins staatlich lizensierte Ehebett.

Schon früher hatten Theaterprinzipale auf Ordnung geachtet, achten müssen. So wird der Neuberin ein wachsames Auge nachgesagt, mit dem sie die Liebeleien ihrer jüngeren Bandenmitglieder kontrollierte. Um den Spielbetrieb zu gewährleisten, mußte schließlich ein Mindestmaß an Verläßlichkeit gewahrt bleiben. Das erforderte oft ein harte Hand, denn in den Comödiantenbanden sammelten sich nicht wenige asoziale Elemente, die alles andere als das »Kunstwerk Aufführung« im Auge hatten. Theaterdirektor Schönemann mußte oft genug erfahren, »daß die meisten, welche den Stand eines Komödianten wählen, bloß aus Not, weil sie durch ihre Jugendfehler ihren Zustand schlecht gemacht, dieses Brot ergreifen, um sich dadurch anfänglich einer mittelmäßigen Versorgung zu versichern, so habe ich doch auch viele gefunden, daß sie vermeinen, wer dem Schauplatz diene, dem stehe alles frei, Verschwendung, Faulheit, Wollust, Betrug, Undank und ein Ehrgeiz, welcher nichts anders als einen recht übermütigen und pöbelhaften Stolz zum Grunde hat. Heißt aber dieses nicht dem Schauplatz Schande angetan?«[1]

Als Ekhof die ersten Artikel für die Schönemannsche Gesellschaft verfaßte, ging es ihm um viel mehr als nur um die organisatorische Sicherung des Theatergeschäfts. Es ging ihm um den ganzen Berufsstand. Seine innere Ordnung war Ekhofs programmatisches Ziel. Ganz bewußt formulierte er Theaterspiel als eine bürgerliche Tätigkeit. Sie sollte dem einzelnen wie dem gesamten Ensemble soziale Achtung erwerben. Nur so, im Nachweis des eigenen Arbeitsethos, konnte das bürgerliche Theater mit bürgerlicher Akzeptanz und öffentlicher Wirkung rechnen.

Am Prinzip jener Ekhofschen Theatergesetze orientierten sich weitere Theater. Hatte Ekhof dabei vor allem den demokratischen Rahmen für die Arbeit eines Ensembles im Auge gehabt, so wurden aus den Theatergesetzen zunehmend Strafgesetzbücher, die die Künstler zur eisernen Disziplin verpflichteten.

1793 veröffentlichten die Berliner »Annalen des Theaters« einen ausführlichen Vorschlag für ein Gesetzbuch der Bühne, der in anderen Zeitschriften lebhafte Zustimmung erfuhr.[2] Er verstand sich als Resumee der lokal ganz unterschiedlichen Theatergesetze. Mehrere Paragraphen definierten exakt, was sittliches Verhalten des Schauspielers hieß: »Wenn ein lediges Mitglied heiraten will, so soll es dem Director zuvor bekannt gemacht werden, auch soll jeder darauf sehen, daß die zu wählende Person einen guten Ruf habe und das Theater auch mit betrete, sowohl im ersteren als letzteren entgegengesetzten Fall werden beyde sogleich entlassen.« Und der nächste Paragraph verbot homosexuelle Liebe: »Wenn ledige Mitglieder der Gesellschaft sich mit anderen Personen ihres Geschlechts, sie gehören zur Bühne oder nicht, in ein heimliches Verständniß einlassen, so werden sie sogleich verabschiedet. Bei Verheiratheten aber wird es nächst der Entlassung noch schärfer geahndet. Auch müssen sie sogleich die Stadt räumen.« Die Ehe sollte unantastbar bleiben: »Verheirathete bei der Gesellschaft, die sich veruneinigen, sollen das erstemahl von der Direktion der resp. Obrigkeit angezeigt und von selbiger zum Frieden ermahnet werden. Das zweitemahl werden sie sogleich dimittirt.« Das Gesetz enthielt auch Strafen für mangelhafte künstlerische Disziplin: »Wer eine Scene versäumet, bei der Vorstellung zur Unzeit lacht, Zusätze zu seinen Rollen macht, etwas ausläßt, unsittliche Possen und Theaterspiele anbringt, oder sonst etwas thut, was die Täuschung aufhebt, macht sich dadurch straffällig«. Hier ist das oberste künstlerische Ziel klar bestimmt: Täuschung, also Illusion, der Zuschauer! Die Strafe sollte beim erstmaligen Vergehen einen Gulden, beim wiederholten einen Taler betragen. Das entsprach 1793 ungefähr einer durchschnittlichen Tagesgage.

Kulturpolitisch bemerkenswert an diesem Vorschlag ist – und darin weist er

[1] H. Fetting, Conrad Ekhof ... a. a. O. S. 207 f.

[2] Annalen des Theaters ... a. a. O. 1793, H. 6, 10 und 11.

in die Zukunft – die betriebswirtschaftliche Akzentuierung. Einerseits wird konsequent die Autonomie der Kunst behauptet, andererseits wird der Betrieb ganz der obrigkeitlichen Verwaltung unterstellt. Für das Theater als Kunstinstitut erhält der Direktor uneingeschränkte Kompetenz: »Nur diejenigen, die zur Aufsicht notwendig sind, haben allein das Recht, das Theater zu betreten, andere aber, wes Standes und Würden sie auch sein mögen (!), können unter keinerley Vorwand weder vor, noch nach, noch während der Vorstellung aufs Theater und in die Garderobe gelassen werden, auch bey den Proben nicht.« Dieser Gedanke war kühn, denn die Praxis ganz anders: Noch im Altenburger Hoftheater, achzig Jahre nach diesem Gesetz erbaut, legte der Architkekt einen seperaten, »geheimen« Gang von der Fürstenloge direkt in die Damengarderobe an!

Ausdrücklich formulierte jene Bühnen-Verfassung, daß der Direktor die aufzuführenden Stücke nicht der Zensur einzureichen habe. Aber gleichzeitig beanspruchte er die Hilfe des Staates, um sich gegen Konkurrenz zu schützen. Jeweils nur eine Bühne dürfe konzessioniert werden. So wird das gesamte Theater letzten Endes als ein staatliche verantwortetes, ein durch die Autortität des Staates legitimiertes Unternehmen vorgesehen. Der Direktor gab dabei Befugnisse, über die der Prinzipal ehemals selbständig verfügte, aus der Hand: »Die Gagen der sämtlichen Mitglieder werden der respectiven Obrigkeit insgeheim bekannt gemacht.« Und: »Kein Bürger oder Einwohner darf sich bey vorfallenden Streitigkeiten an den Directeur wenden, sondern allein an die resp. Obrigkeit ... Der Directeur ist verpflichtet, alle Gesetze, welche den Einwohnern bekannt werden müssen, gedruckt in die Hände der resp. Obrigkeit zu liefern, so wie auch schriftlich die übrigen sämtlichen Gesetze, welche zwischen ihm und seinen Mitgliedern obwalten, damit bey Vorfallenheit darnach ergehen könne, was rechtens ist.« Will der Direktor einen Anfänger engagieren, so habe er sich vorher das Einverständnis der Obrigkeit einzuholen.

Die Theater, die sich im letzten Viertel des 18. Jahrhunderts ausdrücklich als »Nationlatheater« gründeten, blieben im künstlerischen Alltag weit hinter den eigenen Gesetzen und Programmen zurück. (Selbst die Weimarer Hofschauspieler nahmen, trotz Goethes strengster Aufsicht, das Textlernen längst nicht so genau, wie es die Weimarer Verfassung vorsah!)[1] Entweder schwenkten die Nationaltheater auf die Linie eines höfisch orientierten oder eines geschäftstüchtigen Theaterbetriebes ein. Ihr schöner Titel – nach dem Wiener und Mannheimer Nationaltheater nannten sich u.a. die Bühnen in Linz, Brünn, Innsbruck, Augsburg, Nürnberg, Breslau, Altona, Magdeburg, Frankfurt/M. und München ebenso – blieb Worthülse. Die übereinstimmende Bezeichnung verbarg weit auseinanderlaufende Ziele, Unterschiede im künstlerischen Niveau und noch größere Unterschiede zur urspünglichen Idee eines Nationaltheaters.

[1] B. Th. Satori-Neumann, Die Frühzeit des Weimarischen Hoftheaters unter Goethes Leitung (1791-1798). Berlin 1922. S. 161 f.

Zu Recht nannte der Gothaische Theaterkalender 1793 die Titulierung einen »privilegierten Nonsens«. Es war die Nationaltheaterkonzeption im ganzen, die zur Jahrhundertwende aufgegeben war. Längst hatten sich ihre Ziele als unerreichbar erwiesen. Lessing hatte bereits 1768 den »gutherzigen Einfall« verabschiedet, »den Deutschen ein Nationaltheater zu verschaffen, da wir Deutsche noch keine Nation sind«.[1] Die Ansätze zu einem aufklärerischgesellschaftskritischen Theater lösen sich allmählich auf vor dem Erfahrungshintergrund der französischen Revolution und ihrer Folgen. Die europäische Geschichte ernüchterte und zerstörte deutsche Illusionen.

Doch sollte insgesamt der Beitrag des bürgerlichen Theaters zur Verbürgerlichung der sozialen Psychologie, zur Verwurzelung bürgerlicher Weltsicht und Werte gerade in Deutschland nicht ganz gering angesetzt werden. Kamen die Aufführungen auch nur einem sehr kleinen Teil der Einwohnerschaft vor Augen, so lieferten sie doch immer wieder die Themen für die soziale Kommunikation. Theater-Ereignisse besprachen auch diejenigen, die nicht im Auditorium sein konnten.

Wieviel Zündstoff der Idee des Nationaltheaters trotz kompromißreichster Praxis noch immer innewohnte, ist daran ablesbar, daß 1815 in Berlin der neuernannte Direktor Graf von Brühl den Titel »Königliches Nationaltheater« eilig in »Königliches Hoftheater« veränderte. Das war Programm. »Man ist auf den Gedanken gekommen,« so kommentierte später Heinrich Laube, »daß auch das Theater den Hof und die herrschende Politik repräsentieren soll, ein Gedanke, welcher dem Zweck des Nationaltheaters in vielen Punkten schnurstracks zuwider läuft ... (denn) ein Theater, welches nur anerkannte Formen und Ideen bringen darf, ist nimmermehr ein Nationaltheater.«[2]

Um 1800 registrierten die Zeitgenossen eine theaterkünstlerische Wende. Gegenüber dem Gedanken, daß das Theater Musterbilder fürs bürgerliche Leben auszuprägen habe, gewinnt jetzt stärker der Unterhaltungsgedanke Raum. Das Theater wird zunehmend als ein »Institut zum Vergnügen des Publikums« gedacht – was es ja praktisch immer war. Es sei ein Unternehmen, so formulierte es 1809 Iffland, »das zur Zerstreuung der Sorge, zur Aufheiterung dienen soll.« Der »Zerstreuung der Residenz« widmete nun der Theaterdirektor seine Tätigkeit. (Der geschickte Stilist Iffland wählte die Vokabel »Residenz«, wo er »Stadt« meinte!) Das sind neue Töne, die nicht allein auf die Nöte während der Napoleonischen Besetzung anspielen.

Grundsätzlich veränderte sich jetzt das Verhältnis von Entpflichtung und Verpflichtung des Publikums. Pure Unterhaltung erhält stärkeres Gewicht. Diese Wende signalisieren auch die Spielpläne: Vor 1800 beherrschten die sittlichen Familiengemälde Ifflands, ihre leidenden Helden und ihre rührenden

[1] G. E. Lessing, Hamburgische Dramaturgie ... a. a. O: S. 509.
[2] H. Houben, Heinrich Laube. Leipzig 1906. S. 26.

Zufälle die Szene. Im neuen Jahrhundert dominierten die Dramen Kotzebues, die den engen kleinbürgerlich-familiären Rahmen sprengten, heroisches Pathos und Pomp nicht scheuten, insgesamt »operettiger« waren.

Hatte am Giebel des 1776 errichteten Berliner Nationaltheaters noch die Inschrift geprangt: »Ridentur et corriguntur mores«, so wählte Friedrich Wilhelm II. für das 1795 in Potsdam eröffnete Schauspielhaus als Motto: »Dem Vergnügen der Einwohner«. Veränderte Formulierungen stehen für ein verändertes Theaterverständnis.

Auf seinem weiteren Weg gewinnt das deutsche Theater immer mehr staatliche Aufsicht – Subvention und Zensur in einem –, gewinnt reicheren künstlerischen Ausdruck und verliert öffentliches Räsonnement. Ein Resultat aber dieser versandenden Nationaltheaterbewegung war nicht mehr zurückzunehmen: das Publikum hatte endgültig die Rolle verinnerlicht, die ihm zugeteilt wurde, und es spielte diese Rolle noch mindestens anderthalb Jahrhunderte fort, als die ursprüngliche Idee zum Nationaltheater längst in den Bibliotheken ruhte.

1 *Gastspiel einer Comödienbande um 1700*

2 Das Theater auf dem Gänsemarkt in Hamburg (1765)

3 Das Markgräfliche Opernhaus zu Bayreuth (1745–1748)

4 Zuschauer in einem Comödienhaus von 1780

5 *Das Residenzschloß Eisenach mit dem »theatro auf dem Saale« (1740)*
6 *Das Ballhaus in Coburg (1764)*

7 Das Königliche Opernhaus zu Berlin (1744)

8 Aus dem Gothaischen Theaterkalender auf das Jahr 1793

10 Das »neuerbaute Theater« vor dem Schloßtor in Gera (1787)
11 Das Comödienhaus zu Altenburg (1783)

12 Das Stadttheater in Ulm (1780–1781)

13 Mozart im Königlichen Nationaltheater zu Berlin (1798)

14 Der Zuschauerraum des Theaters in Bad Lauchstädt (1801)
15 Argand-Lampe (1783 erfunden)

16 Das Theater auf dem Linkeschen Bade in Dresden

17 Stadttheater Freiberg (Gemälde um 1870)

18 Das von C. G. Langhans erbaute Schauspielhaus auf dem Gendarmenmarkt in Berlin (1801)

19 Der Vorhang des Königlichen Hoftheaters Hannover (1789)

20 Foyer und Restaurationssaal
21 im Königlichen Schauspielhaus Dresden (1913)

22 *Das wissenschaftliche Theater der URANIA zu Berlin (1890)*

Der Direktor des Königlichen Nationaltheaters zu Berlin 1812 im »Almanach für Theater«:

... Je bedeutender die Künstler sind, je williger behandeln sie die Proben, und bezeigen sich sorgfältig in Beachtung der Kleinigkeiten, welche dem Ganzen Reiz geben, wenn sie mit Leichtigkeit und Sicherheit behandelt werden.

Die ganz gewöhnlichen Schauspieler hingegen vermeinen, das hohe Geheimniß der Kunst erst am Abend enthüllen zu müssen. Sie gehen nachlässig über alle Schwierigkeiten hinaus, und man entdeckt erst spät mit Schrecken, daß sie von allem, was sie nicht angedeutet haben, auch wenig oder gar nichts wissen.

Das Probiren und die nöthigen Erfordernisse zu der Handlung, wenn die Gesetze es nicht angeordnet haben, dünkt ihnen eine Thorheit, welcher sie mit Fug und Recht sich entziehen können.

Die Wirtschaftlichkeit der Frauenzimmer geht noch weiter. Sie stricken auf den Proben und lassen den Dichter mit aller Kunst und Herrlichkeit fallen, aber nicht ein Auge an ihrem Strumpfe.

Es giebt Theater, wo diese Strickerei also in Regel gebracht ist, daß das sämtliche weibliche Personal, während der Vorstellung, in den Koulissen, nach der Rangfolge, in Reihe und Glieder sich setzt, um unablässig zu stricken.

Dies ist ungemein erhebend für die, welche indeß auf der Bühne mit Anstrengung zu thun haben ...

Wenn nun auf den Proben unfreundliche Gestalten neben ihnen in Mäntel so gehüllt stehen, daß nur die Oberlippe sichtbar ist, das Auge und die Stirn durch den Hut so viel als ganz verdeckt wird, nicht von der Stelle wankend, in schauerlichem, halb leisem Ton ihre Reden vor sich hinaus hauchen – so wissen jene, welche auf das angedeutete Leben warten, um auch Leben geben zu können, auf keine Weise was und wieviel sie zu thun haben.

Auf dem Abend, während der Vorstellung, geräth alles anders, als es am Morgen war. Nun belebt sich neben ihnen die todt geglaubte Gestalt. Sie geht umher, oft nur zuviel. Sie schreitet an den anderen vorüber, durchschneidet allen Raum, den der andere sich sorgfältig bewahrt hat. Das dumpfe Murmeln von der Probe verwandelt sich in ein furchtbares Geschrei. Der Nachbar, der am Morgen nicht einmal angeblickt worden ist, wird angefaßt, geschüttelt, weggedrückt ... Eine genaue Probe – oder doch mindestens eine solche, wo der Grad der Beweglichkeit und des Lebens, der bei der Vorstellung gelten soll, getreu angegeben ist, würde dieses Übel vermindern, wenn sie nicht ganz zu heben seyn sollten ...«

Als die Theater zum Stehen kamen

»Was die Lage eines Schauspielhauses anbetrifft, so ist wohl für die Bewohner einer Stadt am bequemsten, wenn dasselbe ungefähr in der Mitte der Stadt errichtet wird, indem es zu einer öffentlichen nützlichen Belustigung dienet, woran alle Bewohner der Stadt Anteil nehmen können. Es muß wo möglich auf einem freien Platz liegen und darf nicht an andere Gebäude anstoßen...«[1]

So bestimmte 1798 ein Architektur-Lehrbuch den Platz des Theaters. Damit weist die »Enzyklopädie der bürgerlichen Baukunst« auf zwei grundlegende Gesichtspunkte hin, die die Baumeister künftiger Theaterhäuser zu beachten haben – auf die zentrale Lage und auf die bauliche Selbständigkeit des Gebäudes.

Daß nun dem Theater ausdrücklich das Stadtzentrum zuerkannt wird, hat wenig mit dem bequemen Zugang, sehr viel aber mit seiner neugewonnenen Bedeutung zu tun. Denn im Verständnis des 18. Jahrhunderts war der lokale Mittelpunkt der Stadt zugleich ihr geistiges Zentrum. Der Platz im Raum oder eine räumliche Beziehung signalisierten immer auch das Maß an sozialer Geltung. Insofern ist es von enormer Aussagekraft, wenn nun das Theater ins Stadtzentrum verwiesen wird.

Der Spielort im Mittelpunkt der Stadt versprach Prestigegewinn. Damit waren mehr Publikumszuspruch und höhere Einnahmen verbunden. Das erklärt, warum die Theaterprinzipale so energisch ins Stadtzentrum drängten und dabei vielleicht Nachteile – höhere Steuern, schlechtere Säle – gern in Kauf nahmen. Deutlich ist an der Leipziger Theatergeschichte ablesbar, wie hart zwischen 1730 und 1780 der fortwährende Konkurrenzkampf der Prinzipale um bevorzugte Spielorte tobte: 1737 okkupierte die Müllersche Bande erstmals das Stadtzentrum und vertrieb während der Michaelismesse die Neuberin in den Großbosischen Garten. Ihre Truppe teilte das Terrain mit Seiltänzern, Feuerschluckern und Taschenspielern, die seit 1703 die Erlaubnis hatten, vor der Stadt agieren zu dürfen. Dann steht 1741 der Theaterprinzipal Schönemann ante portas: vor dem Peterstore. Dort spielt er, bedroht sowohl Neubers im innerstädtischen Zotens Hof wie Müller im Fleischhaus. Zur Ostermesse 1745 gelingt Schönemann endlich der Sprung ins Fleischhaus, zur selben Zeit spielen noch Neubers im Zotens Hof und Mingottis Gesellschaft führt im Reithaus Opern auf. Vier Jahre später erringt Schönemann den Spielort der Neuberschen Gesellschaft; außerhalb der Messezeiten muß er allerdings vor der Stadt auftreten. Zur Herbstmesse 1749 bleibt er in Zotens

[1] Ch. L. Stieglitz, Enzyklopädie der bürgerlichen Baukunst, 4. Theil, Leipzig 1797. S. 615.

Hof. Aber auch die Neuberin beansprucht weiter die Innenstadt; sie schlägt am Blumenberg ein eigenes Theater auf. Auch im kommenden Jahr spielt Schönemann noch in Zotens Hof, während Koch das Neubersche Theater besetzt. Doch ante portas – diesmal vor dem Grimmaischen Tore – spielt nun Konkurrent Schuch. Im selben Jahr erobert die Kochsche Truppe Zotens Hof, da meldet bereits vor dem Peterstore Prinzipal Reibehand seinen Anspruch an. Jedoch gelingt es Koch, ab 1763 für ein Jahrzehnt lang allein das innerstädtische Theaterleben zu beherrschen. Die Truppen von Starke, von Benjamin und von Siegeritz müssen ihre Vorstellungen vor der Stadt geben. 1770 errichtet Wäser ein hölzernes Komödienhaus vorm Grimmaischen Tore, wo sich in der kommenden Zeit immer wieder Truppen präsentieren und aufs Stadtzentrum lauern. 1771 spielt Doebbelin zur Ostermesse noch in der Wäserschen Bude, zur Herbstmesse tritt er schon im neuen Theater in der Stadt auf. Seyler erscheint zur Herbstmesse 1774 in der Bude, zur Ostermesse 1775 dann bereits auf dem städtischen Theater. Ab 1777 spielt keine Theatergesellschaft mehr vor der Stadt – die Vorstadt war nun eindeutig »disqualifiziert«: Spielort für Tierschau, Panoptikum und Mechanische Theater.

Solche Kämpfe, wie sie die Leipziger Theatergeschichte anschaulich macht, sind auch aus zahlreichen anderen Städten überliefert. Es ging immer um einen zentralen Auftrittsort, der zentrale Geltung verhieß. Auch nach der Auflösung der ständischen Gesellschaft und der allmählichen Auflösung der ständischen, das heißt Stand-orientierten, Denkfiguren bleibt dem Theater der zentrale Spielort erhalten. In den nächsten zweihundert Jahren behauptet das Theater seine Bedeutung auch durch einen bedeutsamen Platz im Stadtzentrum. Wie tief sich im Bewußtsein bis heute inzwischen eingeprägt hat, daß das Stadtzentrum der einzig angemessene Theaterplatz ist, zeigt die nur zögernde Bereitschaft, in peripheren, aber dicht besiedelten Stadtgebieten Theater zu gründen.

Auch der zweite Gesichtspunkt, den das Architektur-Lehrbuch geltend gemacht hatte, signalisiert die neue Position des Theaters. Indem es betont von seiner Umgebung abrückte, wurde die Besonderheit des Theaters hervorgehoben. Es sollte sich von Bürgerhäusern, Kaufhallen, Amtsstuben ringsum unterscheiden – exterritoriales Gelände für die vernünftige Unterhaltung des Bürgers. Wo das Gebiet der weltlichen Gesetze sich endigt, so hatte es Schiller geschrieben, fange die Gerichtsbarkeit der Bühne an. Die »bauliche Abschließung eines Ortes vor allen anderen Orten« – darauf macht der französische Kulturphilosoph Michel Foucault aufmerksam – bedeutet eine besondere Disziplinierungsmaßnahme. Beispiele sind Kasernen, Internate, Krankenhäuser und Kollegs.[1]

Im eigenen Bau betont das bürgerliche Theater seine Eigenart. Die neugegründeten »Nationaltheater« nützten oftmals ohne Bedenken Bauten, die vordem ausschließlich von der höfischen Gesellschaft besetzt waren – unter

[1] M. Foucault, Überwachen und Strafen. Frankfurt/M. 1977. S. 179 ff.

der Bedingung jedoch, daß die Gebäude selbständig und freistehend waren. Theatersäle, die in weitläufige Gebäudekomplexe eingebaut waren, wurden fast nirgendwo »übernommen«.

Auch wenn dann im 19. Jahrhundert in vielen Fällen Kostengründe oder Eigentumsrechte nur die Einfügung in bereits vorhandene Baukörper gestatteten – der klassische Fall: das Deutsche Theater zu Berlin –, wurden doch solche Lückenbauten von den Zeitgenossen immer als unbefriedigender Kompromiß empfunden. Soweit irgend möglich, wurde und wird noch immer die Besonderheit der Institution hervorgehoben. Das gilt bis in unser Jahrhundert; es trifft gleichermaßen auf die meisten Theaterbauten im Nachkriegsdeutschland zu.

Das neue Theater grenzte sich nicht nur architektonisch ab. Es schuf sich zugleich im Inneren einen ganz eigenen Kommunikationsraum, in dem eine theaterhistorisch völlig neuartige Beziehung zwischen Publikum und Bühne angestrebt und schließlich auch realisiert wurde. Obgleich sich die Form der Theaterbauten nur allmählich veränderte, zwischen 1750 und 1820 kaum große architekturgeschichtliche »Sprünge« auffallen, stellten sich die inneren »Verkehrsverhältnisse« gänzlich auf den Kopf – oder auf die Füße, je nach dem Standpunkt des Betrachters.

Dieser tiefgreifende Wandel wird am sichtbarsten an der unsichtbaren vierten Wand. Sie trennt nun deutlich Szene und Saal. Die vierte Wand ist weit mehr als eine Vorschrift für Schauspieler, nicht ins Publikum zu blicken, weit mehr als eine Vorschrift für Zuschauer, nicht auf die Bühne zu rufen oder zu gehen. Sie ist ein umfassendes Programm. Es orientiert erstens auf den konsequenten Unterschied von Zuschauen und Vorspielen, zweitens auf den völligen Verzicht aller »Nebenabsichten«, die das Publikum (auch) ins Theater führten. Die vierte Wand widerspricht entschieden den beiden Theatertypen, die um 1750 die deutsche Kultur prägten – das höfische und das plebejische Theater. Andere Theater, wie das humanistische Schultheater, das Jesuitentheater oder die bürgerliche große Oper, spielten in der zweiten Hälfte des 18. Jahrhunderts praktisch keine Rolle mehr. Ganz deutlich wird die Eigenart des neuen, des bürgerlichen Theaters erst, wenn man sie vor dem Hintergrund der gänzlich anderen Kommunikationssituation im höfischen Festsaal bzw. in der städtischen Schaubude sieht. Erst gegenüber den herkömmlichen Verhältnissen wird das neue Publikumsverhalten erkennbar.

Theater im Palast – Theater in der Bude

Die meisten festen Theaterbauten im 18. Jahrhundert entstanden im fürstlichen Auftrag. Die Theater waren entweder Saaltheater, die unmittelbar in Schlösser eingebaut wurden, oder sie blieben, obgleich architektonisch ein eigenständiger Baukörper, optisch-konzeptionell mit den benachbarten Gebäuden der Residenz verbunden. Beispiele dafür sind der Theaterpavillon des

Ludwigburger Schlosses 1758 oder das Rheinsberger Theaterhaus von 1774. So bekamen die Theater einen Platz zugewiesen, der Subordination bedeutete. Das Schloß, der Thronsaal, der Herrscher auf dem Thron waren der Mittelpunkt der Welt – nicht das Theater … Die höfische Szene gehörte – bis weit über die Mitte des 18. Jahrhunderts hinaus – fast ausnahmslos hochdotierten italienischen Operisten, Ballettensembles und/oder französischen Schauspielgruppen.

Seit Ende des Dreißigjährigen Krieges bestimmte ein Jahrhundert lang das italienische Vorbild, das Theater- und Festsaal kombinierte, die Hoftheaterarchitektur in Deutschland. Auch die Baumeister der großen deutschen Opernhäuser griffen auf die italienische Theaterbaukunst aus der ersten Hälfte des 17. Jahrhunderts zurück.

In diesen Opernhäusern wurde seit dem 17. Jahrhundert eine immer kompliziertere Bühnenmaschinerie installiert. Der italienische Theaterarchitekt Nicola Sabbattini hatte in seinem Lehrbuch von 1638 die Einrichtung einer Bühne folgendermaßen bestimmt:«Für die Vorstellungen, die gegeben werden sollen, ist zunächst (wenn möglich) ein genügend weiter Raum zu wählen, und zwar von solcher Ausdehnung, daß hinter, neben, über und unter den Hintergründen wie der Szenerie genügend Platz sei für die vielerlei Maschinen, die zur Verwendung kommen sollen, für die Erscheinungen des Himmels, der Erde, des Meeres und der Unterwelt, auch für die Erweiterungen und Verkürzungen, die erforderlich sind. Man achte hierbei indes auch darauf, nicht nur die Länge, sondern auch Höhe und Tiefe zureichend zu nehmen«.[1]

Dieser barocken Theatervorstellung folgend, wurden die höfischen Bühnen gebaut – so üppig es die Staatskasse gerade erlaubte. Versenkungen, ausgeklügelte Kulissenwechsel, Flugvorrichtungen und Feuerwerkseffekte machten die theatralische Präsentation zu einer opulenten Augen- und Ohrenweide. Das festlich gestimmte Publikum bewunderte den weiten Horizont, der sich dank der perspektivischen Malerei im Unendlichen zu verlieren schien. Es genoß die Bewegungssymmetrie der Ballettfiguranten, die künstliche Reinheit der Kastraten-Stimmen, und es genoß sich selbst. Denn das Publikum spielte wirklich mit. Es blieb nicht passiver Zeuge, sondern empfand die Feier seiner sozialen Existenz als Zweck des Abends. Das eigentliche Bühnenereignis war nur die »Rahmenhandlung« für das Spiel in hierarchisch geordneten Rollen. Noch 1774, als das Theaterverständnis in Deutschland schon weithin auf die »Sittenschule« zielte, hatte die Rollen-Darstellung des sächsischen Kurfürsten im Publikum Vorrang vor der Darstellung szenischer Rollen, wie der Schauspieler Joseph Anton Christ in seinen Memoiren erzählt: »Was uns in Dresden befremdete, war, daß nach keinem Akte die vordere Gardine durfte niedergelassen werden, weil es nach der Etikette gegen den Re-

[1] Vgl. H. Braulich, E. O. Hamann, Beiträge zur Geschichte der Theatertechnik, 2. Teil. Berlin 1978. S. 95.

spekt vor dem regierenden Herrn war, ihm den Vorhang sozusagen vor der Nase fallen zu lassen. Alle Verwandlungen, wo Tische, Stühle, Sofas usw. hinausgeschafft werden mußten, geschahen auf Rollen, ja, sogar wir Gefangenen im dritten Akt des »Deserteurs« wurden sitzend in allen möglichen Gruppen auf Rollwagen hinausgeschoben.«[1]

Wo das Theater als Anlaß für feudale Repräsentanz, nicht als die Sache selbst genommen wurde, erschienen Glücksspiele auch nicht störend während der Aufführung. So waren in einem Seitenzimmer des Dresdener Hoftheaters Pharotische aufgestellt, um den gelangweilten Zuschauern für 6 Dukaten Spielgeld Gelegenheit zum Kartenspiel einzuräumen. (Diese Summe entsprach ungefähr dem Jahresgehalt einer Dienstmagd!)

Der führende deutsche Architekturtheoretiker Leonhard Christoph Sturm forderte, daß zu einem Opernhaus »gemeiniglich noch die Redoute oder ein Saal gerechnet wird, darauf die grossen Herren, auf welche dabey am meisten zu reflectiren ist, zusammen kommen und bleiben, biß die Opera angehe«. Sturms ideale Bauentwürfe sehen auch Verkaufsräume »von Wein, Limonade, Welschen Refraichirungen, Confitüren und Obst« vor.[2]

Die Anordnung der Fürstenloge im Zentrum des Baus versteht Sturm wortwörtlich als maßgebend – ihr Maß bestimmte die weitere Gliederung des Zuschauerraumes.

Auch in späteren Jahren, als die Nationaltheaterkonzeption bereits ausgearbeitet war, blieb noch immer ein gedanklicher Bezug zwischen höfischem Theater und »Fest« erhalten. Das 1780 eröffnete Weimarer Hoftheater hieß offiziell »Redouten- und Komödienhaus« – völlig zutreffend, denn nur an drei Wochentagen wurden im großen Saale Bänke aufgeschlagen und Aufführungen veranstaltet. An anderen Tagen unterhielt sich das höfische Publikum mit sich selbst, tanzend und konversierend bei Maskeraden und Geburtstagsfeiern.

Die Verbindung zwischen Hoftheater und Fest zeigte sich auch bei Trauerfällen, die den Spielbetrieb einstellten. Landestrauer verbot sämtliche Vergnügungen, also auch das Theater. Als 1792 der deutsche Kaiser starb, setzten die Hoftheater im ganzen Reiche nicht etwa ein dem Todesfall angemessenes Stück auf den Spielplan – wie es unserem heutigen Verständnis entsprechen würde –, sondern schlossen ihre Pforten.

Eines der ersten Opernhäuser – vermutlich das früheste steinerne Theatergebäude im Reich – wurde 1667 in Dresden eröffnet. Es soll über tausend Zuschauern Platz geboten haben und vereinte die gesamte kursächsische Gesellschaft, vom Kammerjunker und Obristen an »aufwärts«. Spiel- und Schauraum waren voneinander nicht getrennt. Durch ein tief ausgestaltetes Proszenium verklammert, verbanden Stufen die Bühne mit dem Parterre. Dort saß,

[1] R. Kabel (Hg.) Solch ein Volk nennt sich nun Künstler. Berlin 1983. S. 61.

[2] R. Badenhausen, H. Zielske (Hg.) Bühnenform, Bühnenräume, Bühnendekorationen. Berlin 1974. S. 41.

dicht an der Bühne und auf einem Podium erhöht, die kurfürstliche Familie. Eine rückwärtige Schranke grenzte sie auffällig von den übrigen Gästen ab. Auf einem zeitgenössischen Stich ist ein Theaterereignis festgehalten. Der heutige Betrachter wird sich fragen, ob die Szene oder das Podium des Kurfürsten die eigentliche »Bühne« des Abends war.

Als August der Starke die polnische Königskrone angenommen hatte, erforderten die gestiegenen Repräsentationspflichten ein neues Opernhaus für die italienische Oper; noch größer, noch reicher »ausgeziehret«, noch mehr Bühnenmaschinerie. Der Baumeister des Dresdner Barock, Daniel Pöppelmann, fügte es 1719 der Südseite des Zwingers an. Das neue Haus war wiederum zugleich Schau- und Festraum für über 2000 Personen. Bühnenhaus und Zuschauersaal flossen zur Raumeinheit zusammen. Die Bühne hatte eine Tiefe von 32 Metern, eine Öffnungsbreite von mehr als 11 Metern. (Um die Dimension zu veranschaulichen: während die Portalbreite ungefähr der heutiger großer Bühnen – Lindenoper oder Volksbühne Berlin – entsprach, war die Tiefe hingegen fast doppelt so groß). Um die aufwändigen Verwandlungseffekte zu ermöglichen, wurden etwa 80 Arbeiter in jeder Vorstellung gebraucht. Als die Hochzeit des Kurprinzen mit einer Habsburger Erzherzogin gefeiert wurde, bildeten die Opernaufführungen nur ein Glied in einer langen Kette aristokratischer Lustbarkeiten. Auf der Bühne pries im Tempel Hymens die Arie der Germania die glückliche Verbindung zwischen Österreich und Sachsen , und während die hochbezahlte Sängerin ihre kunstreiche Arie sang, soupierte der König im Parterre. Aufmerksam wurde er vom Hofstaat aus den Logen herab in seiner Rolle als Monarch bewundert oder beobachtet. Am Abend zuvor hatte er in einem Festumzug die Figur des Mars persönlich dargestellt, sein soziales Selbstbild damit deutlich angezeigt. Auf diesem Theaterfest wurde die Hauptrolle nicht auf der Bühne, sondern im Zuschauerraum gegeben!

Da waren die Wände des Ludwigsburger Opernhauses – um 1770 das wahrscheinlich größte Theater Deutschlands – mit Spiegeln verkleidet. Der Zuschauer trat seinem Doppelbild gegenüber. Er spielte im Darstellerensemble des Abends buchstäblich mit, denn er war mit einer Einladung ausgezeichnet worden. Jeder Teilnehmer des theatralischen Ereignisses erfuhr sich im ersten Stande der Menschheit. Das Bühnenbild zeigte Würtemberger Ansichten, so daß die Helden und schönen Heroen auf der Szene stellvertretend für die Zuschauer handelten, eigentlich sie selbst bedeuteten. Eine geschlossene Gesellschaft feierte ihre Herrschaft im Spiegel des Theater-Gleichnisses. Daß hinter den reich geschmückten Spiegelwänden nur dürftige Bretter waren – der Riesenbau war aus Holz errichtet –, störte die Zuschauer nicht. Das Theater wollte kein Monument von Dauer sein. Es war eine Bauhülle für den festlichen Augenblick, der ganz die Gegenwart genoß und nicht in die Zukunft wies.

Wenn den zeitgenössischen Berichten zu glauben ist, sind ganze Regimenter zu Fuß, ganze Schwadronen zu Pferde über die Ludwigsburger Bühne gezogen. Sie konnte nach hinten geöffnet werden, so daß sich der Blick ins Freie, in die Unendlichkeit weitete. Die Vorbühne griff tief ins Parterre hinein. Über ihm befand sich die prunkvolle Fürstenloge, in der Mitte des ersten von vier Rängen. Mitunter hielt es den Herzog Karl Eugen nicht auf seinem Platz. Bei großen Opernaufführungen setzte er sich ans Clavier und begleitete an Stelle des Oberkapellmeisters Jomelli die Rezitative. Oder Karl Eugen ging während der Aufführung, so überlieferten es Zeugen, von Loge zu Loge, heimste die Bewunderung der Gäste für die prunkvolle Darbietung ein, stellte sich sogar auf die Bühne. (Sofern es ihn nicht hinter die Kulissen zog – seine Amouren mit Tänzerinnen und Sängerinnen waren an allen europäischen Höfen bekannt!)

Auch wenn mit Kunstverstand verschwenderisch-üppige Bilder inszeniert waren, der anwesende Fürst im Zuschauerraum blieb der Protagonist. Er wurde durch die Zentralperspektive, mit der die Kulissen den Bühnenraum optisch zu erweitern suchten, auf besondere Weise »ausgezeichnet«: Die Linienführung auf den Kulissen lenkte den Betrachter zu einem (gedachten) Punkt im Saal, von dem aus allein der »richtige« Blick auf die abgebildete Welt der Szene möglich war. Der ideale Augpunkt für diese Kulissenbühne war der Sitzplatz des Fürsten. So bot die Zentralperspektive nicht nur eine besondere Bevorzugung für den ranghöchsten Zuschauer. Sie wurde zugleich von den anderen Zuschauern als Zeichen verstanden, das ihre gesellschaftliche Stellung in der höfischen Hierarchie markierte. Je stärker sich für sie das perspektivische Bild verzerrte, weil sie weiter entfernt von Regenten waren, um so niedriger hatten sie sich selbst zu achten. Aber diese Zentralperspektive wirkt nicht als Zeichen »an sich«, sie würde in diesem Sinne im 20. Jahrhundert überhaupt nicht mehr funktionieren. Das Zeichen erhielt die soziale Bedeutung erst innerhalb des feudalabsolutistischen Theaterverständnisses. Die Rampe wurde noch nicht als vierte Wand gedacht, und die Bühnenräume flossen in den Zuschauersaal, die szenischen Linien endeten (gedanklich!) nicht am Portal. Die Zentralperspektive fungierte als Zeichen eingebettet in den Kontext der höfischen Lebensweise. Bei Hofe übte sich der einzelne tagtäglich darin, feinste Rangunterschiede wahrzunehmen und zu bewerten. Darauf gründete seine Existenz in der feudalen Klasse. So erst wurde auch die Kulissen-Perspektive bemerkenswert. Auf dem Boden des feudalabsolutistischen Wahrnehmungsmusters bedeutete die Zentralperspektive mehr als die Illusion räumlicher Tiefe.

Obschon die geladenen Gäste zum Theaterbesuch, besser: zur Feier ihres Landesfürsten verpflichtet waren, blieben doch gelegentlich freie Plätze. Diese »Lücke« im Zeremoniell duldete der Herzog nicht. Soldaten wurden in bürgerliche Kleidung gesteckt und zur Garnierung der Ränge abkommandiert. (Auch in anderen Residenzen wurden Zuschauer zum Theaterbesuch gezwungen: in der kleinen Markgrafschaft Schwedt beispielsweise wurde den Hofbeamten und Offizieren befohlen, zweimal wöchentlich im Theater anwesend zu sein). Die höfische Theatervorstellung erhielt ihren Sinn ja erst durch die vollständige Anwesenheit derer, deren Bewunderung, soziale Geltung, Demut oder Subordination erregt werden sollte.

Wie kunstvoll auch die Sängerinnen, die Kastraten und Tänzer ihre Werke in höfischen Theatern aufgeführt haben mögen, sie blieben immer nur ein teures Ornament des aristokratischen Festes. Die Präsentation eines Werkes war vor allem Anlaß zur adligen Repräsentation. Das wird ganz besonders an der Architektur des Palastes deutlich, den sich Friedrich II. 1742 von G.W. v. Knobelsdorff Unter den Linden bauen ließ. Das freistehende Opernhaus war zunächst als Bestandteil einer großräumigen Platzanlage, dem Forum Fridericianum, konzipiert. Realisiert wurde allerdings nur das Theater des Projekts. Dort wurden zur Karnevalszeit Opern und Ballette aufgeführt, die in Redouten mündeten. Der preußische König widersetzte sich dem Gedanken, das Opernhaus auch außerhalb des Karnevals zu öffnen. Dem Charakter eines Festhauses entsprach die architektonische Dreiteilung des Gebäudes: Der Apollosaal diente als Speise- und Empfangssalon, ihm folgte ein geräumiger Tanz- und Theatersaal, schließlich die Bühne. Der Zuschauerraum hatte ein Hubparterre, das von drei Logenrängen umrahmt wurde. Bei Theateraufführungen nahm der König als einziger vor der Bühne Platz, »protokollgerecht« standen seine Hofbeamten hinter ihm. Er bildete buchstäblich den Mittelpunkt des Gebäudes. Die 3000 Kerzen schienen allein ihn zu erhellen.

Ein Augenzeuge berichtet: »In den äußersten Logen des dritten Ranges zunächst der Bühne waren die Trompeter und Pauker der Garde du Corps und des Regiments Gens d'armes aufgestellt, welche beim Eintritt des Königs und am Ende der Oper Tusch bliesen. Auf dem Proszenium, rechts und links an beiden Seiten der Bühne, standen zwei Grenadiere der Potsdamer Garde mit Gewehr bei Fuß, welche jedesmal im Zwischenacte abgelöst wurden und der ganzen Vorstellung vor den Augen des Publikums zusahen ... Um 5 Uhr wurde das Publikum eingelassen, die Militärpersonen im Paradeanzug, die Civilbeamten und Damen im Couranzug. Selbst bei dem Publikum des dritten Ranges wurde auf sorgfältige Toilette gesehen. Der König trat durch die Parterrethür links neben dem Orchester ein, grüßte bei dem Tusch das Publikum und setzte sich sofort auf seinen Armsessel. Graf Gotter, der Intendant des Spectacels, stand hinter dem Stuhle des Königs und gab dem wartenden Capellmeister das Zeichen zum Beginn der Ouvertüre, sobald Seine Majestät sich gesetzt hatte. Die Königin und die Prinzessinnen befanden sich in der Königl. Mittelloge, und zwar schon vor der Ankunft des Königs. Alles empfing Seine Majestät stehend und setzte sich erst bei Beginn der Ouvertüre.«[1]

Wie wenig dieses Theater »Vorführtheater«, wie sehr es »Mitspieltheater« war, zeigt die enge Verknüpfung von Operninszenierungen und Redouten. Der erste Ball fand 1743 unmittelbar im Anschluß an die szenische Darbietung statt: Schon zur Aufführung hatten die Gäste maskiert zu erscheinen – die Damen und Herren von Adel in rosafarbenen Dominos, die Bürgerlichen durften ihre Masken frei wählen. Während nach der Opernaufführung das Parterre mittels einer Hebevorrichtung hinaufgeschraubt wurde, mußten sich die

[1] Vg. R. Freydank, Theater in Berlin. Berlin 1988. S. 62.

Zuschauer in den Logen und Gängen aufhalten. Die Kulissen wurden von der Bühne entfernt und hinter ihnen korinthische Säulen sichtbar. So konnte auch die Bühne, in gleicher Höhe und in räumlicher Harmonie mit dem Parterre, als Tanzfläche genützt werden. Danach begann der Ball, bei dem die Bühnendarsteller im Kostüm ihres Auftretens (!) wiederum mitwirken mußten. (Daß Schauspieler kostümiert unters Publikum gehen, gilt dann dem bürgerlichen Theater als ein geschmackloser Mißgriff!). Der König gefiel sich in der Rolle des Hausherrn und bewirtete seine Gäste. Von einer Redoute im Karneval 1788 ist überliefert, daß die 2000 Festteilnehmer an einem Abend »1800 Butterbröte, 300 Ochsenzungen, 200 Kalbs- und Wildbraten, 200 Torten, 250 Baumkuchen, 6 Scheffel Bonbons, 10 Scheffel gebrannte Mandeln und Makronen, 100 Hasen, 300 Flaschen Champagner und einen Zentner Schokolade« verzehrten.[1]

Das Militär sorgte für die standesgemäße Ordnung; wiederholt mußte die Obrigkeit auf die »Wahrung des Wohlanstandes« hinweisen.

Dem Funktionsverständnis als Festraum entsprach, daß die Sicht aus den Logen auf das Tanzparkett besser war als auf die Bühne. Und es entsprach dann dem sich allmählich wandelnden Theaterverständnis, wenn nach 1760 die schlechten Hör- und Sichtbeziehungen zur Bühne immer stärker kritisiert wurden! Karnevalsbälle wurden, mit größeren Unterbrechungen, bis zum Brand des Opernhauses 1843 veranstaltet. Ab 1856 gab es wiederum Opernbälle; nun wurden jedoch Maskenkostüme strikt verboten und Balltoilette vorgeschrieben.

Nicht nur im Berliner Opernhaus Unter den Linden verzahnten sich Theater und Redoute. Auch in anderen deutschen Residenzen gab es solche Veranstaltungen, bei denen nicht selten Bürgerliche als Zaungäste auf die Galerie geladen wurden. Der Platz führte ihnen ihren sozialen Platz deutlich vor Augen. Der Raum zeigte ihre Ferne zur Zentralgewalt.

So uneinheitlich die politische Landkarte des deutschen Reiches war, so viele Sonderfälle gab es auch im höfischen Theaterwesen. Letzten Endes mußte es sich jedoch der kulturellen Verbürgerlichung anschließen – widerwillig, schrittweise, verspätet. Wie sich das feudalabsolutistische Theaterverständnis allmählich wandelte, zeigte die Wahl des Sitzplatzes der kaiserlichen Familie im Wiener »Theater nächst der Burg«. Bis 1744 hatten die Kaiserlichen Majestäten einen Sitzplatz inmitten des Parterres gehabt, empfanden sie sich doch als geistigen Mittelpunkt des Theaterereignisses, der von den übrigen Plätzen gut gesehen werden sollte. Dann erhielten die szenischen Darbietungen ein stärkeres Eigengewicht. Sie wurden sehenswert. Zwar hatte die Kaiserin weiterhin zuerst Unterhaltung im Sinn, wollte im Theater Audienzen geben und repräsentieren – aber nun war es schon stärker eine Repräsentation in der Rolle eines kunstverständigen Zuschauers. Dafür erschien die Mittelloge im ersten Rang besser geeignet. Hinzu kam, daß die täglichen

[1] O. Weddigen, Geschichte der Theater...a. a. O. S. 266 f.

Repertoirevorstellungen an normalen Spieltagen auch (ausgewählten!) Wiener Bürgern zugänglich waren. Ihre Anwesenheit machte einen erhobenen und separierten Sitzplatz nötig. So zog Maria Theresia ab 1744 in die Mittelloge um. Ihr Oberhofmeister, Fürst Khevenhüller-Metsch, fand dennoch genügend Grund, sich über die Anwesenheit des »publico« zu mokieren. Wahrscheinlich hatten die zwei Cammerherren, die als Commissaires für das Parterre, und die beiden Truchseß‹, die für die Überwachung der Galerie – »welche letztere al solito für die Cammerdienerinnen und den Halbadel distiniret« – eingesetzt waren, nicht aufmerksam genug die Zuschauer unterschieden.[1]

Seinem Selbstverständnis gemäß wandte sich das bürgerliche Nationaltheater gegen die Verquickung von Theater und jeder Art von Karnevalslustbarkeiten. Allzusehr widersprechen sie dem eigenen Kunstanspruch. Aber auch in diesem Falle überholte schon bald die ökonomische Realität die schöne Absicht. Die städtischen Theater mußten dann auch Theaterbälle und ähnliche Vergnügungen »dulden«. Als beispielsweise die Frankfurter Theater-Aktiengesellschaft darum bat, der Einnahme wegen auch in der Karwoche Theater spielen zu dürfen, antwortete die Stadtverwaltung mit einem Kompromiß: zwar mußte das Theater an hohen kirchlichen Feiertagen weiterhin geschlossen bleiben, aber zum Ausgleich für erlittene Einnahme-Verluste wurde den Aktionären das Theater für Bals pares (Tanzvergnügen in festlicher Kleidung) freigegeben. Daß im Regensburger Theater zwischen 1776 und 1795 statt sonntäglicher Theaterkunst vom Metzgermeister Tierhatzen geboten wurden oder daß ein geschäftstüchtiger Theaterunternehmer in Coburg die Schauspielaufführung mit der Verlosung eines Lammes beendete, sind zwar extreme Fälle von »zweckentfremdeter Nutzung« des Theaters, aber doch keine Einzelbeispiele, so konträr sie auch zum bürgerlichen Theaterprogramm standen. Daß die Köthener Bürgerschaft 1840 – gegen 12 Gr. Eintrittsgeld, versteht sich! – sogar am Maskenball im 5. Akt der gleichnamigen Oper DER MASKENBALL auf der Bühne teilnehmen konnte, war jedoch eine theaterhistorische Rarität. Denn wenn schon das Theater als Vergnügungslokal »mißbraucht« wurde, so blieb doch fast immer – wenigstens während der Aufführung – die vierte Wand bestehen.

Meist mühten sich die Schauspieltruppen, die »teutsche Comoedie« aufführten, vergeblich um ein Gastspiel in einem fürstlichen Theaterhaus. Erst nach 1770 mehrten sich die Genehmigungen für einen Auftritt. Vordem spielten die fahrenden Gesellschaften in Räumen, die kaum dem heutigen Bild eines Theatersaales entsprachen, aber auch schon von den Zeitgenossen als schäbig angesehen wurden. Ausgediente Fechtsäle, Herbergen, Reit- oder Ballhäuser boten Raum. Der glänzende Name täuscht: Ballhäuser waren schmucklose Säle, in denen gewöhnlich das »Ballspiel«, eine Art von Hallen-

[1] Vgl. E. Grossegger, Theater, Feste und Feiern zur Zeit Maria Theresias (1742–1776), Wien 1987. S. 112 f.

tennis, trainiert wurde. Sie hatten genügend Platz für ein Spielpodest und außerdem eine Galerie, auf der die Zuschauer dem Ballspiel – oder dem Theaterspiel zusehen konnten.

Die Tatsache, daß Comödiantenbanden häufig in Rathaus-Dielen auftraten, bedeutete keine besondere Auszeichnung. Stellten die Stadtverwaltungen das eigene Dach zur Verfügung, hatten sie dabei die Steuerabgabe des Prinzipals im Auge. Als beispielsweise 1700 in Halle, der Hochburg des Pietismus, alle theatralischen Darbietungen streng verboten waren, erlaubte der Magistrat dennoch mehrmalige Auftritte von Possenreißern, die von der Leipziger Messe kamen – aus Gründen der guten Einnahme ausgerechnet im Hallischen Stadtkeller. Die Auftritte in Rathaus-Sälen waren keine frühen Versuche zur Einführung behördlich regulierter Sittenschulen. Sie waren wohl eher ein später Nachklang städtisch-zunftgenossenschaftlicher Vergnügungen. Ob solche Theaterabende in jedem Falle eine Demonstration oder Vergewisserung des stadtbürgerlichen Selbstbewußtseins darstellten, bleibt fraglich. Zum Beispiel in der Stadt Köthen: Seit 1687 gastierten dort im Rathaus Comödiantenbanden. Die Wände des Saales waren mit Portraits Köthener Fürsten und mit einem Christus-Bild geschmückt. In diesem Rahmen derb-frivole Komödien aufzuführen, sah kein Mensch als gotteslästerlich oder geschmacklos an. Häufig waren die höchsten Herrschaften des Hofes im Publikum zu finden. Obgleich ein Zufall, wirft er doch ein bezeichnendes Licht auf die Theaterverhältnisse im Rathaus, wenn die erste urkundliche Erwähnung des Köthener Theaters eine Rechnung über Speise und Getränke ist: «Für 38 maas Zerbster bier bey wehrender Comoedie, als S.Hochfürstl. durchl. Printz Emanuel Leberecht mit dero Hof Junkern derselben beygewohnet 19 gr./ für 25 maas 6 gr. Weines 6 thlr 6 gr/ für 4 maas 4 gr. Weines 16 gr.« Außerdem hatten auch die Künstler ihren Anspruch: »Die musicanten bey wehrender Comoedia vertruncken 1 thlr. Dieses besagen des Kellerwirthes H.Jordans Rechnung vom 1. April bies 8. May.« Das rechte Licht für die Kunst kostete die Köthener weniger als das Naschwerk, wie aus der Rechnung weiter hervorgeht« «6 gr. für 2 pfundt Licht bey der Comoedia, als S.Hochfürstl. durchl. persönlich mit dero Hof Junkern derselben beygewohnet. 1 thlr. 14 gr. 6 pf. für confect, so bey gehaltener Comoedia den 2. May draufgegangen.«[1]

Der Stadtrat ließ sich die Anwesenheit seines Hofes etwas kosten! So wenig die Präsentation einer Harlekinslustbarkeit unterm Kruzifix, so wenig die Bier zechenden Bürger im Rathaus-Saal dem Bilde des künftigen Nationaltheaters entsprechen wollen, so war doch in solchen Veranstaltungen ein wichtiges Element im Keime angelegt: die soziale Gemeinsamkeit (fast) aller Stände.

Geschäfte und Geselligkeit, leibliche Vergnügen und geistige Erbauungen flossen in einem sehr weiten Theater-Verständnis zusammen. Da wurde 1724 aus Nürnberg berichtet: «Am 2. Juli kam ein berühmter Arzt an namens Chr. Hübner mit 5 Kutschen, darunter 2 sehr prächtige, hatte bei sich 50 Personen,

[1] Stadtarchiv Köthen, Stadtrechnungen 17. und 18. Jahrhundert.

darunter Frauen und Kinder, eine Zwergin, 2 Heiducken, 2 Trompeter und verschiedene gute Musicanten, so sich auf den Waldhörnern sehr wohl hören ließen, auch 18 Pferde und 2 Kamele. Er hatte sein Theatrum auf dem Ratzengraben, verkaufte seine Ware, spielte vor und nach Comödien, wie auch zweimal auf dem Salzstadl hatte höfliche Leute und proper in Kleider.«[1]

Bis zum Beginn des 19. Jahrhunderts beanspruchten alle Darstellungen im Schaugewerbe für sich die Bezeichnung »Theater«. Dann wird die Abgrenzung auch sprachlich deutlicher durch Vorsilben – »Hundetheater«, »Affentheater, »Artistisches Theater« – ausgedrückt. (Ein interessanter Seitenblick nach Frankreich: Zur gleichen Zeit verordnet die Theatergesetzgebung Napoleons 1806, daß »Aufführungen von Raritäten und Kuriositäten » nicht mehr Theater genannt werden dürfen.[2] Der Kaiser der Bourgeoisie schützt seine Kultur vor dem Druck von »unten«!)

In einigen Orten gab es Säle, die immer wieder von reisenden Truppen genützt werden konnten. So weist die Freiberger Theaterchronik zwischen 1698 und 1790 den Kaufhaussaal als ständigen Spielort aus. Ebenda boten an Sonnabenden die Handwerker und Tuchhändler ihre Waren feil. Mitunter wurde der Kaufhaussaal monate-, ja jahrelang nicht als Theater genützt. Von einem Ort besonderer Würde konnte also keine Rede sein.

Gab es in den Städten keine geeigneten Räumlichkeiten oder waren die Truppen zahlungskräftig genug, ließen sie sich für die wenigen Wochen ihrer Vorstellungszeit eine Bretterbude errichten. Der Ausdruck »Bude« war um 1750 geradezu das Synonym für die Spielstätte einer deutschen Schauspielergesellschaft. (Das Wort assoziiert eine Verkaufshandlung. Das Grimmsche Wörterbuch bringt den Ausdruck »Bude« im 18. Jahrhundert immer mit Handel in Verbindung: «S‹hat ihm ein bißchen in die Bude geschneit« war eine stehende Redewendung für »sein Geschäft geht nicht gut«. Gängige Zusammensetzungen waren u.a. Fischbude, Käsebude, Zahnbrecherbude – und Schauspielbude. Das Wort weist auf den Ursprung des plebejischen Theaters als Broterwerb der Komödianten hin.)[3]

Die Buden, obgleich nur befristet aufgestellt, hatten mitunter ansehnliche Dimensionen: die Hütte, die Prinzipal Ackermann auf dem Roßmarkt zu Frankfurt/Main errichten ließ, soll 32 Meter lang, 12 Meter breit, 9 Meter hoch gewesen sein.[4]

(Um dort während des kalten Oktoberwetters noch die Stückschlüsse erleben zu können, rüsteten sich die Frankfurter Zuschauer mit heißen Steinen und Wärmflaschen aus!) Die Neuberin hatte beim Leipziger Rat sogar den Bau einer Bude beantragt, die 34 mal 17 Meter maß.[5]

[1] Vgl. Th. Hampe, Die fahrenden Leute in der deutschen Vergangenheit, 2. Auflage, Jena 1924. S. 108 f.

[2] E. Günther, D. Winkler, Zirkusgeschichte. Berlin 1986. S. 18.

[3] J. u. W. Grimm, Deutsches Wörterbuch, Band 2,Leipzig 1860. S. 490.

[4] H. Knudsen, Deutsche Theatergeschichte. Stuttgart 1970. S. 226.

[5] J. v. Reden-Esbeck, Caroline Neuber … a. a. O. S. 209.

Das Theatergebäude, das Prinzipal Wäser 1769 in Leipzig vor dem Grimmaischen Tore errichten ließ – zunächst zur eigenen Nutzung, dann zur Miete für durchreisende Gesellschaften – soll immerhin 900 Zuschauer gefaßt haben. Nach fünf Jahren werden die Bretter des Holzbaues ziemlich morsch gewesen sein, so daß der überlieferte Bericht von einem Gastspiel der Seylerschen Gesellschaft glaubhaft erscheint: Als sie dort 1774 RICHARD III. (von Chr. F. Weiße) aufführten, wurden während der Vorstellung »auf der Galerie Bretter losgebrochen, daß alles aus Logen und Parterre hinauslief, aus Furcht, erschlagen zu werden. Madame Hensel und Herr Ekhof kamen mitten aufs Theater und sprachen von kleinlicher Kabale ... Mitten unter diesem Aufstand brach wieder auf dem letzten Platz eine Bank entzwei; da war es vollends aus. Zwei Drittel liefen hinaus, die Vorstellung ging zwar vor sich, es kamen wieder einige von den Entlaufenen zurück, aber mit dem geringsten Geräusch wurde alles aufmerksam und richtete das Gesicht vom Theater nach dem Orte hin, wo der Laut herkam; kurz, die Vorstellung ... ging für diesen Abend verloren.«[1]

Ob hier wirklich »Kabale« am Werk war – vielleicht Prinzipal Doebbelin, der im innerstädtischen Theater spielte und die Konkurrenz zu schädigen suchte? – bleibt unbewiesen. Daß überhaupt der Verdacht entstehen konnte, zeigt das Methoden-Arsenal der Theaterunternehmer im Kampf ums Publikum!

In solchen Theatern konnte von einer andächtigen oder konzentrierten Rezeption nicht die Rede sein. Das Publikum hat da nicht weniger lautstark geschwatzt als die Festgesellschaft in einem höfischen Opernhaus. Auch im städtischen Comödienhaus beschränkte sich das Theatererlebnis der Zuschauer nicht aufs Zuschauen. Es gab vielmehr ein ständiges Hin und Her – zwischen den Theaterbesuchern selbst und zwischen Szene und Saal, die zwar durch ein Podium, vielleicht auch eine »Gardine« gesondert, aber noch nicht konsequent getrennt waren. So sehr sich die höfischen und die städtischen Spielorte hinsichtlich der Raumgestaltung und der Pracht ihrer »Ausziehrungen« unterschieden, gemeinsam war ihnen, daß sie die vierte Wand als Grenze der Kommunikation nicht kannten.

Eduard Devrient erzählt in seiner »Geschichte der deutschen Schauspielkunst« von einem Zuschauer, einem überstudierten Gelehrten, dessen Eigenheiten in einem Stück auf der Neuberschen Bühne satirisch kopiert wurden: »Man war boshaft genug, den Mann zum Theaterbesuch zu veranlassen. Aber er bot dem Spaße die Spitze, beklatschte seine Kopie, war guter Dinge, schüttelte nur bei einigen Zügen den Kopf und sagte zu seinem Nachbarn: ›Gefehlt, gefehlt, meine Herren! Warten Sie, ich will gleich gehen und es selbst zeigen, wo er gefehlt hat.‹ Wirklich lief er aufs Theater und war nur mit Mühe in den Kulissen festzuhalten, während das Publikum in tumultarische Bewegung geriet.«[2]

Aus theaterhistorischer Sicht wird diese Anekdote gern nacherzählt, um dem Theater seine neuartige, allmählich wachsende Fähigkeit zur »naturge-

[1] Vgl. G. Rudloff-Hille, Das Theater auf der Ranstädter Bastei 1766. Leipzig 1969. S. 36
[2] E. Devrient, Geschichte der deutschen Schauspielkunst ... a. a. O. S. 306.

treuen« Nachahmung des Lebens zu bescheinigen. Im Spiegel der Anekdote sind jedoch ebenso noch Züge des »alten« Theaters erkennbar: Es ging »parteiisch« und spielerisch auf lokale Tagesfragen ein (was Devrient ein Jahrhundert später ausdrücklich mißbilligt!) Vor allem fällt die Selbstverständlichkeit auf, mit der jener Zuschauer auf die Szene ging und sich ins Spiel einmischte. Da ist noch das Echo der Jahrmarktsbude zu hören ... Ebenso selbstverständlich ist es für Wilhelm Meister – wie ihn Goethe ungefähr 1760 auftreten läßt –, daß er der angebeteten Schauspielerin bis hinter die Kulissen folgte und von der Bühne her ihrem Spiel zusah.

Daß sich die Zuschauer gelegentlich auf die Bühne stellten, dort auch fürs übrige Publikum sichtbar wurden, ja sich mitunter sogar zwischen die agierenden Schauspieler drängten, ist vielleicht der anschaulichste Ausdruck für den lebendigen Austausch von »oben« und »unten«. (Das Wort »oben« für Szene macht in der Comödienbude insofern noch einen Sinn, als die Spieler meist auf erhöhtem Podest agierten, ihren Vorfahren, den Marktschreiern darin ähnlich. Im Verlaufe der architektonischen Entwicklung des 18. Jahrhunderts wurde die Untersicht auf die Bühne allmählich von einer Draufsicht abgelöst, indem das Parterre angehoben und geschrägt wurde. Auch darin drückt sich, hier buchstäblich, eine veränderte Sichtweise aufs Theater aus!) In einem »Teutschen Schau-Spiel« aus dem Jahre 1726 läßt der Autor eine Figur über ihr Theatererlebnis berichten: »Es hat mir aber dieses nur nicht angestanden, daß die Leute so mit den Beinen stampfen, und nicht erwarten können, biß das Theatrum wieder aufgezogen wird ... Und wenn sie am besten agiren seyn, so treten die Herrn Zuschauer in die Scenen, daß man nicht weiß, ob sie einen stummen Statisten, oder die Person des Harlequins spielen. Das gefiel mir aber doch wohl, es saß ein ansehnlicher Mensch neben mir, ohnefehlbar mochte es ein Student seyn, der ließ mich mit frischen Makronen, und Limonade gar höflich tractieren.«[1]

Beklagt sich auch die Theaterbesucherin über mangelhafte Sicht auf die Bühne, so passen doch offenkundig für sie der Genuß von Harlekinsspäßen und von Limonade und Macronen gut zusammen.

Wie die Zustände in deutschen Buden gewesen sein mögen, läßt ein Brief durchblicken, den Johann Neuber 1736 aus Straßbourg an Professor Gottsched schrieb: »Es kamen viele Franzosen, die kein Wort deutsch verstehen, und sahen mit großer Aufmerksamkeit zu. Sowohl die Husaren-Officiers als auch andere französische sind so höflich, daß ich's nicht genug sagen kann, und sehen unseren deutschen Officieren hierinnen gar nicht ähnlich. Der Lieutn. du Roy Mr. Trelans hat uns tägl. vier Mann Wache gegeben, welche ungemein scharfe Ordre haben, auf alle Betrunkenen oder Bediente oder andere, die ein Geräusch machen wollten, wohl Achtung zu haben und selbige sogleich aus dem Komödienhaus wegzuschaffen. Ingleichen darf sich kein Mensch, wer er sei, unterstehen, beim Eingange sowohl wegen der Bezahlung

[1] dazu: S. Maurer-Schmook, Deutsches Theater im 18. Jh. Tübingen 1982. S. 121 f.

als auch wegen der Plätze Lärm oder die geringste Unordnung zu machen, und wer sich einem Soldaten wiedersetzt, läuft Gefahr, sogleich niedergeschossen zu werden oder wenigstens in Arrest zu kommen. Das sieht hier anders aus als bei uns.«[1]

Noch jahrzehntelang sahen die Theaterdirektoren allen Grund, wie Neuber hier im Briefe, über das lärmende Publikum in den Comödienhäusern zu seufzen. Aber auch bei den Darstellern selbst setzte sich nur zögernd die Akzeptanz der vierten Wand durch. Seit Generationen war ihnen ja geläufig, Auge in Auge, ganz unmittelbar mit dem Publikum zu verhandeln, seine Einsprüche aufzugreifen, schlagfertig zu parieren.

Die nachfolgende Anekdote aus Reichards Theaterkalender auf das Jahr 1792 will zwar die Eitelkeit einer Schauspielerin verspotten, läßt aber gleichzeitig das noch immer verbreitete Berufsverständnis anklingen – Darstellung für das und vor dem Publikum: »Eine Schauspielerin von geringen Talenten trat als Fräulein Juliane in der ›Dorfkirmes‹ um eine Szene zu spät auf und mußte wegen des Stillschweigens des Soufleurs, der Confusion vermeiden wollte, bloß stumm über das Theater gehen; beim Ende des Aufzugs drang sie darauf, die Szene nachzuholen, damit sie ihre übergangene Arie einbringen könnte. Der Direktor verweigerte dies aus gutem Grund, weil es nach dem Zusammenhang des Stückes nicht mehr anging und siehe da! das entrüstete Fräulein trat öffentlich vor den Vorhang und bat laut vor dem Publikum die Musici, in der Musik zurückzublättern und Nr. 5 (das war ihre Arie) zu spielen, was natürlich nicht geschah.«[2]

Ein so vages Zeugnis hat keine wissenschaftliche Beweiskraft. Doch gibt es eine auffällige Fülle ähnlich gelagerter Anekdoten, deren Pointe jeweils auf die Durchbrechung der vierten Wand zielt. Da mengen sich Zuschauer mit Zwischenrufen in den Bühnendialog ein, Schauspieler beginnen, außerhalb ihrer vorgeschriebenen Rolle, mit den Zuschauern zu streiten, eine verliebte Aktrice wendet sich an einen Zuschauer und nicht ihren Partner auf der Szene usw. Dergleichen »abwegiges« Verhalten wird zwar gegen Ende des Jahrhunderts dem Gelächter des Publikums überantwortet, nichtsdestotrotz sind noch überall solche Zwischenfälle zu registrieren. Deutlich wird, wie stark noch um 1800 die Erinnerung an die Kommunikation von Angesicht-zu-Angesicht aus der Zeit der Comödienbude lebendig ist.

Zuschauergespräche in einem Stadttheater 1797
Aus: Ludwig Tieck, DER GESTIEFELTE KATER.[3]

Fischer: Aber wollen wir uns denn wirklich solch Zeug vorspielen lassen? Wir sind zwar aus Neugierde hergekommen, aber wir haben doch Geschmack.

Müller:Ich habe große Lust zu pochen.

[1] Vgl. H. A. Frenzel, Geschichte des Theaters. München 1979. S. 268 f.

[2] H. A. O. Reichard, Theaterkalender auf das Jahr (1775 ff). Gotha 1791. S. 117.

[3] Ludwig Tieck, Ausgewählte Werke. Hrsg. v. Georg Wittkowski, Leipzig o. J., Bd. 2, S. 5 f.

Leutner: Es ist überdies etwas kalt. – Ich mach den Anfang.

(Er trommelt, die übrigen akkompagnieren.)

Wiesner: (auf der anderen Seite) Weswegen wird denn gepocht?

Leutner: Den guten Geschmack zu retten.

Wiesner: Nun, da will ich nicht der letzte sein. (Er trommelt.)

Stimmen: Still, man kann ja die Musik nicht hören.

Schlosser: Aber man sollte doch das Stück erst zu Ende spielen lassen, denn man hat ja doch immer auf jeden Fall sein Geld gegeben. Hernach wollen wir pochen, daß man es vor der Tür hört.

Alle: Nein, jetzt, jetzt, – der Geschmack –, die Regeln –, die Kunst –, alles geht sonst zu Grunde.

Ein Lampenputzer: Meine Herren, soll man die Wache hereinschicken?

Leutner: Wir haben bezahlt, wir machen das Publikum aus.

Dann gelingt es dem Dichter, dessen Stück gegeben wird,Ruhe zu erzeugen, indem er sich mit einer schmeichelhaften Ansprache ans »verehrte Publikum« wendet und an dessen Gerechtigkeitssinn appelliert.

Fischer: Er dauert mich.

Müller: Ein guter Kerl..

Der Dichter: Als ich Dero Pochen vernahm –, noch nie hat mich etwas dermaßen erschreckt, ich bin noch bleich und zittre, und begreife selbst nicht, wie ich zu der Kühnheit komme, so vor Ihnen zu erscheinen.

Leutner: So klatscht doch!

(Alle klatschen).

Stadttheater überall

In der zweiten Hälfte des 18. und zu Beginn des 19. Jahrhunderts eröffneten in fast allen deutschen Städten ständige Theaterhäuser einen ständigen Spielbetrieb. Bemerkenswert an dieser explosionsartigen Entwicklung des Theaterwesens ist nicht nur die Vielzahl von Bühnen, die überall durch Um- oder Neubau entstehen. Ebenso bemerkenswert ist ihre eindeutige Funktionsbindung. Nun werden Theater mit dem einzigen Ziel errichtet, Vorstellungen zu ermöglichen. Eine generelle »Zweckentfremdung« oder »Mehrfachnutzung« ist jetzt nicht mehr vorgesehen (auch wenn ökonomische Gründe dann doch mitunter »kunstfremden« Gebrauch der Säle veranlassen werden.)

Bis etwa 1870 waren die Theatergebäude als Baukörper insgesamt kleiner als es vielleicht unserer heutigen Vorstellung von einem »typischen« Stadttheater – etwa Oldenburg, Eisenach oder Greifswald – entsprechen würde. In den letzten hundert Jahren haben die Entwicklung der Bühnentechnik, Sicherheitsbestimmungen (größere Fluchtwege!) und neue Anforderungen an Verwaltungs- und Sanitäraufgaben zu baulichen Erweiterungen geführt. Vor allem wurden seitdem Kommunikationszonen außerhalb des Zuschauerraumes geschaffen. Wandelgänge, Restaurants und die großzügigen Foyers sind die architektonische Antwort auf das Verbot, im Zuschauerraum zu kommunizieren. Die Raummaße für Bühne und Zuschauersaal sind seit Beginn des 19. Jahrhunderts, jedenfalls im Prinzip, unverändert geblieben. Um 1800 gaben die Architekturlehrbücher eine ideale Tiefe des Zuschauerraumes mit 15-17 Metern an, womit sie vielen damaligen (ebenso wie heutigen) Theaterbauten entsprachen.[1]

Daneben gab es einige wesentlich größere Theatersäle, die zwar »repräsentativ« wirkten, doch im allgemeinen eine miserable Akustik hatten. Die pathetische Sprechweise, die langsame, gleichsam die Wortsilben malende Betonung der Vokale war ein Versuch, gegen die äußeren Verhältnisse anzusprechen. Wohl nicht zufällig war vom »Burgtheater-Stil« die Rede. Das Wiener Burgtheater, 1886 erneuert, hatte eine besonders lange Nachhallzeit; seine Akustik sollte durch langsames Sprechen verbessert werden. Allerdings waren die Zuschauerräume für wesentlich mehr Menschen konzipiert als heute für den gleichen Raum berechnet würden. Sofern die Theater ausverkauft waren – was nicht alltäglich war! – mußten die Zuschauer eng zusammenrücken, in einem Maße, das im 20. Jahrhundert kaum vorstellbar ist. In einem um 1800 erbauten Theater wurden pro Zuschauer nur 5 – 6 qm Luftraum berechnet. Dadurch sind Nachhallstörungen nur sehr gering ausgefallen.[2]

Mochte auch ein gutbesetzter Saal günstigere akustische Bedingungen liefern, so war durch die Menschenmenge eine größere Unruhe allzu natürlich. Ein Teil des Publikums saß ja nicht, sondern stand eng beieinander während der dreistündigen Aufführung! (Das war die Mindestlänge für einen Theaterabend. Gab es ein kürzeres Stück, wurde die Vorstellung meist durch ein Vorspiel oder ein Nachstück entsprechend gedehnt!)

Im Vergleich zur städtischen Einwohnerzahl waren die Theater für eine erstaunlich hohe Zuschauerzahl angelegt. Die folgende Tabelle stellt die Bevölkerung und die Kapazität der Theater gegenüber. Deutlich wird dabei der überaus hohe »Versorgungsgrad« an Theaterkunst. Die nachfolgenden Angaben beziehen sich auf die Jahre 1842–1844. Vergleichsdaten aus weiter zurückliegenden Jahrzehnten sind unzuverlässig, da der Lokalpatriotismus oft die Theater größer gemacht hatte als sie es tatsächlich waren.

Tabelle: Vergleich von Einwohnerzahl und Theaterplätzen in ausgewählten Städten[3]

	Einwohner	Anzahl der Plätze
Ballenstädt	3 500	600–800
Braunschweig	40 000	1400
Dessau	10 000	1000
Kiel	8 000	1200
Köln	65 000	1700

1 H. Zielske, Deutsche Theaterbauten ... a. a. O. S.18.

2 dazu: W. Gabler, Der Zuschauerraum des Theaters. Leipzig 1935, S. 8.

3 dazu: R. Blum, K. Herloßsohn, H. Marggraf (Hg.), Allgemeines Theaterlexikon. Neue Ausgabe, 6 Bde. Altenburg und Leipzig 1846.

	Einwohner	Anzahl der Plätze
Köthen	6000	500
Magdeburg	50000	1200
Meiningen	5000	1200
Naumburg	11000	800
Regensburg	22000	1200
Sondershausen	4000	500
Wiesbaden	8000	1200
Wismar	10000	900

Eine grobe Hochrechnung, wiederum bezogen auf Daten aus den Jahren 1842/1844, ergibt, daß in den Theaterstädten Deutschlands jeweils für 1000 Einwohner 56 Theaterplätze verfügbar waren. Zum Vergleich: In den Theaterstädten Deutschlands sind 1992 etwa 7 Plätze auf 1000 Einwohner im Angebot. Die statistischen Angaben von 1844 und 1992 lassen sich jedoch nicht einfach nebeneinander stellen. Viele ihrer Voraussetzungen haben sich verändert – die Theater des frühen 19. Jahrhunderts spielten nicht an sechs oder sieben Wochentagen, und ihre Saison umfaßte nur wenige Monate; Naturtheater und die sich heute immer stärker ausbreitenden Festspiele sind aus der Zählung ausgeklammert usw. Auch wenn sich also ein direkter Bezug der Zahlen verbietet, vermitteln sie doch einen Eindruck davon, wie großzügig die Stadttheater angelegt waren, die seit Beginn des 19. Jahrhunderts Deutschland in einem engmaschigen Netz überspannten.

Der Begriff des Stadttheaters birgt aus heutiger Sicht jedoch zweierlei Mißverständnisse. Erstens bedeutet die Gründung stehender Bühnen nicht gleichzeitig auch die Ortsbindung fester Ensembles. Wie hier schon einmal gesagt, erhielten erst im Verlaufe des 19. Jahrhunderts die Mehrheit der deutschen Städte »ihr« Ensemble. In kleineren Städten wie Bautzen, Dortmund, Göttingen, Stralsund oder Zwickau gaben sich sogar bis über die Jahrhundertmitte hinaus wandernde Gesellschaften die Klinke des Stadttheaters in die Hand. So läßt sich die zweihundertjährige deutsche Stadttheatergeschichte in zwei Phasen gliedern – eine erste, in der Gebäude entstehen, eine zweite, in der die Ensembles zum »Stehen« kommen. Im Theaterbild der Gegenwart kommt Theaterkunst meist nur innerhalb eines ganz bestimmten Hauses vor. Umgangssprachlich werden Theaterkunst und Theatergebäude deckungsgleich unter »Theater« gefaßt.

Da die Nationaltheatergeschichte mit stehenden Häusern beginnt, ist noch immer in Deutschland – trotz gegenteiliger und künstlerisch überzeugender Einzelbeispiele – Theaterkunst außerhalb etablierter Bühnenhäuser schwer vorstellbar. Aus dieser geschichtlichen Herkunft entspringt auch das Mißtrauen, das in aktuellen Debatten zum zukünftigen Theater sofort auftaucht, wenn das Stadttheater vorstellungsweise in die Nähe zu einem Kulturhaus gerückt wird. Die »Versteinerung« der deutschen Theaterkultur in Gestalt fester Häuser hatte erheblichen Einfluß auf die Entwicklung der

Theaterästhetik. Ursprünglich wurden die bürgerlichen Theater in ihrer eigentümlichen Gestalt entworfen, weil bauliche Traditionen, technologische Parameter und vor allem künstlerische Gestaltungs- und Kommunikationsabsichten eben diesen Baukörper vorsahen. Nun so geschaffen, entwickelten die Häuser den jeweils eigenen engen Rahmen für die Kunst.

Die Gliederung des Raumes prädisponierte die Ästhetik der Darstellung. Obgleich in zahlreichen Sonderfällen künstlerische Neuerungen den steinernen Rahmen sprengten, war er doch für lange Zeit – im wortwörtlichen Sinne – die Basis der alltäglichen Theaterkunst. Wie tiefgreifend die Bühnenhäuser die Kunstentwicklung determiniert haben, wird erst nach ihrer »Entgrenzung« besonders anschaulich: Da die Berliner Schaubühne in den siebziger Jahren ihr Haus am Hallischen Ufer förmlich sprengte, mußten sich einige Inszenierungen andere Plätze suchen – auf dem Messegelände, im Filmatelier Spandau, im Olympiastadion gar. Wichtigste Forderung an das neue Haus am Kurfürstendamm war deshalb, solche technischen Voraussetzungen zu bieten, die Zuschauer und Spieler in immer neue Raum-Verhältnisse führen. – Als das Dresdner Theater der Jungen Generation nach einem Theaterbrand und Umbau auf seine traditionelle Bühne verzichten mußte, förderte die ungewohnte Situation auch den Bruch mit dem traditionellen Erziehungsprogramm – Kindertheater als Organ einer dogmatischen Schulpolitik. So wurde das Dresdener Ensemble – fast könnte man sagen: notgedrungen – zum Vorreiter in der ostdeutschen Kindertheater-Entwicklung, weil es auf die Oben-Unten-Hierarchie, damit auf das autoritäre szenische Vorbild verzichtet. Oder ein West-Berliner Beispiel: »Grips« und »Rote Grütze«, zwei künstlerische Zeugen für den antiautoritären Protest der 68-er Bewegung, verzichteten auf den autoritären Guckkasten.

Das zweite Mißverständnis, das der Stadttheater-Begriff birgt, bezieht sich auf die Rechtsträgerschaft. Zweifellos entstanden jene Theater im Sinne der bürgerlich-antifeudalen Aufklärung – wichtige Elemente der progressiv-städtischen Kultur. Aber zweifelhaft ist in sehr vielen Fällen, ob »das« Bürgertum oder »die« Magistrate der Städte tatsächlich die neuen Theater wollten und förderten. Die Stadttheater waren zunächst keine Theater der »Stadt«, wenn dieses Wort die politische Führung des Bürgertums meint. Die Gründung stehender Bühnen in Deutschland war mehr der Initiative einzelner Gastwirte, Gelehrter, Kaufleute, Adliger oder Beamter zu danken als dem »Bürgertum« im Sinne einer soziologischen Gruppierung.

Mit Nachdruck ist auf diesen Sachverhalt hinzuweisen, weil er einen entscheidenden Ausgangspunkt für die Disziplinierungsprozesse des Publikums setzt: Weil die Theaterbetriebe auch von bürgerlicher Seite angefeindet wurden, weil die bürgerlichen Förderer der Theaterkunst mit der Gegnerschaft ihrer eigenen Standeskollegen rechnen mußten, hatte das Theater um so deutlicher einen Nachweis bürgerlicher Ordnung, bürgerlicher Nützlichkeit, bürgerlicher Tugend zu liefern. Daß sich das deutsche Theater so nachhaltig zur nationalen Sittenschule entwickelte, ist auch ein Ausdruck trotziger Selbstbehauptung gegenüber denjenigen Kräften, die ihm Sittsamkeit abstreiten wollten. Unter dem Legitimationsdruck mußte die Kommunikationssituation von allen Erinnerungen sowohl an die städtische Schaubude wie ans feudale Opernhaus gereinigt werden.

Wo einmal eine größere bürgerliche »Partei« als Wegbereiter für ein Stadttheater auftritt – in Gestalt einer Aktiengesellschaft, die energisch den Theaterbau fördert –, so ist immer auch neben persönlicher Theaterliebe kaufmännisches Kalkül im Spiel. Die Hoffnung auf Profit spielte bereits bei der hoffnungsvoll gegründeten Hamburger »Entreprise« (1765-1767) eine Rolle, und sie mischt in allen weiteren Theaterunternehmungen mit. Wenn beispielsweise die Gründungsurkunde der Theateraktiengesellschaft zu Frankfurt/Main (1792) die »Aufklärung der Nation« als nobelstes Ziel deklarierte, so ging es doch den Aktionären, die allein aus der schmalen Schicht vermögender Frankfurter Kaufherren kamen, vornehmlich ums Geschäft. Da nimmt nicht wunder, daß ihr Pachtvertrag die strengsten Verhaltensvorschriften für Künstler enthielt. Er bestimmte auch, daß auf den täglichen Programmzetteln die Warnung stehen müsse, den Schauspielern nichts zu borgen.[1]

Und ein zweites Beispiel für die Korrespondenz von Theaterbau und Geschäft: Die Stralsunder Freimaurer-Loge hoffte mittels einer stehenden Bühne ihren Schuldenberg abzutragen. Die Loge, die aus adligen Beamten und angesehenen Bürgern bestand, hatte 1765 ein größeres Gebäude erworben, um darin ein Waisenhaus zu errichten. Leider blieben die erhoffte finanzielle Unterstützung aus Schweden wie Spenden der Bevölkerung aus. Die Finanznot zeugte die Idee, das Gebäude zu einem Komödienhaus umzugestalten. Aus dem Einnahme-Gewinn sollte dann im Nachbarhaus ein Waisenhaus entstehen. Das erwies sich zwar als Fehlkalkulation, das Waisenhaus konnte nie gebaut werden – doch bekam die Stadt dafür 1766 ein eigenes Theatergebäude, in dem nun die wandernden Gesellschaften gastierten.[2]

Die Beispiele zeigen, wie widersprüchlich bürgerliche Ökonomie und bürgerliche Kultur bei der Theatergründung mit – oder gegeneinander wirkten. Die Entwicklung erwies sich vielfach als zu kompliziert, um sie mit dem Allgemeinbegriff »Bürgerliches Theater« abdecken zu können. Bei genauerem Hinsehen erscheint jeder Einzelfall als ein Sonderfall. Darum stehen im Folgenden drei lokale Gründungsgeschichten an Stelle einer Generalisierung. Wenn schon die Entwicklung in den Städten Leipzig, Gera und Altenburg – hier werden politisch-historisch benachbarte, höchstens 60 Kilometer voneinander entfernte Orte gewählt – so unterschiedlich verlief, sind erst recht noch weitere Unterschiede im ganzen Deutschen Reich vorstellbar.

Zum Beispiel Leipzig. Am 10. Oktober 1766 wurde das Theater auf der Rannischen Bastei eröffnet. Der Theaterzettel der Koch'schen Gesellschaft kün-

[1] B. Frank, Die erste Frankfurter Theater A.G. Frankf./Main 1967. S. 22.

[2] F. Struck, Die ältesten Zeiten des Theaters zu Stralsund. Stralsund 1895. S. 28 ff.

Mit gnädigster Erlaubniß
wird heute
von den Churfürstl. Sächsischen

Hof-Comödianten

auf dem neuen Theater,
nach einer vorhergegangenen Rede in Versen
zum Erstenmale aufgeführet:

Herrmann.

Eine Tragödie in fünf Ackten, und ein Originalstück in Versen vom Herrn Prof. Schlegel.

Personen:

Herrmann, Herzog der Cherusker.
Sigmar, Herrmanns Vater.
Flavius, Herrmanns Bruder.
Segest, ein Fürst der Cherusker.
Siegmund, Segests Sohn, ein Priester Augusts.
Der Fürst der Chauzier.
Der Fürst der Catten.
Varus, Prätor in Deutschland.
Marcus, ein junger Römer.
Adelheid, Herrmanns Mutter.
Thusnelde, Segests Tochter, Herrmanns Braut.

Stumme Personen:

Sechs Römer, die dem Varus in Ruthen gebundene Beile vortragen.
Einige Catten.
Einige Deutschen, die dem Herrmann die eroberten Adler und die Waffen nachtragen.

Der Schauplatz ist ein Hayn, mit den Bildern des Thuiskon und Mannus.

Darauf folgt ein Ballet:

von vergnügten Schäfern.

Den Beschluß macht:

Die unvermuthete Wiederkunft.

Eine Comödie des Herrn Regnard in einem Ackte.

Personen:

Geronte, Clitanders Vater.
Mad. Bertrand, Lucilens Tante.
Clitander, Lucilens Liebhaber
Lucile, Clitanders Geliebte.
Cidalise, Lucilens Freundinn.
Der Marquis.
Merlin, Clitanders Diener.
Herr Andres, ein Wucherer.
Jaquinet, Gerontens Diener.
Lisette, Lucilens Mägdchen.

Der Anfang ist nach 5. Uhr.

Der Preiß der Logen und Plätze ist dieser:

Geschlossene Logen des Ersten Rangs.	Logen des zweyten Ranges.	Logen des dritten Ranges.
No. 1. u. 14 jede zu 8 Person. 8 thl. No. 2 u. 13 jede zu 7 Person. 7 thl. Die übrigen Logen zu 6 Personen jede . . . 6 thl	No. 20 Große Mittel-Loge, auf Stühlen, die Person 1 thl. welche statt der bisherigen großen Loge dienet. Die übrigen geschlossenen Seiten Logen, alle zu 6 Personen 4 thl.	No. 26 Große Seiten-Loge, die Person . . 8 gr. No. 27 Große Mittel-Loge, die Person . . 12 gr. Die übrigen geschlossenen Seiten-Logen zu 6 Personen . 3 thl.

Im Parterre 6 Gr. auf der Gallerie 4. Gr.

Und die Billets können im Quandtischen Hofe in der Nicolaistraße vorne 3 Treppen hoch abgeholet werden.

Man ist genöthiget sehr zu bitten: sich gütigst gefallen zu lassen, daß künftig unter währender Action kein Zutritt aufs Theater erlaubt werden kann, weil sowohl die Enge des Raums, als auch das Machinenwerk solches bey mehrmaliger Verwandelung wegen Verhinderung und zu besorgenden Schadens nicht gestattet; da überdiß noch der enge Raum zur Zeit zum Ankleiden muß gebraucht werden.

Leipzig, Freytags, den 10. Oct. 1766. Heinrich Gottfried Koch.

digte für den Abend an: »Mit gnädigster Erlaubnis wird heute von den Churfürstl. Sächsischen Hof-Komödianten auf dem neuen Theater nach einer vorhergegangenen Rede in Versen/ zum Erstenmal aufgeführet: Herrmann. Eine Tragödie in fünf Ackten, und ein Originalstück in Versen von Herrn Prof. Schlegel ... Darauf folgt ein Ballett: von vergnügten Schäfern. Den Beschluß macht: Die unvermuthete Wiederkunft. Eine Comödie des Herrn Regnard in einem Ackte...«[1] Diese Vorstellung wird in der Theatergeschichtsschreibung oft als Geburtsstunde des deutschen Stadttheaters bezeichnet. Die Gründungsgeschichte des neuen Theaters zeigt jedoch, daß die Bezeichnung nur im eingeschränktesten Sinne zutrifft. Das Privileg, das Prinzipal Koch seit 1749 zum Kursächsischen Hofkomödianten ernannt hatte, erlaubte ihm auch Gastspiele in der Messestadt. Dabei wurde Koch offenbar vom Rat der Stadt gegenüber der Konkurrenz begünstigt. Jedenfalls mußte er statt der üblichen zwei Taler Standgeld nur einen, dann sogar bloß einen halben entrichten. Nur die Kochsche Gesellschaft durfte innerhalb der Ringmauern auftreten. Als jedoch 1751 die Idee einer stehenden Bühne auftauchte, widersetzte sich der Rat der Stadt entschieden. Wohl fand Koch die ausdrückliche Unterstützung des Dresdner Hofes für seine Bittschrift an den König, die »Erbauung eines regulairen Opern- und Comödien-Haußes ... zu begnadigen und wegen dessen Anweisung allergnädigsten Befehl ergehen zu lassen.«[2]

Aber die Stadt Leipzig stellte sich quer. Zunächst wurden gegen Kochs Vorschlag, der die Rannische Bastei im Auge hatte, bauliche Gründe eingewendet. Da der Hof diese Ablehnung nicht akzeptierte, argumentierte der Rat mit sieben Stadtsoldaten, die in der Bastei wohnten und angeblich keine andere Wohnung erhalten könnten. So scheiterte das erste Projekt eines stehenden Theaters in Leipzig. Nach dem Siebenjährigen Krieg nahm Koch erneut Anlauf. Diesmal blieb er jedoch verdeckt und ließ im Vordergrund einige Leipziger Bürger agieren. 1764 erbat der Obrist-Ingenieur Fäsch vom sächsischen Administrator Prinz Xaver den Baugrund für ein städtisches Konzerthaus, das er nahe der Pleißeburg bauen wollte. Aber der Leipziger Rat erhob mit dem fadenscheinigen Hinweis auf Verkehrsstörungen Einspruch. Fäsch, durch die Unterstützung des Hofes ermutigt, schlug andere Baugründe vor, u.a. wiederum die Rannische Bastei. Dafür entschied sich schließlich auch die Dresdener Regierung; sie befahl dem Leipziger Rat, den Platz kostenlos an Fäsch abzutreten. (Das war angesichts der desolaten Finanzlage nach dem Siebenjährigen Krieg ein bemerkenswerter kulturpolitischer Akt!) Aber wieder sperrte sich der Rat: Nachdem bereits die Übergabe des Geländes erfolgt war, fiel der Stadtverwaltung ein, daß Fäsch als Mitglied der reformierten Kirche

[1] Vg. G. Rudloff-Hille, Das Theater ... a. a. O. S. 29.
[2] G. Wustmann, Quellen zur Geschichte Leipzigs, Band 2, Leipzig 1895, S. 525 f.

Der Theaterzettel zur Eröffnung des Leipziger Theaters

laut Landesverfassung überhaupt keine Immobilien besitzen dürfe. Um das Projekt zu retten, bat Fäsch, das Grundstück an den Rauchwarenhändler Zehmisch zu überschreiben. Zehmisch fügte dem Konzerthaus-Projekt einen Theaterplan an – und ließ schließlich nur das Theater bauen.

Warum hatte sich in den sechsziger Jahren der Rat der Stadt so zäh gegen ein stehendes Theater gewehrt? Fürchteten die Vertreter der Universität, daß der regelmäßige Spielbetrieb Zuhörer aus den Vorlesungen abziehen könnte? Erschien dem Leipziger Rat die Förderung einer Schauspielergesellschaft durch die höchsten Dresdner Hofbeamten von vornherein suspekt? War das seit Generationen vertiefte Vorurteil gegen jedwede Art von »Verstellung«, die die wandernden Truppen boten, so ausgeprägt, daß es den Leipziger Bürgern undenkbar blieb, im Stadtzentrum dafür ein besonderes Gebäude zu errichten? Welche weiteren Gründe im einzelnen mitgespielt haben mögen, kann der Vergangenheit nicht mehr eindeutig entrissen werden. Aber eindeutig belegen die Akten zum Leipziger Stadttheater, daß es eben nicht im Ergebnis allgemeiner Übereinstimmung entstand. Insofern ist es nicht nur als Ausdruck pflichtschuldiger und zeitbedingter Höflichkeit zu bewerten, wenn sich Koch und einige mit dem Theater verbundene Bürger in zahlreichen Festreden zur Theatereröffnung beim Dresdener Hof bedanken. Der Magistrat dagegen erhält kein einziges Dankeswort!

Auch nach der Eröffnung spielte der Rat nicht die Rolle eines Mäzens. Koch konnte nur mit Hilfe des Hofes den Konkurrenten Wäser aus dem Stadtzentrum vertreiben. Wäser errichtete vor dem Grimmaischen Tore eine Bude und hatte mit Possen und derben »Intermezzi« mehr Zulauf als sein Kollege, der auf ein literarisch anspruchsvolleres Repertoire setzte. In dieser Situation bat Koch mehrfach vergeblich den Rat, die Bude abzureißen. Vermutlich waren die derben Schaustellungen »irgendwo außerhalb« der Stadt für viele Mitglieder des Magistrates erträglicher, weil sie in ihrer plumpen Direktheit deutlich als Posse angezeigt und als Ulk zu verbuchen waren. Das verfeinerte Spiel in Rollen aus dem bürgerlichen Alltag aber ließ bürgerliches Rollenspiel durchschauen – eine für viele Bürger unannehmbare Form der sozialen Selbstkritik.

Die theologische Fakultät führte sofort nach Eröffnung des Comödienhauses einen erbitterten Kampf gegen den ständigen Spielbetrieb. Es sei von den Studenten mehr »angefüllet als Kirchen und Hörsäle der besten Professoren. Der Schade, der hieraus unserer Academie zuwächset, ist größer, als wir in der Kürze anzeigen können.«[1]

Obwohl sich der Rat auch in den folgenden Jahren theaterunfreundlich verhielt, wurde das neue Haus von Handwerkern unterstützt. Das Bäcker- und das Schneiderhandwerk stellte die Statisterie; dafür erhielten die Gesellen beider Gilden freien Zutritt und einen besonderen Platz zugewiesen.

[1] Vgl. G. Witkowski, Geschichte des literarischen Lebens in Leipzig. Leipzig und Berlin 1909, S. 441.

In seiner 1775 erschienenen »Chronologie des deutschen Theaters« schreibt Christian Heinrich Schmidt anerkennend über das Theater in Leipzig: «Das Amphitheater (hier: der Zuschauerraum, R.D.) ist länglich rund. Das Parterre hat ein räumlich abgesondertes Orchester, und da es für stehende Zuschauer eingerichtet ist, nur rund herum Bänke ... Es sind drey Ränge Logen, davon einige sehr geräumig, die kleinsten aber doch auf sechs Personen eingerichtet sind. Darüber ist die Gallerie, welchen einen mehr als gewöhnlichen Abstand von der Decke des Hauses hat. Man kann allenthalben das Theater sehen (das heißt die Bühne, R.D.), und auch in den entferntesten Logen leidet das Gehör nicht. Die Auszierung des Gebäudes ist, wie es sich für die Stadt schickt, in der alle schönen Künste blühen. Der Plafond ist von Herrn Oeser. Der Ruhm schwingt sich über das Churfürstl. Wappen, welches das Proszenium ziert. Apollo und Minerva gebieten ihm von ihrem umstrahlten Wolkenthrone, den Schutz, welchen die sächsischen Regenten den Künsten angedeihen lassen, allgemein auszubreiten.«[1] (Vielleicht ist der letzte Satz ein versteckter Angriff gegen den reservierten Leipziger Rat!)

Zeichenlehrer Oeser hatte den Entwurf für einen Vorhang geliefert, auf dem Shakespeare zu sehen war, wie er an antiken Dichtern vorbei zum Tempel der Wahrheit strebte. In zeitgenössischen Berichten – so auch in Goethes Jugenderinnerungen – wird jener Vorhang allenthalben gerühmt, aber die sparsamen Leipziger sollen ihn nur während der Vorstellungen zu Messezeiten benützt haben. An die Antike erinnerten auch Theatermasken, die an den Säulen im Zuschauerraum aufgehängt waren.

Neben Lobreden gab es auch Beschwerden wie diese: «Ich trat ins Parterre, noch etwa fünf Minuten an drey Viertel auf sechs Uhr fehlten, und wäre beinahe, der Dunkelheit halber, die letzten Stufen am Eingange herunter gefallen, obgleich beide Chronleuchter schon illuminiert waren. Auf einem brannten acht, auf dem anderen nur sieben Lichte. Wie kann eine so geringe Erleuchtung auf dem Raum des hiesigen Amphitheaters die nöthige Wirkung thun?«[2]

Die Bühne war nur sieben Meter breit. (Das entspricht ungefähr der Portalöffnung im Ekhoftheater Gotha oder im Schloßtheater des Potsdamer Neuen Palais.) Im Vergleich zu den großen Opernhäusern der Zeit hatte die Leipziger Bühne eine geringe Tiefe. Hinter dem Proszenium konnten nur vier Kulissenpaare gestaffelt werden; manche höfischen Theater boten Raum für neun oder mehr Kulissen! Deutlich äußerte sich das Desinteresse des bürgerlichen Theaters an perspektivischer Malerei und Raumtiefe, wie sie dem feudal-barocken Theater eigneten. Insgesamt hielt sich der dekorative Aufwand in den Grenzen der bürgerlichen Ästhetik, obgleich auch einige Verwandlungsmaschinerie in dem neuen Theater eingebaut worden war. Doch es ging ihm ja nicht in erster Linie um eine Augenweide! Ein Zuschauer einer Auf-

[1] Vgl. G. Rudloff-Hille, Das Theater ... a. a. O. S. 12.
[2] ebenda S. 38.

führung von Lessings MINNA VON BARNHELM hatte zu monieren: »Alle Acte wurden in einem grossen Saale mit Thüren, von Spiegeln und Tischen verrammelt, gespielt. Wo war denn das Zimmer der Minna? Nach der Minna sah man das belobte und beliebte Ballett: Die Wiederkunft der Holländer aus Ostindien ... Ich bemerkte zuerst die Unschicklichkeit, daß der Mastbaum des Schiffes, das bei Sturm ankömmt, in die Wolken stieß...«[1]

Das Theater faßte annähernd 1200 Zuschauer, war jedoch oftmals nur schwach besucht. Obwohl Direktor Koch mit ermäßigten Preisen Publikum anziehen wollte, hatte er teilweise erhebliche Einnahme-Verluste. 1771 bemerkte ein Zeitgenosse: »Doch ist nur der Schauplatz bei Aufführungen komischer Opern überaus sehr besetzt, weshalb auch Koch wöchentlich drei gibt; täte er dieses nicht: so müßte er in einem Vierteljahr sein Theater zuschließen ... Denn selten sieht man in einer Komödie oder Tragödie mehr als vierzig oder fünfzig Personen; es müsse denn ein Lustspiel sein, worinnen es viel zu lachen gebe, oder eine besonders anziehende komische Person wäre ...«[2]

Eine Toilette – oder in den Worten des 18. Jahrhunderts: einen Abtritt – hatte das neue Haus noch nicht. Notfalls gingen die Zuschauer während des Spiels durch eine Seitentüre in den benachbarten Garten ... Erst in den achtziger Jahren wird ein kleiner Anbau auf der Südseite angefügt. Seine Benutzung wird von den Theaterzetteln dezent, aber nachdrücklich empfohlen: »Auch wird ein geneigtes Publikum um seines eigenen Vergnügens willen gehorsamst ersucht, sich ohne Unterschied die unentbehrliche Einrichtung, wegen Verschonung des Theaters, gütigst gefallen zu lassen.«[3]

Obgleich die Peinlichkeitsgrenze zu dieser Zeit noch lange nicht so hoch war wie im prüden 19. Jahrhundert, ist der Hinweis des Theaterzettels interessant, daß jene »unentbehrliche Einrichtung« soziale Unterschiede außer Kraft setzt!

An eine Heizung des Theaters wurde jahrzehntelang überhaupt nicht gedacht. Auch nach dem Umbau 1817, der einen – heizbaren! – »Konversations- und Erfrischungsraum« anfügte, blieb der Zuschauerraum weiterhin kalt. Erst 1829 darf ein Theaterzettel ankündigen: »Zur Nachricht des Publikums dient, daß das Schauspiel täglich geheizt wird.« Es leuchtet ein, daß nicht alle Zuschauer geneigt waren, drei, vier Stunden lang unbewegt auf einer Stelle auszuharren. So sollte beim ständigen Umherlaufen wenigstens der Bühnenraum nicht einbezogen werden, wie der erste Theaterzettel (und alle ihm folgenden) bittet: »Man ist genöthiget sehr zu bitten: sich gütigst gefallen zu lassen, daß künftig unter währender Action kein Zutritt aufs Theater erlaubt werden kann...«[4]

[1] ebenda S. 18 f.
[2] ebenda S. 36.
[3] ebendda S. 48.
[4] Theaterzettel der Eröffnungsvorstellung am 10. 10. 1766.

Die gastronomische Versorgung im neuen Theater muß gut gewesen sein. Jedenfalls stützt sich die Universität in ihrem Kampf gegen das Theater auch auf das Argument, daß die studierende Jugend mit »allerley Leckereien, als Chocolade, Limonade, Orcade, Confituren und dergleichen sich zu ergötzen Gelegenheit« habe.[1]

Da am Ende des Jahrhunderts die Universität das Schauspiel nicht mehr prinzipiell in Frage zu stellen wagt, konzentriert sie ihre Einwände nun auf den Zustand in den Schauspielhäusern. So zitiert sie auch exemplarisch einen Fall von Syphilis, die sich ein Sohn aus unbescholtener Familie ausgerechnet im Theater zugezogen haben soll. Den Zweck des Arguments einmal beiseite gesetzt, ist der Hinweis auf die Prostitution zutreffend. In mehreren Berichten wird dargestellt, daß die Leipziger Freudenmädchen bevorzugt im neuen Theater ihre Kunden suchten.

Das Resümee: Was als Leipziger Stadttheater in die Geschichte eingegangen ist, war zunächst nichts anderes als das Haus eines Privatmannes, der es für jährlich 450 Taler Miete an einen kursächsisch-privilegierten Prinzipal verpachtete. Als dann Koch 1771 mit seiner Gesellschaft nach Berlin übersiedelte, blieb das Haus ein Spielort für Wanderensembles. Ab 1777 befahl der Kurfürst seiner Dresdener »Privilegierten deutschen Gesellschaft« unter Direktor Bondini bzw. Nachfolger Seconda, während der beiden Hauptmessen und im Sommer in Leipzig zu spielen. Daneben wurden weiterhin »Sensationen aller Art« von Truppen geboten, die Koch gewiß abfällig als »Afterkomödianten« bezeichnet hätte.

Zum Beispiel Gera. Nach einer Brandkatastrophe, die 1780 einen großen Teil Geras vernichtet hatte, begann sich allmählich die städtische Kultur wieder zu konsolidieren. So gastierte auch Direktor Samuel Meddox mit seiner leistungsfähigen Gesellschaft mehrfach in Gera. Zimmermeister Dicke hatte ihm jeweils eine hölzerne Bude errichtet. Als Meddox wiederum bei Graf Heinrich XXX. Reuß um Spielerlaubnis nachsuchte, erhielt er sie zunächst nur für die Wintermonate, »worunter das Ende Decembris und die Monate Januaris, Februaris, Martius und April zu rechnen« – erstmals unter der Auflage, daß Meddox »den Ort, wo er das Theater aufschlägt, vor der Nässe und Kälte hinlänglich« zu schützen wisse.[2]

Wiederum erklärt sich Ratsbaumeister und Holzzimmermann Dicke zum Bau bereit. Jetzt stellt er aber die Forderung, daß das Theatergebäude in seinen Besitz übergehen müsse. Der Theaterunternehmer, dem die Baukosten für das geforderte stabilere Haus zu hoch sind, mußte sich wohl oder übel mit der Rolle eines Pächters bescheiden.

Im ersten Jahr kann er nun das Haus für eine Pachtsumme von 85 Rthlr., in jedem weiteren Jahr für 35 Rthlr. nützen. Der Graf billigte diese Abmachung

[1] Vgl. G. Witkowski, Geschichte des literarischen ... a. a. O S. 441.

[2] dazu: W. Weber, Das Geraer Theater vor 150 Jahren; in: Heimatblätter, Beilage der Geraer Zeitung. Blatt 1, 2, 3 Gera 1937.

und fügt in das Aktenstück eigenhändig die entscheidenden Worte ein: »doch soll das Comm. Hauß biß auf Widerruf stehen bleiben.«[1]

Gera eröffnete im Dezember 1787 sein erstes ständiges Theaterhaus. Es war 20 Meter lang, 9 Meter breit, weniger als 6 Meter hoch. Eine Heizungsanlage hatte es offensichtlich nicht; öfter führen die Zuschauer Klage, daß sie es während der Wintermonate – und das war überall im Deutschen Reich die theatralische Hauptsaison! – »an den Füßen nicht aushalten«. Die doppelt gebretterten Wände und die gespündete Decke hielten nicht immer den Schnee von der Szene und vom Saale ab. Der Bauherr hatte rundheraus erklärt, daß er für Windöfen nicht sorge; doch könnten, wenn jemand dergleichen setzen lasse wollte, solche angebracht werden. Das war kein Zeugnis thüringischen Geizes. Der Beheizbarkeit der Theatergebäude wurde auch anderswo weniger Augenmerk geschenkt. Noch 1846 konstatiert ein – faktologisch recht zverlässiges – Theaterlexikon: »Vor gar nicht langer Zeit, ja teilweise, wenn auch selten, noch heute, waren die Theater gar nicht geheizt...!«[2]

Die Dürftigkeit des Theaters hatte in erster Linie finanzielle Ursachen. Aber es war nicht nur Bescheidenheit wider Willen, sondern auch Ausdruck eines sich abzeichnenden Geschmackswandels, wenn nun barocke Üppigkeit als altmodisch erschien. Ein Vorhang, wie ihn Oeser zwei Jahrzehnte zuvor gemalt hatte, wurde nicht mehr einhellig akzeptiert. Die »Geraische Zeitung« berichtete, daß die Theaterdirektion »einer nicht genannten Stadt« einen neuen Vorhang habe malen lassen wollen, doch unsicher war, welche Allegorien die passendsten seien:« ein Tempel der Musen, die drei Grazien, die Enbleme des Trauer- und Lustspiels, Apollo mit den Attributen der Tonkunst usw.«[3]

Solche Figurinen seien jedoch schon »abgenutzt und manches als nicht passend« erschienen. Da habe einer vorgeschlagen, man möge sich als Modell den Theatervorhang in Gera nehmen, dieser habe »die einzige, rechte und passende Verzierung«: auf diesem Vorhang sei nämlich weiter nichts als ein Vorhang gemalt. (Übrigens blieb der Vorhang auf dem Vorhang bis ins 20. Jahrhundert hinein bei kleinen Theatern ein beliebtes Zierstück.)

Der vordere Teil des Geraer Hauses hatte einige Bänke, im hinteren Teil und in den Gängen waren die Stehplätze vorgesehen. Mitunter mag der Andrang so groß gewesen sein, daß selbst die gutsituierten Bürger keinen Sitzplatz mehr erhalten konnten. Ihnen empfahl eine Geraer Kunst- und Papierhandlung »Theaterstühle, die man in den Theatern, wenn das Haus sehr voll und alle Bänke besetzt sind, auch brauchen und wie einen Stock leicht bei sich führen und zusammenlegen kann, auch wenig Platz einnehmen.«[4]

Der hohe Preis von 4 1/2 Talern weist darauf hin, daß diese Theaterstühle nicht für die Domestiken im Stehparterre bestimmt waren.

[1] ebenda

[2] R. Blum, K. Herloßsohn, H. Marggraf (Hg.) ... a. a. O. Bd. 4, S. 206.

[3] Vgl. W. Weber, Das Geraer Theater ... a. a. O.

[4] ebenda

Der Landesfürst hatte eine der vier Logen in Dauermiete. Dabei zahlte er für den eigenen Eintritt und »für Billetts für die Kammerleute« – ein Relikt aus den Zeiten des eintrittsfreien Hoftheaters – insgesamt jährlich 115 Rthlr. Doch nicht nur durch diesen ansehnlichen Beitrag unterstützte er den Pächter und Theaterdirektor Meddox; er drängte auf die Inszenierung neuer Opern und Singspiele, und vor allem besuchte er selbst oft Aufführungen. So hatte er »durch eigenen hohen Vorgang Veranlassung gegeben, daß viele Personen die Comödien besuchten, welches sonst nicht geschehen sein würde.«[1]

Erst 1834 wird das – inzwischen erneuerte – Theatergebäude von der fürstlichen Familie erworben, und es bleibt bis 1945 (!) fürstliches Hoftheater.

1987 feierte das Geraer Theater sein 200. Jubiläum. Das Datum bezog sich auf die Einweihung der ersten stehenden Bühne. Gerade dieses Ereignis wurde als Geburtsstunde gewählt – kein früheres aus der lokalen Theatergeschichte und kein späters, das sich auf die Herausbildung eines besonderen künstlerischen Stils bezogen hätte. Die Wahl des Datums ist symptomatisch und betrifft nicht nur Gera: Im Alltagsverständnis hat der Gedanke tiefe Wurzeln geschlagen, daß das Theaterhaus die Theaterkunst konstituiert.

Zum Beispiel Altenburg. In Altenburg gab es fast das gesamte 18. Jahrhundert hindurch zwei Theaterkulturen. In einem Rathaussaal – eigentlich ein Lagerraum für Hopfen – gastierten wandernde Banden, um für die Stadtbevölkerung zu spielen. Nicht weit davon entfernt, oben auf dem weitläufigen Schloßareal, etablierten die Herzöge diverse Theater, mal in der Orangerie, mal im Schloß, mal im Garten, für die höfische Gesellschaft. 1775 ließ Herzog Ernst II. von Gotha-Altenburg das im Schloßgarten gelegene Ballhaus erneut zum Theatersaal umbauen. Er wollte während der Sitzungen des Landtages nicht auf Theateraufführungen verzichten. Dazu befahl er das Ensemble des Gothaer Hoftheaters, das von Ekhof künstlerisch geleitet wurde, nach Altenburg. Als der Fürst jedoch nach wenigen Jahren das Interesse am Theaterspiel verloren und die Künstler kurzerhand entlassen hatte, durften auch im Altenburger Ballhaus keine Aufführungen mehr stattfinden. In dieser Situation, in der der Fürst sein Theater sperrte, ergriff ein Altenburger Handwerker die Initiative: Perückenmacher Franke erwarb 1782 eine Scheune in der Pauritzer Gasse und ließ auf eigene Kosten das Theater einrichten. Die Tenne wurde zum Zuschauerraum mit aufsteigenden Sitzreihen und seitlichen Galerien umgebaut, die Bühne in einem Nachbargrundstück etabliert. Sie war 6 Meter breit, 10 Meter hoch, weniger als 4 Meter tief. Der Zuschauerraum faßte immerhin 700 Menschen.[2]

Seit 1783 erlebten die Altenburger dort, einige weitere Umbauten eingeschlossen, sechs Jahrzehnte lang Theater. Ein zeitgenössischer Stich zeigt das schäbige Gebäude. Es ist wohl kein Zufall, daß der Zeichner als einzige Person

[1] ebenda

[2] dazu: K. Gabler, Kurzer Abriß der Altenburger Theatergeschichte: Beiträge zur Altenburger Heimatkunde. H. 5, Altenburg 1957.

auf dem Bilde einen Stadtsoldaten festgehalten hat, der am Theatereingang auf Wache steht. Da wird nicht nur mitgeteilt, daß hier alles seine bürgerliche Ordnung hat; es meldet sich im Bilde auch der lokale Stolz, daß sich die Altenburger Bürger so ein »richtiges«, »geordnetes« Theater als Alternative zum Schloßtheater leisten können. Auch wenn hier zunächst ein einzelner Handwerker sein privates Geschäft machen wollte, war das Unternehmen doch auch eine Reaktion auf die willkürliche Schließung des Ballhaus-Theaters. Von dieser antifeudalen Haltung zeugt auch der erstaunlich kühne Spielplan, den Franke den gastierenden Truppen abforderte. Neben der üblichen Trivialdramatik, die wie überall auch in Altenburg dominierte, finden sich gehäuft gesellschaftskritische Werke wie 1786 KABALE UND LIEBE, DIE RÄUBER und DIE HOCHZEIT DES FIGARO, 1787 DIE VERSCHWÖRUNG DES FIESCO ZU GENUA und CLAVIGO. Diese Theatergründung hatte auch der Hof sehr deutlich verstanden. Herzog Joseph sprach seinen Ärger unverhohlen aus, daß »Leute dienenden Standes« Theater sehen konnten, er jedoch aus Gründen der höfischen Etikette nicht in die Pauritzer Gasse hinabsteigen wollte. So bestellte er schließlich beim Hofbauamt ein Gutachten, das die

Die »Encyclopädie der bürgerlichen Baukunst« (1797) entwirft Theater als Tempel

Das ganze Gebäude ist mit einem Säulengange umgeben, der demselben theils zur Zierde dient, theils auch von den Zuschauern, vor Anfange des Schauspiels, zu einem Spaziergange kann gebraucht werden. Dieser Säulengang hat an der vordern Seite des Gebäudes, eine Vorlage, die so weit absteht, daß ein hinlänglicher Raum, 6, übrig bleibt, worunter, von der einen Seite hinein und durch die andere heraus, die Kutschen fahren können, welches vorzüglich bey Regen und schlechtem Wetter vortheilhaft seyn wird, um im Trockenen aus- und einsteigen zu können. Auf diese Art werden auch die Fußgänger für die Wagen und Pferde gesichert, da die letztern nur in dem Raume, 6, sich befinden, die erstern aber unter dem Säulengange sich ausbreiten können. Das Gebäude steht auf einem erhobenen Platze und ist deswegen, um keine Treppen vor den Eingängen anlegen zu dürfen, mit einer Rampe, 7, umgeben. An jeder langen Seite sind vier Nischen angebracht, worin Statuen gesetzt werden können.

Baufälligkeit des Komödienhauses nachzuweisen hatte. 1842 mußte das Theater geschlossen werden, da nun das Ballhaus-Theater neuerlich renoviert worden war und sich für die Altenburger Bürger öffnete.

Noch sind die Theaterbauten, die zwischen 1750 und 1805 überall in Deutschland entstehen, schlichte Zweckbauten. Die Architektur mußte sich der Funktion und dem schmalen Budget unterordnen. Lobeshymnen von Zeitgenossen, die enthusiasmiert vom neuen Theater zur Feder greifen, dürfen nicht darüber hinwegtäuschen, daß die Gebäude – auch nach zeitgenössischem Maßstab – im Ganzen eher kärglich gestaltet waren. Da hatten beispielsweise die Bänke im 1802 eröffneten Bad Lauchstädter Theater, in dem sich immerhin die höchsten Herrschaften Mitteldeutschlands versammelten, nicht einmal Rückenlehnen. Dafür waren sie mit rotem Stoff bespannt, um den Eindruck würdiger Gediegenheit zu wahren.

Jedoch war das Bild von äußerer Dürftigkeit nicht Programm. Es stimmte weder mit dem Selbstbild der Künstler noch mit ihrem Anspruch überein. Dieses andere Selbstbild macht das hier bereits zitierte Architekturlehrbuch von 1797 deutlich. Es lieferte idealtypische Entwürfe und die Beschreibung eines Theaters als Zielvorstellung: »Das ganze Gebäude ist mit einem Säulengang umgeben, der demselben theils zur Zierde dient, theils auch von den Zuschauern, vor Anfange des Schauspiels, zu einem Spaziergange kann gebraucht werden. Dieser Säulengang hat an der vorderen Seite des Gebäudes eine Vorlage, die so weit absteht, daß ... die Kutschen fahren können, welches vorzüglich bey Regen und bei schlechtem Wetter vortheilhaft seyn wird, um im Trockenen aus- und einsteigen zu können.«[1]

Ein Theater also für Zuschauer, die die wenigen hundert Meter zwischen Wohnung und Theater mit der Kutsche zurücklegen. Weiter stellt das Lehrbuch vor: »Das Gebäude steht auf einem erhobenen Platz und ist deswegen, um keine Treppen vor den Eingängen anlegen zu dürfen, mit einer Rampe umgeben. An jeder langen Seite sind vier Nischen angebracht, worin Statuen gesetzt werden können.«

Nicht zufällig drängen sich Assoziationen zu einem antiken Tempelbau auf. Schließlich war die Besinnung auf antike Kunst zeitgemäß, schien doch die geschichtliche Rückschau in der Antike ein vorbildhaftes Staatswesen zu finden. Der jugendliche Anführer Karl Moor dachte an Rom und Sparta, als er verschwommen von einer künftigen deutschen Republik sprach! Nachdrücklich hatte J.J. Winckelmann auf das Beispiel der »Alten« aufmerksam gemacht. In seiner 1764 erschienenen »Geschichte der Kunst des Altertums« verband er die Kunstentwicklung mit den politischen Verhältnissen: »Aus dieser ganzen

[1] Ch. L. Stieglitz, Encyklopädie ... a. a. O. S. 697. – Weiter heißt es dort: »Ein solches Gebäude darf weder das ehrwürdige Aussehen einer Kirche noch das ernsthafte Aussehen eines Palastes erhalten, sondern es muß mehr Schmuck als diese beiden Arten von Gebäuden zeigen, um einen eigentümlichen Charakter zu bekommen und deutlich auszudrücken.« (ebenda, S. 698).

Geschichte erhellt, daß es die Freiheit gewesen, durch welche die Kunst emporgebracht wurde.«[1]

Wie sehr eine solche Optik auch die griechischen und römischen Sklavenhalterdemokratien idealisieren mochte, ihre Architektur erschien als Vorbild. An ihm konnte sich ein neues Lebensgefühl, der Zeitgeist bürgerlichen Denkens, aufrichten. Die Geschlossenheit der klassischen Linienführung, die klaren, züchtigen Geraden, das sparsame Dekor wurden besonders in Deutschland als Opposition gegen die schnörkelreichen Prunkbauten der Feudalität verstanden. Der Theaterbau orientierte sich am Klassizismus, weil er die Allmacht der Vernunft, ein Regelwerk für ästhetische Schönheit, ein geordnetes Zeitmaß verkörperte, weil er dem Selbstbild antikischer Größe entsprach.

War auch der klassizistische Baustil kostengünstig, so blieben doch im allgemeinen die Gelder zu knapp, um in der Bauausführung dem Idealbilde sehr nahe zu kommen. Die Theatergebäude bis zur Jahrhundertwende glichen mehr ihrem Vorläufer, der Bude, als ihrem Vorbild, dem Tempel. Aber selbst im kärglichsten Bau wurden, wenigstens in sparsamer Andeutung, antike Elemente zitiert. Griechische Säulen und Architrave in der Fassade, ionische Friese und Ornamente, Bildnisse und Gipsbüsten der »Alten« im Zuschauerraume, der häufig in den Farben »pompejanisch Rot«(!) getönt war. Wenn auch in den meisten Fällen billig und halbherzig, wollte doch die Baugestalt den bürgerlichen Lebensanspruch des Theaters verkünden, indem sie sich an die Autorität der Antike hielt. Was Marx den französischen Revolutionären von 1789 zuschrieb, daß sie »die Geister der Vergangenheit zu ihrem Dienste« heraufbeschworen, die sich Sprache und Kostüm aus dem alten Rom entlehnten[2], das läßt sich – eingeschränkt auf die eingeschränkten deutschen Verhältnisse – auch über den architektonischen Anspruch des bürgerlichen Nationaltheaters sagen.

Im 19. Jahrhundert änderte sich die Situation. Nachdem der Wiener Kongreß die Befreiungskriege »erledigt« hatte, wurde das Theater eine fürstliche Bauaufgabe ersten Ranges. Die Idee des Nationaltheaters hatte inzwischen der Theaterkunst eine so hohe gesellschaftliche Achtung erworben, daß sich der Landesherr selbst auszuzeichnen glaubte, wenn er »seinen« Bürgern ein Theater »schenkte«. Natürlich wurde es dezidiert zum »Hoftheater«, von höfischen Beamten geleitet und höfisch subventioniert. Die Theatergebäude, nun als architektonische Repräsentationsobjekte angesehen, wurden damit zu Kunstobjekten an sich. Die städtischen Theater dagegen blieben ärmer und ärmlicher. Erst nach 1850 können die Kommunen genügend Geld aufbieten, um in architektonischer Hinsicht mit den Hoftheatern Schritt zu halten. Sie steigern deutlich den baulichen Aufwand: Die Städte Breslau (1870/71) und Hamburg (1873/74) bauen glanzvoll ihre Theater um; das Theater der Stadt Düsseldorf rivalisiert mit der höfischen Dresdner Semper-Oper. Was an der

[1] Vgl. L. Balet, B. Gerhard, Die Verbürgerlichung der deutschen Kunst, Literatur und Musik. Dresden 1979. S. 384.

[2] K. Marx, Der achtzehnte Brumaire des Louis Bonaparte; in: MEW, Bd. 8. S. 115 ff.

Schwelle zum 19. Jahrhundert bürgerliche Zukunftsvision oder Widerspruch gegen feudale Architekturdominanz gewesen war, gipfelt am Ende des Jahrhunderts in monströser Baugebärde. Während der Gründerzeit wurde der großbürgerliche Herrschaftsanspruch in keinem anderen staatlichen Gebäude so lauthals manifestiert wie im deutschen Stadttheater. Selbst die Gerichte, Rathäuser oder Banken sehen sich von der ausladenden Pracht der Stadttheater in den Schatten gestellt. Die Theaterbauten dieser Zeit wurden zum kulturell-kommunikativen Mittelpunkt der »besseren Kreise«. Ob sie »Großherzogliches Hoftheater« oder schlicht »Stadttheater« hießen, sie waren der Hort bürgerlichen Selbstbewußtseins, das sich energisch vom Proletariat abhob.

In der Mitte des 20. Jahrhunderts, als die kriegszerstörten Theaterhäuser in beiden deutschen Staaten wieder aufgebaut wurden, sahen ihre Architekten noch immer als Gestaltungsaufgabe an, die Exklusivität zu betonen. Eine Beschreibung des 1970 (wieder-) eröffneten Düsseldorfer Schauspielhauses legt mit ironischer Zuspitzung bloß, wie sich der einstige Anspruch der Ideologen des Nationaltheaters verkehrt hatte. Da ist nicht mehr von »Nation«, von der »Menschheit«, von einer alle sozialen Schichten umfassenden Publikumsgemeinschaft die Rede. Dieser Bau definiert sich nun als ein Bau für eine soziale Minderheit: «In bevorzugter städtebaulicher Lage, zentral neben dem 100 Meter hohen Monument des Ruhrgebietes, dem Dreischeibenhaus des Thyssen-Konzerns, lagert es dreigestuft mit glatten, weichen Rundungen, unendlich fließender Fassade, in sich geschlossen, hermetisch; Reihen von Gucklöchern gleich Schießscharten im Bau. Das Gebäude ist auf seiner Eingangsseite abgegrenzt von der profanen Welt durch einen weiten Platz. Es bedarf Zuspruch, ihn zu überqueren, lieber umgeht man ihn an den Seiten. In die Tiefe führende Autoschleifen, eine schamhaft versteckte Tankstelle signalisieren, wie man sich der Kunstburg zu nähern hat: möglichst im eigenen Auto oder in der Taxe. Wer sie betritt, muß die Wirklichkeit draußen lassen, tritt ein in einen abgezirkelten Bezirk, der Heil verspricht, Geborgenheit. Was versprochen wird, ist kostbar, dementsprechend die Ausstattung, portugiesischer Marmor, persischer Travertin, goldene Mosaiken, velourumspannte Wände, edle Hölzer, reiche Teppiche, die jedes Geräusch verschlucken, versenkte lederne Sitzgruppen, gedämpftes indirektes Licht, Vorräume zum Raum des Allerheiligsten, Vorräume, die einstimmen, überreden, einschüchtern zum Sichergeben. Das Allerheiligste selbst, der Theaterraum, überrascht durch Schmucklosigkeit, Glätte, Monotonie. Von einer Wand über die Decke bis zur anderen Wand spannen sich hölzerne Bahnen, sie bilden eine Schale, der Besucher ist in einer Höhle im großen Ei der Kunst. Es wird ausgebrütet. Er merkt es nicht einmal,und selbst wenn er es merkte, was könnte er dagegen tun, willenloses Objekt dieser Architektur, kann er sich nur einfügen.«[1]

[1] D. Baacke, Theater als sich wandelnder Erfahrungsraum. In: Norddeutsches Theatertreffen 1971–1975. Landesverband Nordwest des Deutschen Bühnenvereins (Hg.) o. J. S. 54 f.

Natürlich, so wäre zu ergänzen, findet auch diese Architektur ihren Zweck nicht in sich selbst, sondern im Funktionsverständnis des Theaterbetriebes.

Obgleich die Kulturpolitik in der sowjetischen Besatzungszone bzw. in der DDR einen radikalen Bruch mit dem »bürgerlichen« Theater vorgab, unterschieden sich die wieder- oder neuerbauten Theaterhäuser nicht wesentlich von denen im Westen Deutschlands. »Schön wie nie«, so proklamierte es die Nationalhymne, sollten die Kunst-Denkmale auferstehen, aber nicht in anderer Gestalt. Mehr noch: Die neuen Kulturhäuser, einigen Industriebetrieben vors Werktor gesetzt, kopierten die traditionelle Theaterarchitektur und überstiegerten großmannssüchtig ihr Dekor. Die wuchtigen Häuser in Unterwellenborn oder Bitterfeld, Giganten im »Stalinbarock«, stehen für den diktatorischen Anspruch.

Ungeschmälert wurde das überlieferte Theaterwesen übernommen. Denn die sozialistische Herrschaft suchte ihre Legitimation, indem sie sich selbst als einzig rechtmäßige Erbin der humanistischen deutschen Kultur feierte. Mit dem Netz der Bühnenhäuser wurden auch ihre Kommunikationsverhältnisse restauriert. Sie erschienen tragfähig, ja geradezu ideal, um die geistige Umerziehung eines ganzen Volkes zu begründen. (Und die tatsächliche Leistung des Theaters im antifaschistischen Sinne sollte auch nicht gering veranschlagt werden!) Doch weder in der politischen Öffentlichkeit noch in der Kunstrezeption ging es um den kritischen Diskurs gleichberechtigter Partner. Gerade das Gegenüber von Bühne und Saal, von »oben« und »unten« konnte das Vorbild und das Besser-Wissen der Kunst betonen. Die Zuschauer als dankbarstumme Empfänger einer unzweifelhaften Botschaft.

Alle Menschen werden Brüder ...?

Die Vorstellung einer harmonischen Menschengemeinschaft, die sich als Kunstgemeinde versammelt, blieb im Programm des bürgerlichen Nationaltheaters eine idealistische Fiktion. Das Wort »Publikum«, sofern es die Nation im Kleinen meinte, verlor im 18. Jahrhundert seinen Sinn. Seit etwa 1750 wurden die Zuschauer in verschiedenen Platzabteilungen eingewiesen; seit etwa 1800 hatte sich die räumliche Trennung des Publikums endgültig durchgesetzt. Nun war das Auditorium »ordentlich« gegliedert – und zwar eindeutig sozial in »hoch« und »niedrig« klassifiziert.

Aller gesellschaftlicher Verkehr vollzog sich im 18. Jahrhundert nach strengen Regeln, die auch räumliche Beziehungen einschlossen. Tief war im Alltagsdenken verankert, daß der Stand (eines Menschen, eines Gebäudes, eines Stuhls usw.) den Rang anzeigt. Seit Jahrhunderten war die soziale Psychologie von der ständischen Gesellschaft geprägt. Das Attribut »ständisch« ist wörtlich zu verstehen: wer während der höfischen Zeremonie dem Fürsten näher stand, genoß höheres Ansehen. Wer in der sozialen Hierarchie höher rangierte, durfte wirklich erhöht stehen. Die Ordnung im Staate gab auch das Ordnungsmuster im persönlich-privaten Bereich vor. Nicht nur beim Adel, sondern auch bei der Geistlichkeit, den Handwerkern und den hörigen Bauern hatte jeder am Tisch seinen ihm zukommenden Stammplatz. Ein nicht ranggemäßer Platz erschien als eine schwere Beleidigung. Wenn die Schauspieler der Schönemannschen Gesellschaft in ihrer Akademie tagten, hatten zwar die Frauen das demokratische Mitspracherecht, durften sogar in Funktionen gewählt werden – aber die Sitzordnung hielt sie noch streng von ihren männlichen Kollegen geschieden! Die Raumorte oben/unten, vorn/hinten und links/rechts waren mit einer sozialen Wertung besetzt, lange bevor die bürgerlichen Theaterhäuser gebaut wurden.

Das ursprüngliche Vorbild für eine Hierarchie des Theaterpublikums bot der Kirchenraum. Er war der einzige umbaute Gesellungsort in der städtischen Kultur, und er blieb auch bis ins 19. Jahrhundert hinein – dann neben den Theatergebäuden – der wichtigste Versammlungsplatz der städtischen Einwohnerschaft. Andere öffentliche Gebäude waren immer nur für einen Teil der Kommune geöffnet, für ein Gewerk, einen Stand oder eine kulturelle Elite. So bot sich der kirchliche Gottesdienst auch als Ordnungsmuster für eine Theaterveranstaltung an.

Ein wichtiges Prinzip der lutherischen Kirche war, daß der Gottesdienst in einem geweihtem Haus stattfinden und daß die Gemeinde der Predigt wohlgeordnet zuhören mußte. Hatte seinerzeit auch Martin Luther auf die Nebensächlichkeit des Kirchenraums für die Religionsausübung hingewiesen, so unterdrückte zwei Jahrhunderte später die herrschende Orthodoxie im

Bunde mit der landesfürstlichen Macht jeden Versuch, die Raumordnung in Frage zu stellen. Ein Gottesdienst in freier Natur hätte von der zuständigen Behörde nicht überwacht werden können, sich vielleicht der Leitung durch einen beamteten Gottesmann entzogen. In den Augen der Obrigkeit stünden dann Chaos, Teufelswerk, ja Umsturz ins Haus. Mit Beginn des 18. Jahrhunderts war in der protestantischen und später auch in der katholischen Kirche Deutschlands die körperliche Reglementierung des Gottesdienstes endgültig festgelegt. Mit Macht war ein detailiert ausgeklügeltes Kirchenstuhlrecht durchgesetzt worden.[1] Dieses Recht verpflichtete den Gläubigen auf einen Sitzplatz.

Anders als das freie Umherlaufen oder das Zusammenstehen in einer Menschengruppe zwingt Sitzen zum konzentrierten Zuhören. Und: es macht fügsam. Es verhindert Widerspruch, weil es die Verständigung mit anderen Gemeindemitgliedern erschwert. Der Sitzende, starr auf die Kanzel ausgerichtet, ist ihrer Botschaft ausgeliefert. Sitzen ist die angemessene Körperhaltung für die sogenannte »Einweg-Kommunikation«, in der aktive Antworten (»Rückkopplungen«) nicht vorgesehen sind. Die Umgangssprache, die von »sitzen« spricht, wo sie Inhaftierung, also alles andere als »sitzen« meint, charakterisiert damit trefflich die Fremdbestimmtheit des Körpers.

Die Bestuhlung der Kirchenräume war keine Konzession an die praktische Bequemlichkeit. Nicht selten waren die Stühle hinter dem Altar oder unter der Kanzel angeordnet. Klappstühle, die die Gläubigen mitbringen wollten, wurden vielerorts rigoros verboten, um die Wahlfreiheit der eigenen Plazierung auszuschließen. Das Kirchenrecht verhinderte, daß sich jedermann den Platz suchte, der ihm beliebte. Vielmehr sollten durch die »Locierung« der Kirchenstühle die Rechts- und Rangverhältnisse in der Gemeinde ablesbar werden. Die unterschiedliche Formgestaltung der Sitzplätze tat ein übriges.

Wie der Ort des Sitzplatzes die Person bewertete, wurde besonders am Nutzungsrecht der Empore deutlich. Sie wird für viele protestantische Kirchen als »Notarchitektur« bezeichnet, da die Einfügung einer Empore in den Kirchenraum weder ästhetisch noch praktisch gerechtfertigt erscheint. Weder wurde durch sie der Gesamteindruck feierlicher, noch war sie nötig, um die Anzahl der Sitzplätze zu erhöhen. Ihre wichtigste, wenn nicht gar einzige Funktion war, die Obrigkeit von der Menge zu separieren. Indem die Empore die Kirchgemeinde auflöste, setzte sie das gesellschaftliche »oben« und »unten« augenfällig ins Bild. Die Empore war der Platz für die privilegierte Gruppe. Wurde die Kirche vom jeweiligen Feudalherren beansprucht, ordnete er seinen Platz auf der Empore an, oder er ließ sich eine gesonderte, aber erhöhte Loge anbringen. So konnte er sich noch einmal von den erhöht Sitzenden abheben. Es gibt sogar Architektur-Beispiele, wo in Schloßkapellen nachträglich Emporen eingebaut wurden, sobald Domestiken am Gottesdienst teilnehmen durften. Waren diese Emporen auch ausgesprochen unbe-

[1] dazu: R. Wex, Ordnung und Unfriede. Marburg 1984.

quem zu erreichen, nahm der Feudalherr zu Gunsten seiner sichtbaren Höhe gern Askese in Kauf.

Aufschlußreich ist, wie die ständisch fundierte Kirchenstuhlordnung vom bürgerlichen Zeitgeist, von der Herrschaft des Kapitals, durchbrochen wurde. Zwar mißachteten auch die städtischen Kirchenbauten die ständischen Unterschiede nicht; das Stuhlrecht unterschied feinsinnig zwischen Meister und Gesellen, zwischen Bauern und Kossäten, zwischen einzelnen Gewerken usw., jedoch konnte in der Stadtkirche der Geldbeutel auch einmal angestammte Rangunterschiede vergessen machen. Der Mehrbietende durfte einen Kirchenstuhl besetzen, der seinem Stand nicht angemessen war. Im höfischen Bereich wäre eine solche Verschiebung unzumutbar gewesen. Der soziale Werte-Wandel vom ererbten Stand hin zur erarbeiteten Position, genauer: vom feudalen zum finanziellen Rang, wurde in der Stadtkirche frühzeitig erkennbar. Damit spiegelte das Kirchenstuhlrecht am Beginn des 18. Jahrhunderts eine Entwicklung, die um hundert Jahre zeitversetzt dann auch die Theatersäle betreffen wird: Haben geht vor Sein. Die Neuordnung der Raumzonen des Theaters, bei der das Kapital den Titel besiegt, wird dann im 19. Jahrhundert abgeschlossen werden.

Der Kirchen- und später der Theaterraum bilden die soziale Ordnung ab und verfestigen sie zugleich mit Hilfe der Architektur. Eine Kritik an der Raumordnung hätte deshalb eine Kritik an der gesamten sozialen Hierarchie vorausgesetzt. Dazu waren im 18. Jahrhundert weder der Gläubige im Seitenschiff der Stadtkirche noch der Bürger im Parterre willens. Das erklärt, warum die Zuschauer die Reglementierung im Theatersaal als selbstverständlich akzeptiert haben. So viele Theaterskandale auch aus den letzten Jahrzehnten des 18. Jahrhunderts überliefert sind, nirgendwo wird von der Invasion einer sozial bestimmten Zuschauerschicht in eine andere Raumzone berichtet. Obgleich im alltäglichen Theaterbetrieb die besseren Plätze in den Logen bzw. im Parterre noble oft unbesetzt blieben, beschieden sich die »Unterprivilegierten« mit ihrem Platz. Offensichtlich hatten alle Zuschauer die räumliche Hierarchie im Theater akzeptiert und sie gewissermaßen als die ihnen allen gemäße Sozialordnung verinnerlicht.

Zuschauergespräche in der Comédie francaise, Paris um 1750
Aufgezeichnet in den Memoiren des Lord S., erschienen 1763 in Paris:

»Hier können Sie nicht mehr herein. mein Herr.«

»Ich habe bezahlt wie Sie.«

»Sie stören! – die Vorstellung hat vor einer halben Stunde begonnen!«

»Die Vorstellung beginnt für mich, wenn ich komme! Ich fordere Sie noch einmal auf: machen Sie Platz. Ich pflege immer an dieser Säule zu stehen.«

»Aber Sie sehen, daß ich mich selbst kaum noch rühren kann. Sie dürfen nicht mich verantwortlich machen, daß die Kasse mehr Billetts ausgibt, als Zuschauer im Parterre stehen können.«

»Bänke sollte man endlich aufstellen. Dieses stundenlange Stehen vermag die echteste Begeisterung niederzuschlagen.«

(In einer anderen Ecke:)

»Es ist natürlich blödsinnig, Calpurnia im Reifrock herumlaufen zu lassen. Caesar ist kahlköpfig gewesen und hat eine Toga getragen. Wie sieht er hier aus? Wie ein Stutzer aus der Antichambre. Es ist lächerlich!«

(Zuschauer auf der Bühne:)

»Vor einem Jahr, mein lieber Marquis, waren auf jeder Seite der Szene nur acht Reihen Zuschauer erlaubt, aber in dieser Saison sind es neun geworden.«

»Die Geschäfte sollen schlecht gegangen sein. Für die Plätze auf der Bühne wird ja am meisten bezahlt.«

»Jetzt kommt die Kleine. Sie muß an uns vorbei. Sie ist jetzt noch sehr niedlich. Leider neigt sie dazu, üppig zu werden. Ja. dieser ›Caesar‹ ist ein herrliches Stück.«

»Gewiß, Vicomte! Sie müssen übrigens eine Kleinigkeit Ihren Stuhl zurückrücken, gerade an dieser Stelle fällt Caesar nieder, und er könnte Ihnen leicht auf den Fuß treten.«

»Hier ist das schöne Kind. Wir halten sie fest, und Calpurnia muß auf ihre Zofe warten.«

»Das finde ich ausgezeichnet.«

»Es ist ein erhabenes Gefühl, sich inmitten der Künstler zu sehen.«

»Mir ist es hauptsächlich um die Künstlerinnen zu tun.«

(In der Loge:)

»Siehst Du, auf der zweiten Reihe links, direkt neben dem Römer mit den großen Augen, sitzt der Herzog von V., und der junge Mensch dahinter ist sein Neffe, der eigentlich Priester werden sollte, aber dann durch eine Opernsängerin – Du weißt ja. Ich finde es, offen gestanden, viel interessanter, die Zuschauer zu sehen, als das Stück. Und derjenige, der die Zuschauer von der neuen Bühne verbannen würde – man munkelt davon – würde mir einen richtigen Todesstoß versetzen.«[1]

Die Raumzonen als Ordnungsmacht

Als *Parterre* (par terre = ital. zu ebener Erde) wurden diejenigen Zuschauerplätze bezeichnet, die sich in etwa gleicher Höhe mit der Bühne befanden. Das Parterre – so kennzeichnete es das Theaterlexikon von 1846 – wird »vom Orchester (das damals noch nicht in den Graben versenkt war, R.D.) und den Logen und den Rängen eingeschlossen und gewährt den geraden Blick auf die Bühne. Gewöhnlich teilt man es in Parterre noble (auch Parquet und Sitzplatz genannt) und das Parterre schlechtweg, bei einigen Bühnen auch Stehparterre genannt. Das Parquet zeichnet sich dadurch vor dem Parterre aus, daß es numerierte Sitzplätze hat...«[2]

[1] zitiert nach: H. Braulich, E. O. Hamann, Beiträge zur Geschichte der Theatertechnik, Bd. 2. Berlin 1978, S. 108.

[2] R. Blum, K. Herloßsohn, H. Marggraf (Hg.) ... a. a. O. Bd. 6 S. 54 f.

Neben der Trennung in Parterre (als Steh- oder Sitzplatz auf nichtnumerierten Bänken) und Parquet (als numerierter Sitzplatz bisweilen auch »Zirkel« genannt) wurden gelegentlich nahe der Bühne »Sperrsitze« (also für Honoratioren reservierte Bänke) und ein »Amphitheater« (an der Rückwand des Zuschauersaales halbkreisförmig gestufte Sitzplätze) eingerichtet. Mitunter werden auch ausländische Bezeichnungen übernommen: »Pit« für Parterre (»Pit« = engl. Grube, Höhle) und für bühnennahe Plätze »l‹orchestre« oder »les stalles« (le stalle = franz. Chorstuhl). Wurde diese Raumzone auch unterschiedlichst benannt, so zeichnete das Parterre übereinstimmend in fast allen deutschen Theatern aus, daß es der Theaterraum für die – potentielle, nicht immer anwesende! – Publikumsmehrheit war und daß sich in ihm ein soziologisch klar begrenzter Teil versammelte. Die Einheit des Parterre-Publikums läßt sich besser negativ als positiv definieren: Im Parterre fanden sich weder Angehörige des lokalen Hochadels noch plebejisch-vorproletarische Gruppen ein. Diese konnten sich bestenfalls die billigen Galerieplätze leisten, jene genossen die Freiplätze in den Logen. Im Parterre vereinigte sich das »eigentliche« Publikum. Häufig wurde vom Parterre als Synonym für den gesamten Zuschauerraum geredet. (Auch in der heutigen Umgangssprache schwingt die Dominanz des Parterres noch mit: Wenn von »oben«, also der Bühne, und »unten«, dem Saal, die Rede ist, schließt das »unten« auch die oberen Ränge ein!) Das Parterre war der Platz des gebildeten, doch nicht aristokratisch elitären Bürgertums. Beruflich war dieses Publikum sehr breit gefächert: höhere Beamte, Bankiers, Kaufleute, Akademiker, adlige Offiziere in niederen Rängen, Handwerksmeister, auch Studenten, gelegentlich sogar privilegierte Domestiken. »Der größte Theil der Gelehrten von Profession, alle Schriftsteller, die für Theater geschrieben haben, alle Dilettanten und sogenannten schönen Geister (haben) von jeher das Parterre zu ihrer Stelle gewählt«, urteilte 1775 der Gothaische Theaterkalender. Und er begründete: jene Zuschauer könnten weder in die Logen gehen, weil für Personen von hohem Rang vorbehalten, noch auf die Galerie, weil sie sich dort unter Leute niederen Standes mengen müßten. Das Parterre sei also der passende »Mittelort«, angemessen ihrem Vermögen und Stand.[1] Immer deutlicher machen zahlenmäßige Überlegenheit und intellektuelle Kompetenz das Parterre-Publikum zum Herren im Hause. Eine einfache Rechnung des Gothaer Hoftheaters zur Spielzeit 1775 belegt die finanzielle Vormacht: Durch abonnierte Plätze im Parterre flossen 1686 Rthlr. in die Theaterkasse, durch abonnierte Logenplätze 400 Rthlr. und durch Abonnements auf der Galerie ganze 80 Rthlr.[2]

Ein Artikel aus dem Jahre 1775, der das Parterre-Publikum analysierte, nannte es bildhaft eine »moralische Person«. Zwar befänden sich in allen

[1] H. A. O. Reichard, Theaterkalender … a. a. O. 1775. S. 52.

[2] W. Meyer, Die Entwicklung des Theaterabonnements in Deutschland. Emsdetten 1939. S. 57.

»Classen« des Theaters »gute und verständige Leute«, aber die »Entscheidung des Urteils ist dem Parterre allein überlassen. Dieses Vorrecht ist in der That höchst sonderbar. Eigentlich hat, meiner Meinung nach, jeder Kenner, an welchem Ort er sich befindet, die Befugnis, seine Empfindung über die Kunst des Schauspielers zu erkennen zu geben ... Aber so scheint dieses Vorrecht nicht ein Vorrecht der Person, sondern der Stelle, die sie einnimmt, nämlich des Parterre zu sein.«[1]

Besonders in Hoftheatern mußten Spannungen zwischen der adligen Elite in den Logen und der intellektuellen Elite im Parterre auftauchen. So drohten 1795 zahlreiche Abonnenten, ihre Dauermiete am Wiener Nationaltheater zu kündigen, weil das »gemeine bürgerliche Publikum« vom Parterre aus immer mehr an Gewicht gewann, Repertoire und öffentliches Urteil bestimmte.[2]

Entschieden erklärte der Gothaische Theaterkalender: »Das Parterre ist der Repräsentant eines Volkes...« – muß aber in gleichem Atemzug anfügen, daß vom Parterre oft »Unruhe und Geschwätzigkeit« ausgehen. »Was müssen manche Personen für eine Absicht haben, wenn sie ins Schauspielhaus gehen? Gewiß nicht ihr inneres Gefühl zu verfeinern, die Sitten zu bessern und die Leidenschaften zu reinigen, deren Folgen sich an der handelnden Person äußern, die diese Leidenschaften besitzt. Vermutlich treibt sie die Langeweile dahin, in der Hoffnung einen ebenso müßigen Nachbarn zu finden, mit dem sie die Zeit verplaudern können. Sie scheinen dieses Vergnügen demjenigen vorzuziehen, daß aus dem Interesse des Schauspiels fließt. Was aber das Verdrüßlichste ist, so stören sie dadurch das Vergnügen ihrer ruhigen Nachbarn, denen es lediglich dazu zu thun ist, zu erfahren, wie sich die Handlung nach und nach entwickeln wird.«[3]

Ironisch empfiehlt 1805 ein Journalist in der Kgl. privilegierten Berlinischen Zeitung, im Mittelgang des Parterres Bäume anzupflanzen, um den jungen Herren die Promenade angenehmer zu gestalten.[4] Denn für die Bürger des 18. Jahrhunderts war es ziemlich selbstverständlich, einer Theatervorstellung stehend beizuwohnen. In der seinerzeit berühmten »Allgemeinen Theorie der schönen Künste« (1774) stellte sich Sulzer die Rezeption eines Dramas nicht anders als stehend vor. »Natürlicherweise ist die Handlung (eines Dramas, R.D.) auf eine gewisse Kürze der Zeit eingeschränkt, weil niemand tagelang auf der Stelle stehen und einer Handlung mit unverwandten Augen zusehen kann. Ein paar Stunden hält man dieses aus, ohne das Ende der Handlung abwarten zu können. Daher ist die Einrichtung des Dramas gekommen, die überall beobachtet wird, so daß ein paar Stunden hinlänglich

[1] H. A. O. Reichard, Theaterkalender ... a. a. O. 1775. S. 48 ff.
[2] Vgl. W. Meyer, Die Entwicklung ... a. a. O. S. 89.
[3] H. A. O. Reichard, Theaterkalender ... a. a. O. 1775. S. 54 ff.
[4] Königlich privilegierte Berlinische Zeitung. Von Staats- und gelehrten Sachen im Verlag der Vossischen Buchhandlung. 2. 4. 1805.

sind, die ganze Handlung zu sehen«.[1] Auch bei einem Neudruck des Sulzerschen Werkes zwanzig Jahre später sahen die Redakteure noch keinen Anlaß zur Korrektur, obwohl sich an der Neige des Jahrhunderts die Bestuhlung immer mehr durchsetzte. Da die Parterre-Bänke in der Regel nicht numeriert waren, mußten sich die Zuschauer zu einer sehenswerten Aufführung frühzeitig einfinden, oder sie mußten sich durch ihre Bediensteten einen Sitzplatz reservieren lassen – oder sie mußten drei, vier Stunden lang stehen. Kaum ein Theaterdirektor konnte sich entschließen, nur so viele Sitzplatz-Karten zu verkaufen, wie tatsächlich Plätze vorhanden waren. Viele Parterre-Besucher nützten die räumliche Freizügigkeit, um während des Spiels ihren Standort zu wechseln. Sie gingen an einen anderen Sitz- oder Stehplatz, von dem sie die jeweilige Szene besser überblicken konnten. Und falls auch die andere Perspektive noch keine ideale Sicht bot, gingen die Zuschauer auch einmal kurzerhand auf die Bühne, um die darstellerische Aktion aus nächster Nähe zu begutachten. So berichtete ein Besucher des Gothaer Hoftheaters, wie er den Auftritt von Madame Abbt, die 1778 einen sehr jugendlichen Hamlet gab, »im Parterre stehend« mit Freuden bewundert hätte. »Da ich aber ihr Mienenspiel näher zu sehen, aufs Theater (d.h. auf die Bühne, R.D.) ging, schauderte mir die Haut, über die Anspannung ihrer Kräfte und die Ohnmacht, die hinter den Kulissen erfolgte...«[2]

Noch 1810 rühmte sich ein Kritiker der »Vossischen Zeitung«, daß er die akustische Verständlichkeit einer Aufführung von verschiedenen Plätzen des Saales aus überprüft hätte.[3]

Auch diejenigen Theaterbauten, die ein bestuhltes Parterre einrichteten, hatten weiterhin Stehplätze in großer Zahl zur Verfügung. Sie machten, von wenigen Ausnahmen abgesehen, durchschnittlich 30% der gesamten Platzkapazität aus. Das galt für die bürgerlichen wie für die ausgesprochenen höfischen Theater: Das neue Breslauer Komödienhaus (1772) hatte ebenso sein Stehparterre wie das kleine Schloßtheater auf der Rudolstädter Heidecksburg (1786). In sehr vielen deutschen Theatern wurden Stehplätze noch bis 1944 verkauft (in der Theatermetropole Wien sogar bis heute!).

Als Friedrich Ludwig Schröder gegen die Unsitte einiger Schauspieler wetterte, die »süße Täuschung« der vierten Wand zu durchbrechen und das Publikum direkt anzusprechen, hatte er dabei nur stehende Zuschauer vor Augen: »Der große Haufen gewöhnt sich an alles, sogar an Unordnung in der Maschinerie, aber man glaube doch ja nicht, daß der gebildete Teil, der so gern vergessen möchte, daß er vor einer Bühne steht, an dieser Vertraulichkeit mit dem Parterre Vergnügen findet.«[4] Gegen stehende Zuschauer wet-

[1] J. G. Sulzer, Allgemein Theorie der schönen Künste, 1. Theil (2. Auflage) Leipzig 1778. S. 371 f.

[2] Vgl. A. Paul, Aggressive Tendenzen ... a. a. O. S. 57.

[3] R. Weil, Das Berliner Theaterpublikum ... a. a. O. S. 109.

[4] Vgl. F. Riccoboni, Die Schauspielkunst. Berlin 1954. S. 139 f.

terte Schröder (noch!) nicht. Dabei wußte er ebenso gut wie Sulzer, daß in den Theatern ein großer Teil des Publikums saß. Aber Adressat von Sulzers oder Schröders Überlegungen waren gerade nicht die aristokratischen Snobs in den Polstersesseln der Logen, sondern die »Kenner«, die vor der Bühne standen.

Vor der Jahrhundertwende konnte sich in vielen Theatern keine Frau im Parterre blicken lassen, um im Gedränge nicht ihren guten Ruf zu verlieren. Um so eher fielen die Prostituieren auf, die sich im Parterre-Publikum ihre Kunden fischten. Viele Theater hatten für sie einen eigenen »Gewerbe«-Raum reserviert, z.B. eine verschließbare Loge. Nach 1800 wird belegt, daß mit dem – zunächst zeitweiligen, später dauernden – Verbot der Prostitution im Theater auch die Zuschauerzahlen rückläufig waren.[1]

Auf einem Theaterzettel des Dessauer Hoftheaters – immerhin schon damals eines der größten Theaterhäuser Deutschlands – hieß es 1804 sogar ausdrücklich, daß zu den Bänken hinter dem Orchester »nur Mannspersonen … zugelassen werden können«.[2] Das war allerdings nach der Jahrhundertwende nicht mehr typisch für die Situation in deutschen Theatersälen. Bis 1800 hatte sich das Verhalten des Parterre-Publikums meist insoweit »gereinigt«, daß die Herren Advokaten, Schneidermeister oder Apotheker ihre Gemahlin und Tochter ins Parterre mitzunehmen wagten.

Die *Logen* bildeten gewissermaßen die »erste Etage« des Theaters. Die Logen, wiederum vom Theaterlexikon 1846 erklärt, »sind in einem Halbzirkel reihenweise nebeneinander liegende Kabinette … je nach der Bühne offen und mit einem dichten Vorhang versehen. Je nach Lage und Bestimmung heißen sie Parterre-, Mittel-, Seiten-, Fremden-, Proszeniums-Loge…«[3]

Im heute gebräuchlichen Namen »Rang« klingt der soziologische Ursprung dieser Raumzone an. Nur Personen hohen Ranges hatten Zutritt. Obgleich diese Raumzone schlechtere Sicht als das vordere Parterre bot, wurden die Logen sozial bevorzugt. Dieser Widerspruch wird verständlich, wenn man den sozialen Vorzug des Obergeschosses in der feudalabsolutistischen Architektur bedenkt. Über diese Raum-Tradition schreibt der Kunsthistoriker Richard Alewyn: »Die Renaissance hatte drei bis vier Stockwerke übereinander geschichtet und gleichmäßig benutzt. Das Barock benutzte das erste Obergeschoß, in dem die große Treppe mündete. Dieses Stockwerk war das Piano nobile, das einzig für Personen von Stand bewohnbare. Das bringt freilich eine Verlegenheit mit sich: Da man es unerträglich fände, daß eine Person niederen Standes über einer solchen höheren Standes wohnt, sind die höheren Stockwerke praktisch unbenutzbar, und darum entstehen um das fürstliche Schloß herum die Kavaliershäuser für die Herren des Hofes. Das bürgerliche Zeitalter hat dieses Vorurteil aufgegeben, aber an dem sozialen Vorzug der Bel

[1] R. Weil, Das Berliner Theaterpublikum … a. a. O. S. 91.
[2] ebenda S. 108.
[3] R. Blum, K. Herloßsohn, H. Marggraf (Hg.), … a. a. O. Bd. 5, S. 55.

Etage hat es bis in das 20. Jahrhundert im städtischen Mietshaus mit Zähigkeit festgehalten.«[1]

Unter dem Blickwinkel des Theaterbaus ist hinzuzufügen: Die deutschen Theater halten an der Vorzugsstellung der »Bel Etage« fest. Sie bleibt die Raumzone für Ehrengäste in einer Premiere, und die Plätze des Mittelrangs kosten mindestens so viel wie die Plätze fürs erste Parkett, obwohl die Sicht vom Rang ungünstiger ist. Welch krude Baumaßnahmen mitunter nötig waren, um auf jeden Fall die erhöhte Plazierung der Obrigkeit in einer Loge zu sichern, zeigt eine Schilderung des Chemnitzer Gewandhaus-Saales, in dem bis zum Theaterbau von 1806 Wandertruppen gastierten: »Der Saal, auf welchem agiert wird, gleicht einem großen Heuboden, in seinem hintersten Winkel ist eine Bude aufgeschlagen, in welcher die Schauspieler auftreten. An der Wand gehen die Plätze der Zuschauer hin, auf denen man aber wegen des drohenden Einstrurzes des Lebens nicht sicher ist. Oben an der Decke, der Wand gegenüber, hängen zwei Kästen, die mit Käsekörben täuschende Ähnlichkeit haben, daß ich mich gegen meinen Gesellschafter der Frage unmöglich enthalten konnte, ob hier etwa Käse zu verkaufen wäre. Lächelnd antwortete er mir, daß es die Logen der beiden Konsuls (Bürgermeister) wären.«[2]

»Die Scheidewände zwischen den Logen sind deswegen gut«, so erklärte 1797 ein Architekt, »weil dadurch die Logen … zu kleinen Stübchen werden, in denen eine Gesellschaft für sich sein kann, ohne von den übrigen Zuschauern bemerkt zu werden … Die Größe der Logen ist willkürlich, jedoch dürfen sie nicht zu klein sein, und jede muß wenigstens vier bis sechs Personen bequem fassen können«.[3]

Logendiener bewirteten die Zuschauer mit warmen Speisen (erst nach 1790 mehren sich die Verbote, warm aufzutragen) und mit exquisiten Getränken. Punsch und Champagner werden oft serviert. Die Logen ließen sich für amouröse wie für höfisch-diplomatische Zwecke nützen. Allein deshalb ließ Fürst Alexander von Thurn und Taxis 1750 in Regensburg ein Theater eröffnen: » … zu Dero selbst eigenem wie auch der Reichstagsgesandten Amusement, teils aber zu dem Ende, damit dabei die Gelegenheit noch mehreres erleichtert werden möge, daß bei vorfallender allerhöchst. kais. Gesellschaft dieselben mit diesem oder jenen Gesandten der Erforderniß nach mit weniger Aufsehen die benöthigte Unterredung pflegen könnte.«[4]

Zwischen den einzelnen Logen gab es strikte Rangfolgen, die erste Etage galt mehr als die zweite, die rechte Seite mehr als die linke. Ein Beispiel für solche Hierarchie ist die 1771 erlassene Besucherordnung des Kurfürstlichen Theaters in Bonn. Sie bestimmte,

[1] R. Alewyn, Das große Welttheater, Berlin 1985. S. 54 f.

[2] Vgl. Festschrift zur Eröffnung des Städtischen Schauspielhauses, ehemals altes Stadttheater in Chemnitz, März 1925. Chemnitz 1925.

[3] Ch. L. Stieglitz, Enzyklopädie … a. a. O. S. 627 f.

[4] Vgl. P. Wild, Über Schauspieler und Schaustellungen in Regensburg. Regensburg 1901. S. 56 f.

- daß die repräsentative Hauptloge in der Mitte nur vom Kurfürsten benutzt werden und sie niemand ohne ausdrückliche Einladung betreten durfte;
- daß die Angehörigen des Adels, sofern sie »ersten Ranges« waren, Anspruch auf die vorderen Logenplätze hatten;
- daß die am Hofe weilenden Besucher oder Gesandten anderer Höfe die Logen linker (!) Hand benutzen durften;
- daß die hinteren Plätze der Logengalerie den kurfürstlichen Räten, Truchsessen, Kriegsoffizieren, höheren Offizieren und Hauptleuten vorbehalten blieben;
- daß sich dort auch diejenigen subalternen Offiziere aufhalten durften, die nach der Etikette beim kurfürstlichen Appartement zugelassen waren;
- daß dort ebenfalls die Landtagsabgeordneten der Stände sitzen durften;
- daß die vier abgeschlossenen Lehnbänke nahe der Bühne für die Frauen derjenigen Beamten und Offiziere reserviert waren, die sich auf der Logengalerie aufhalten durften;
- daß alle Hofunterbeamten, auswärtige Juristen, Schreiber sowie die Söhne und Verwandten der Räte und Kanzlisten ins (Steh-) Parterre, also hinter den Sperrsitz, verwiesen wurden.«[1]

Daß das Theaterpublikum den Landesfürsten zu begrüßen hatte, sobald er seine Loge betrat, war in allen Theatern die Regel. Aus dem Stuttgarter Hoftheater wird berichtet, daß das gesamte Publikum aufstand, sobald Herzog Friedrich Eugen (1795-1816) erschien: »Das gab allemal einen Heidenspektakel, der aber höchsten Orts ... nicht ungnädig vermerkt wurde, und zu diesem Lärm, der auch stattfand, wenn die Vorstellung bereits begonnen hatte, gesellten sich noch Pauken und Trompeten. Die Handlung auf der Bühne wurde natürlich unterbrochen.«[2] Oft war das Erscheinen von hochrangigen Gästen schon auf dem Programmzettel angekündigt. Erschien dort das Stück unter der Bewilligungsformel »Auf Befehl« angesetzt, so war es ein Hinweis auf hohe Staatsbeamte oder auswärtige fürstliche Gäste. Erfolgte die Aufführung »Auf Höchsten Befehl«, bedeutete das, daß der Thronerbe das Stück verlangt habe und anwesend sein werde. Eine Aufführung »Auf Allerhöchsten Befehl« verhieß den Theaterbesuch des Landesfürsten. Die abgeschwächte Formel »Auf Begehren« war dagegen oft eine verschleierte Entschuldigung des Theaterdirektors für die allzu rasche Wiederholung eines Stückes.

So wie der Fürst »seine« Loge beanspruchte, maßte sich außerhalb der Residenz der jeweils höchste Repräsentant der Feudalmacht ebenfalls eine Loge an. In den Ratsprotokollen von Freiberg ist die Eingabe des Garnisonsältesten, des Generals von Hiller, aufbewahrt, der sich darüber beschwert, daß die von ihm gewünschten Plätze in der großen Mittelloge, »des zu deren Aufbewahrung hingestellten Unteroffiziers ungeachtet, von anderen Personen einge-

[1] dazu: E. Pfeiffer, Theater in Bonn. Emsdetten 1934. S. 50 f.

[2] Vgl. A. Paul, Aggressive Tendenzen ... a. a. O. S. 39.

nommen worden waren.«[1] Der General verlangte, künftig diese Plätze für ihn freizumachen. In diesem Falle zeigte der Rat Zivilcourage: er lehnte das Ansinnen mit dem Hinweis auf die uneingeschränkte Öffentlichkeit des Theaters ab.

Die Logen waren gewissermaßen Schaufenster, in denen sich die aristokratischen Besucher präsentieren konnten (sofern sie es wollten und sich nicht hinter der Gardine separierten). Die Logen-Zuschauer sahen sich auf der »Bühne« gesellschaftlicher Aufmerksamkeit agieren. Die Kerzen in den Logen rückten diese Zuschauer ins volle Licht. Ihr Verhalten hatte Signalcharakter – auch dann, wenn sie durch Abwesenheit auffielen. Beispielsweise besuchte Herzog Karl August in Weimar keine Aufführung von Schillers »Räubern«. Wie hätte er sich angesichts der lauten Zustimmung Jenenser Studenten zum jugendlichen Freiheitsruf verhalten sollen?

Während die Parterre-Besucher in der Anonymität der Menge untertauchten, blieben die Logen-Zuschauer kenntlich. Sie mußten in der Theateröffentlichkeit ihre Sozialrolle weiterspielen, mußten adlige Noblesse bewahren, mußten lebhafte, allzu menschliche Emotionen zurückhalten und Langeweile zur Schau stellen, auch wenn sie die Aufführung vielleicht betroffen gemacht hatte. Gern vertrieben sich die adligen Damen den Logen-Aufenthalt mit Handarbeiten, oder, so wird aus Berlin berichtet, mit Jo-Jo-Spielereien. Ein Kupferstich im Gothaischen Theaterkalender von 1793 setzte die unterschiedlichen Rezeptionsweisen ins Bild: während sich die Parterre-Besucher lebhaft engagieren, Augen und Mund aufsperren, mit den Armen winken, blicken die weiblichen Logen-Gäste blasiert ins Leere. Von Berliner Logen-Zuschauern wurde berichtet, daß sie absichtsvoll zu spät in die Vorstellung kamen, sich nur einen Akt ansahen, mit den Türen knarrten, laut schwatzten, allein um die Aufmerksamkeit anzuziehen. Nur in der Behandlung des Dienstpersonals gaben sie ihre vornehme Zurückhaltung auf. Die Logenbediensteten wurden – vor den Augen der Bürger im Parterre, versteht sich! – nicht selten »mit Fußtritten, Ohrfeigen und gegen die Wand Hinstoßen« bedacht. Einmal mußte sich ein Logenschließer mit einem Stuhlbein gegen den Säbel eines hohen Offiziers zur Wehr setzen. Aus den zeitgenössischen Berichten über das Logenpublikum spricht, wie kräftig ein Teil des Bürgertums die zu ihren Häuptern versammelte Obrigkeit verachtete. (Nur: wie die Autoren solcher Satiren dachten längst nicht alle Bürger!) Die Berichte bezeugen gleichzeitig, daß die junge bürgerliche Theaterkunst in dieser Raumzone und in dieser Publikumsgruppe nur zögernd Autorität gewann. Für viele Logen-Besucher blieben die Komödianten lange Zeit Domestiken.

Die *Galerie*, so das Theaterlexikon von 1846, ist »derjenige Teil, welcher der Decke am nächsten und am wohlfeilsten. In Deutschland wird gewöhnlich die letzte Reihe so genannt ... Da die Galerie der Bühne am fernsten liegt, der Zu-

[1] Vgl. W. Herrmann, Geschichte der Schauspielkunst in Freiberg; in: Schriften zur Theaterwissenschaft, Bd. 2. Berlin 1960. S. 585

gang zu ihr beschwerlicher ist als zu den übrigen Plätzen, so ist der Eintrittspreis natürlich der niedrigste.«[1] Die Galerie wurde manchmal auch als Amphitheater und von ihren Stammgästen liebevoll als »Paradies« oder »Wolken« tituliert. Auf der Galerie gab es keine abgesonderten oder numerierten Sitzplätze, sondern meist auschließlich Stehplätze, darum »entsteht oft ein lebensgefährliches Drängen, tumultarische Störungen der Vorstellungen und Ungehörigkeiten aller Art.« Dann fügt der Lexikonartikel hinzu: »Unter Galerie-Publikum versteht man im allgemeinen den ungebildeten Theil desselben und ist daher gewöhnt, einen leicht verächtlichen Sinn an dieses Wort zu knüpfen, doch kann man leicht hierin zu weit gehen. Das Galerie-Publikum ist allerdings lauter, lärmender und oft mit Flitterglanz zu bestechen; aber es bewahrt sich eine gewisse Frische, eine leichte Empfänglichkeit und ist noch nicht so theatermüde wie das Publikum der ersten Plätze.«[2]

Auf der Galerie versammelten sich Angehörige der vorproletarischen und kleinbürgerlichen Schichten – Manufakturarbeiter, Soldaten, Domestiken aller Berufe. Ein Berliner Zuschauer, der einen Theaterabend auf der Galerie verbracht hatte, karikierte einmal das Publikum in seiner Umgebung:«die dicke Bürgerfrau, der Metzger, der märkische Bauer, das verliebte Pärchen in Umarmung, Schiffer, Bauern aus Westpreußen, Bediente und Dienstmädchen, die jungen Bürgertöchter, die alle Stücke auswendig wissen…«[3]

Im Theater der Stadt Frankfurt/Main, deren Einwohnerschaft streng in vier Gesellschaftsklassen gegliedert war (Großkaufleute, Beisassen, Landbewohner und Juden) hatte die unterste, die Gruppe der Juden, nur Zutritt auf die Galerie.

Oft wird das Galeriepublikum als »Sonntagspublikum« bezeichnet, weil die frühen Anfangszeiten der Theater – am Ende des 18. Jahrhunderts zwischen 4.00 und 6.00 Uhr – vielen Handarbeitern nur einen Besuch am Feiertag erlaubten. Der Theaterbesuch war anders ins Freizeit-Budget eingebunden als es heute üblich ist. (Frei verfügbare Zeit hatten die meisten Angehörigen der »dienenden Stände« ohnehin nicht, da sie werktags 14 Stunden oder länger arbeiten mußten!) Für die Publikumsmehrheit endete der Abend nicht mit dem Theaterbesuch. Vielmehr leitete er das Ballvergnügen, das gelehrte Tischgespräch, die familiäre Geselligkeit oder die einsame Abendlektüre ein. Darum wünschten auch viele Zuschauer ein rasches Ende der Aufführung. Als die Premiere des »Don Karlos« 1788 zu lange gedauert hatte, war das Mannheimer Publikum offenbar ungeduldig geworden – trotz erstklassiger Besetzung mit Iffland und Beck. Denn ein Kritiker schrieb: » Wenn die Zuschauer bis über halb 9 Uhr zu verweilen genöthigt sind, so verlieren sie endlich die Theilnahme, und Unlust tritt an ihre Stelle… Hernach ward manchmal das Getös zu stark, welches durch unzeitiges Gelächter verstärkt, dem achtsamen

[1] R. Blum, K. Herloßsohn, H. Marggraf (Hg.) … a. a. O. Bd. 3, S. 334 ff.
[2] ebenda S. 335 f.
[3] Berlinische Nächte, 2. Teil. Leipzig und Züllichau 1804. S. 113.

Zuschauer mehrere gute Stellen raubte, welche zur Aufhellung der Geschichte beitragen sollen.« [1]

Die Begründung für den frühen und pünktlichen Vorstellungsbeginn, wie sie ein Theaterzettel gab, wurde allgemein akzeptiert: »Auf Verlangen wird gebeten, wer uns besuchen will, sich allzeit halb 5 Uhr einzustellen, damit es zeitlich alle wird. NB wegen des Soupierens.«[2] Es versteht sich, daß diese Zeiteinteilung einen großen Teil der potentiellen Galeriebesucher ausschließen mußte.

Besonders noble Aristokraten, die eine Begegnung mit dem »Pöpel« zu vermeiden suchten, gingen darum am Sonntag nur ungern ins Komödienhaus. Versierte Theaterdirektoren richteten ihren Spielplan auf das »Sonntagspublikum« ein, indem sie dessen Bildungsstand und demokratische Gesinnung berücksichtigten. War dieses Publikum auch politisch weniger bewußt und aufgeklärt als progressive Bürger im Parterre, so nahm es doch, sensibilisiert durch eigene Not, lautstark gegen feudalen Zwang und für soziale Gerechtigkeit auf der Szene Partei.

Sofern nicht einige Schöngeister in romantischer Verklärung auf die »schlichte Stimme des Volkes« hörten, war die Verachtung der Zuschauermehrheit gegenüber dem Galerie-Publikum groß. »Für die Galerie spielen« hieß für sie so viel wie übertrieben, plump, vordergründig spielen. Wollte ein Rezensent einen Theaterdirektor schonungslos kritisieren, dann warf er ihm vor, daß er nach dem Beifall der Galeristen schiele. Damit war das künstlerische Niveau der Theatergesellschaft hinlänglich charakterisiert.

Als es nach 1800 Freudenmädchen und Kellnern verboten wurde, im Zuschauerraum ihr Geschäft zu suchen, war ihr Ausschluß nur etappenweise durchzusetzen. Zuerst verschwanden die Prostituierten von den Logen-Gängen, dann aus dem Parterre, zuletzt aus der Galerie. (Kellner und Konditoren durften dann den Saal während der laufenden Vorstellung nur betreten, wenn ein Gast ausdrücklich etwas bestellt hatte; in den Zwischenakten konnten sie weiterhin ungehindert Backwerk und Getränke feilbieten.)

Zahlreiche Zeitschriften rufen nach »Sicherheitsmaßnahmen« für die Galerie. Dabei fordern die Theaterjournalisten, daß sich die Wache nicht bedeckt im Hintergrund halten solle. Sie möge sichtbar die vorderen Plätze besetzen und bei der geringsten Ruhestörung sogleich einschreiten. Die Parterre-Zuschauer hatten nichts dagegen, wenn ein lärmender Galerist stehenden Fußes arretiert wurde. Zwischen dem Parterre- und dem Galerie-Publikum herrschte in vielen Theatern und in vielen Aufführungen ein latenter Spannungszustand. Die Ursachen für Theaterkrawalle weisen auf soziale Spannungen der gesellschaftlichen Praxis hin, auf Spannungen zwischen dem »dritten« und »vierten« Stand, die zu Aggressionen im Publikum führ-

[1] J. R. Hänsel, Die Geschichte des Theaterzettels und seine Wirkung in der Öffentlichkeit. Berlin 1962. S. 155.
[2] ebenda S. 88.

ten. Daß die Galeristen dem Kunsturteil des Parterres oft widersprachen – durch betontes Gelächter, durch ironischen Applaus oder durch energische Ordnungsrufe »Stille da unten!« und »Hinaus!« – ist vielfach bezeugt.[1]

Es erhebt sich jedoch die Frage, warum das Logen-Publikum über sich Domestiken duldete, obgleich die barocke Raumauffassung von der Bedeutung des 1. Stockes noch so lebendig war. Extreme Krawall-Situationen, Schlägereien und wüste Wortgefechte im Publikum zeigen, daß die hauptsächlichen Konfliktpartner die adligen Logenbesucher und die bürgerlichen Parterre-Zuschauer waren. Damit wurde der historische Widerspruch aus der Realität in den Theatersaal projiziert – politischer Gegner der Feudalität war das Bürgertum, nicht das Proletariat. Anders gesagt, es genügte den Logenbesitzern, auf die Bürger hinabschauen zu können. Der Pöbel, der da irgendwo oberhalb und unsichtbar rumorte, brauchte von ihnen nicht zur Kenntnis genommen werden. Aus der Sicht des Adels zählte er (noch) nicht zur Opposition.

Soweit es sich baulich einrichten ließ, wurde das Galerie-Publikum vom übrigen Publikum abgesondert. In den Corridoren der Galerie wurden eigene Buffets errichtet, die Speisen und Getränke feilboten. In manchen Theatern bestand das Verbot, auf der Galerie »Branntwein und andere berauschende Getränke« auszuschänken. Besonders dringlich erschien die Einrichtung einer separaten »Retirade«, die nötigenfalls den »Pöbel« von den »gehobenen Classen« fernhielt. Die Theater nahmen gern sein Eintrittsgeld, doch ungern seine Anwesenheit in Kauf.

In vielen Theatergebäuden, die den zweiten Weltkrieg überlebt haben bzw. in originaler Baugestalt wiedererstanden sind, ist noch heute zu sehen, wie der Zuschauerstrom möglichst schon vom Eingang an geteilt wird. Die Besucher des obersten Ranges werden von den Zuschauern des Parketts und des ersten Ranges so bald wie möglich distanziert. Bis ins 20. Jahrhundert hinein blieb die Galerie die Raumzone für den »Plebs«. Natürlich konnte das Proletariat auf Dauer die undemokratische Platzzuweisung im Theater nicht akzeptieren. Als seit 1890 die »Freie Volksbühne« Vorstellungen für Arbeiter organisierte, war die Verteilung der Karten per Los eine wichtige Geschäftsgrundlage: 50 Pfennige Eintritt für alle Raumzonen des Theaters! Als Friedrich Engels 1883 eine Vorstellung der Freien Volksbühne besuchte, erschien ihm diese demokratische Raumordnung berichtenswert: »Gestern waren wir hier in der Freien Volksbühne – das Lessing-Theater, eines der schönsten und besten Theater Berlins, war dafür gemietet worden. Die Plätze werden von den Abonnenten wie in der Lotterie gezogen, und man sieht Arbeiter und Arbeiterinnen in den Orchestersesseln und Logen, während die Bourgeoise auf den Olymp verbannt sind.« Wie tief bereits dieses proletarische Publikum die Verhaltensnorm einer passiv-disziplinierten Rezeption verinnerlicht hatte, wird aus Engels‹ nachfolgender Bemerkung deutlich: »Das Publikum ist von einer

[1] dazu: A. Paul, Aggressive Tendenzen … a. a. O. S. 46 ff.

Aufmerksamkeit, einer Hingabe, ich möchte sagen von einer Begeisterung sans ègal. Kein Applaus, bevor der Vorhang fällt – dann aber ein wahrer Orkan und in pathetischen Szenen Ströme von Tränen. Kein Wunder, daß die Schauspieler dieses Publikum jedem anderen vorziehen.« Offenbar stellte Engels die Norm für gutbürgerliche Theaterrezeption mit keinem Wort in Frage![1]

Als 1913 der Grundstein für das erste eigene Theater der Volksbühne gelegt wurde, auch aus Groschenbeiträgen der Berliner Arbeiter erwirtschaftet, wurde der Architekt zu einer demokratischen Raumform verpflichtet. Obgleich sich die Konzeption eines ranglosen Arenatheaters nicht umsetzen ließ, entstand ein Theatergebäude völlig ohne Logen. Daß diese Innenarchitektur damit ein politisches Zeichen setzte, wird um so deutlicher, wenn man die Volksbühne mit einem anderen Berliner Theaterneubau, der ihr voranging, vergleicht: Das Lessing-Theater, einer der bedeutendsten Theaterbauten jener Jahrzehnte (1888), plazierte rund ein Drittel seiner fast 1200 Zuschauer noch immer in bevorzugende Logenplätze. In ihm war »vollkommen vermieden, daß beim Verlassen des Theaters die Besucher der einzelnen Plätze sich auf gemeinsamen Treppen begegneten« – wie Publikationen zur Eröffnung des Lessing-Theaters ausdrücklich würdigten.[2] Ausgerechnet unter den Augen von Lessings Büste, im Vestibül lorbeerumkränzt dargestellt, trennten sich die Wege der Zuschauer in die Kunst.

Die Eintrittspreise als Ordnungsmacht

Das System der Eintrittspreise war ein zusätzlicher Hebel, um das Publikum sozial zu gruppieren. Es ist allerdings kaum möglich, ein anschauliches Bild über das damalige Preissystem zu gewinnen. Das Währungs- und Lohngefüge des 18. Jahrhunderts läßt sich generell nicht auf Vergleichsdaten des 20. Jahrhunderts beziehen.[3]

Um hier nur einige der Faktoren zu nennen, die eine analoge Umrechnung der jeweiligen Eintrittspreise auf heutige Verhältnisse verbieten: Am Ende des 18. Jahrhunderts gab es in Deutschland viele unterschiedliche Münzgerechtsamkeiten; mindestens fünf Münzsorten waren in allen, sechs weitere in einigen deutschen Gebieten im Umlauf.

Diese verschiedenen Währungen unterlagen in verschiedenen Staaten und zu verschiedenen Zeiten erheblichen Wertschwankungen. Auch ein Bezug auf die Lebenshaltungskosten liefert keinen rechten Maßstab, denn die Preise

[1] Engels an Laura Lafargue; in: MEW, Bd. 39. S. 121.

[2] O. Weddigen, Geschichte der Theater ... a. a. O. S. 362.

[3] Vergleichsdaten u. a. bei: K. Biedermann, Deutschland im 18. Jahrhundert. Bde. 1–4. Leipzig 1854–1880. – J. Kuczyniski, Geschichte des Alltags des deutschen Volkes, Bd. 2. Berlin 1981.

schwankten regional, jahreszeitlich und je nach Ernte beträchtlich. Zwischen 1660 und 1807 war rund jedes vierte Jahr ein Hungerjahr, das besondere »Theuerungen« zur Folge hatte. Außerdem waren die Preisrelationen zwischen den Waren andere als heute. Z. B. kostete um 1800 ein Kilogramm Rind- Hammel- oder Schweinefleisch so viel wie fünf Kilogramm Roggen. Oder: Familie Friedrich von Schiller gab im Jahreshaushalt 1802 135 Rthlr. für Wein und Bier, 45 Rthlr. für Brot und genausoviel als Lohn für die weiblichen Domestiken aus. Ebensowenig eignet sich ein allgemeines Lohnsystem als Vergleichsgröße, denn es gab im Verdienst saisonale Unterschiede (Sommer- und Winterlöhne in vielen Gewerken) und riesige Differenzen innerhalb einzelner Berufe, die sich u. a. aus dem Grad der Verantwortung ergaben. So verdienten 1783 im Königlichen Lagerhaus zu Berlin die »ordinairen Tuchmacher« weniger als 50 Rthlr. jährlich, Transportarbeiter 70 Rthlr., qualifizierte Weber, die spanisches Tuch produzierten, 150 Rthlr., der erste Werkmeister der »Spanischen Tücher« sogar 630 Rthlr. Das heißt, die Berufsbezeichnung »Tuchmacher« birgt in sich ein Lohngefälle von 13:1! Obschon heutige Augen die damaligen Finanzverhältnisse kaum durchschauen, lassen sich aus der Fülle unterschiedlichster Preisvorschriften wenigstens fünf allgemeine Prinzipien erkennen.

1. Die Eintrittskarten waren nicht gerade billig. – Eine solche Aussage läßt sich nur mittelbar belegen: Hätte Friedrich Schiller sein gesamtes Weimarer Jahresgehalt nur für Theaterbesuche ausgegeben, er hätte gerade den täglichen Theaterbesuch in der oberen Platzabteilung des Weimarer Hoftheaters bezahlen können. Sein Dienstpersonal hätte höchstens jede dritte Vorstellung auf dem billigsten Platz sehen können – und keinen einzigen Groschen im Beutel übrig behalten. Lessing zahlte seiner guten Köchin in Wolfenbüttel jährlich 60 Taler Gehalt. Sie hätte damit insgesamt 200 Aufführungen auf den Galerieplätzen in Leipzig, Hannover oder Braunschweig sehen können, wo seinerzeit Lessings Stücke für volle Häuser sorgten. – Ein Hauslehrer hätte in Ifflands Berliner Nationaltheater seinen gesamten Jahresverdienst für ein Abonnement auf einem Parterreplatz ausgeben müssen. Dort waren als jährliche Miete Monatsraten von jeweils 7 Rthlr. zu zahlen. Für einen einmaligen Besuch im Parterre hätte jener Hauslehrer immerhin 4 bis 10 Tageslöhne entrichten müssen. – Zum Ausgang des Jahrhunderts häuften sich die Vermerke auf den Theaterzetteln, wonach Dienstboten als Begleitpersonen ihrer Herrschaften keinen freien Eintritt hatten (was noch um 1750 öfter möglich war). Das ist ebenso wie die immer strenger werdende Einlaßkontrolle ein Hinweis darauf, daß das »Legegeld« für viele Theaterfreunde eine Ausgabe war, die sie nicht ohne weiteres und alltäglich erübrigen konnten. So forderte eine Studentenvereinigung, daß die Eintrittspreise für Studenten in Bad Lauchstädt von 12 auf 8 Groschen herabgesetzt werden; aber es blieb trotz Protestes beim bisherigen »Legegeld« von 12 Groschen.[1] Das entsprach ungefähr dem halben

[1] B. Th. Satori-Neumann, Die Frühzeit ... a. a. O. S. 116.

»Tagesbudget« eines begüterten Studenten. (Er konnte durchschnittlich einen Jahreswechsel von 300 Rthlr. ausgeben). Im Weimarer Theater, angewiesen auf die Besuche Jenenser Studenten, erließ Goethe allerdings eine Ermäßigung für den 2. Platz von 8 auf 6 Groschen.

2. Wandergesellschaften mußten jeweils beim Rat der Stadt die Preise genehmigen lassen. Einerseits war der Magistrat an höheren Einnnahmen interessiert, weil sich dadurch die Abgabe des Prinzipals an die Stadtkasse erhöhte. Andererseits sollten seine Einnahmen nicht zu hoch sein, damit nicht – nach dem Denkschema merkantilistischer Ökonomie – zu viel Geld mit der abreisenden Gesellschaft aus der Stadt floß. Häufig mußten die Truppen wenigstens eine Tageseinnahme zu Gunsten der städtischen Armenkasse, des Waisenhauses, des Spitals usw. abliefern.

3. Als Äquivalent für ein Billett hätten sich die Zuschauer relativ viele Lebensmittel kaufen können. Beispielsweise entsprach der Preis auf dem billigsten Platz im Altenburger Rathaussaal dem Kaufpreis von zwei Kilogramm Schwarzbrot oder einem Kilogramm Rindfleisch. Oder: Statt den teuersten Logenpreis zur Uraufführung von Schillers RÄUBERN im Mannheimer Nationaltheater zu bezahlen, hätte sich der Theaterfreund auch 15 Pfund Butter leisten können; für den billigsten Galerieplatz hätte er noch zwei Pfund Butter haben können. Aber beim Vergleich mit Lebensmitteln ist zu bedenken, daß Bürger mit niedrigem Einkommen (z.B.Maurergesellen) etwa 75 Prozent des Lohnes für Nahrungsmittel ihrer Familie verbrauchen mußten; sie konnten allenfalls 5 Prozent ihres Lohnes für sonstige Lebensbedürfnisse – mit einem heutigen Wort: für Freizeitunterhaltung – abzweigen. Bürger mit gehobenem Einkommen (wie Pfarrer, Stadtschreiber, Textilfärber) mußten weniger als 50 Prozent des Lohnes für die Ernährung der Familie ausgeben; sie konnten etwa 35 Prozent des Einkommens für sonstige Lebensbedürfnisse verwenden. In diesem Vergleich wird deutlich, daß selbst die billigsten Plätze den ärmeren Einwohnern teurer kamen als die teueren Plätze den Wohlhabenden.

4. Die Theaterpreise blieben in Deutschland lange Zeit relativ stabil, unabhängig von der jeweiligen wirtschaftlichen Situation. Insgesamt lagen die Preise unter dem Niveau in anderen europäischen Ländern. Auch das ist ein Grund für die extensive Ausbreitung des Theaterwesens in Deutschland. (Ein Vergleich aus dem Jahre 1857 weist aus, daß die Eintrittspreise in London das Siebenfache und in Petersburg das Vierfache der Berliner Preise betrugen).[1]

5. Ein großer Teil der Karten wurde im Abonnement vertrieben, auch bei zeitlich befristetem Aufenthalt einer Gesellschaft. Dadurch büßten zwar die Direktoren rund ein Drittel der maximalen Einnahme ein, denn die Abonnenten mieteten einen Stammplatz, doch war damit dem Theater eine gewisse Mindesteinnahme gesichert. Die Formen des Abonnements waren sehr variabel. Das Spektrum reichte von den populären Dutzend-Billetts (gültig für 12 aufeinander folgende Vorstellungen) bis zum Offiziers-Abonnement, bei dem

[1] K. Th. Küstner, Taschen- und Handbuch der Theaterstatistik. 2. Auflage. Leipzig 1857.

die Magistrate der Garnisonsstädte den Direktoren einen Preisnachlaß für Offiziere bis zu 75 Prozent aufzwangen. Außergewöhnliche Vorstellungen – z.B. das Gastspiel eines berühmten Virtuosen oder die Anwesenheit eines prominenten Zuschauers – liefen als »Abonnement suspendu« (= aufgehobene Ermäßigung). Die Zuschauer hatten von der Dauermiete ihrer Plätze nur dann einen finanziellen Vorteil, wenn sie das Theater häufig besuchten. Wie Rudolf Weil in einer Studie zum Publikum des Berliner Nationaltheaters errechnet hat, mußten die Zuschauer mindestens einhundertmal pro Spielzeit im Theater sein, um keinen finanziellen Verlust gegenüber nichtabonnierten Zuschauern zu haben.[1]

Seit den vierziger Jahren des 19. Jahrhunderts kam das tägliche Anrecht der Abonnenten auf einen ganz bestimmten Stammplatz außer Gebrauch. (Eine kuriose Ausnahme war das Wiener Burgtheater: Dort konnten sich erst 1890 und nur unter geharnischtem Protest die Dauermieter dazu entschließen, den Anspruch auf einen nur ihnen gehörenden Platz aufzugeben).

Die häufig abgeschlossenen Abonnements sprechen für eine Tendenz, die auch in anderen Zeugnissen immer wieder bestätigt wurde: Diejenigen Einwohner, die ins Theater gingen, besuchten es regelmäßig, besuchten jede Vorstellung oder gingen wenigstens einmal pro Woche. Das bedeutete freilich nicht, daß ständig andere Werke zur Aufführung kamen. Vielmehr sahen die Zuschauer immer wieder dieselbe Inszenierung. Auch dadurch schulten sie ihr Auge für Nuancen.

Allerdings nahm die Tendenz ständig zu, neue Stücke auf der Bühne zu fordern. Hatten die Wandertruppen die immer gleichen Stücke in jeweils anderen Städten gezeigt, mußten nun die stehenden Bühnen, da ihre Zuschauer nicht wechselten,die Stücke wechseln. Das Stadttheater entwickelte sich zum Repertoire-Theater. Auch das war der Zug der Zeit: Das Publikum dürstete nach Neuigkeiten. (Dieser Umschlag der Bedürfnisse vollzog sich übrigens ähnlich in der Lektüre. Um 1750 las man immer wieder ein schon bekanntes Buch, das die Erinnerung bestätigte. Erst allmählich ging das Bürgertum »von der intensiven zur extensiven Lesekultur« über.)[2]

Der Kreis der regelmäßigen Theaterbesucher war, bezogen auf die Einwohnerschaft, klein. Es gab auch sporadische Theaterbesuche – Theater verstand sich selbst ja als Anziehungsort für Reisende – jedoch waren die Gelegenheitsbesucher in minderer Zahl als heute üblich im Theater. Das eigentliche Publikum war vor allem das Stammpublikum im Parterre. In diesem Lichte erscheinen die Versuche einer systematischen »Publikumspädagogik« weniger illusionär als heutigentags. Am Ende des 18. Jahrhunderts konn-

1 R. Weil, Das Berliner Theaterpublikum … a. a. O. S. 103.
2 J. Kuczynski, Geschichte des Alltags … a. a. O. S. 184.

Nach zwei Aufführungsstunden werden »Schnittbillette« verkauft.

Nr. 30.

Schönerstädt's Thalia-Theater.

Sonntag, den 18. Mai 1873.

Neu! Zum ersten Male. Neu!

Fernande.

Lebensbild in 4 Acten von Victorien Sardou, deutsch von Mautner.

(In Scene gesetzt vom Director Emil Schönerstädt.)

Personen:

Clotilde, Gräfin von Roseraie	Fräul. Braunschweig.
André, Marquis von Arcy	Herr Treptow.
Philipp von Pomerol, Advokat	Herr v. Bingo.
Georgette, seine Frau	Fräul. Altmann.
Vicomte de Civry	Herr Mietzner.
Baron von Bernay	Herr Helmuth.
Seine Gemahlin	Fräul. Graupner.
Madame Senéchal	Fräul. Lanua.
Fernande, ihre Tochter	Fräul. Friedemann.
Roqueville	Herr v. Wegern.
Anatole de Richou	Herr Bethmann.
Bracossin	Herr Möller.
Don Ramiros, Commandeur	Herr Wanner.
Pfirsichblüthe	Fräul. Hagedorn.
Amanda	Fräul. Schwarz.
Gibraltar	Frau v. Wegern.
Alfred, Diener des Marquis von Arcy	Herr Giese.
Therese, Kammermädchen der Gräfin Clotilde	Fräul. Sand.
Frederic, Diener der Madame Senéchal	Herr Handrich.

Nach dem 2. Act 10 Minuten Pause.

Von 5 Uhr an Promenaden-Musik.

Preise der Plätze: Fremden-Loge 20 ßl. Balcon 16 ßl. Parquet 12 ßl. Parterre 8 ßl.
Das Bureau im Stadttheater ist von 11—1 Uhr Vormittags und
von 3—4 Uhr Nachmittags geöffnet.

Um 8 Uhr Schnittbillette. Parquet 8 ßl. Parterre 4 ßl.

Kassenöffnung halb 6 Uhr. Anfang 6 Uhr.

Das Tabackrauchen im Thalia-Theater ist nicht gestattet.

Sonntags beginnt das Theater um 6 Uhr.

ten die Künstler immer wieder die gleichen Menschen ansprechen und so innerhalb des Theaters Zuschaukunst entwickeln.

Die Preisunterschiede waren zwischen den mindestens drei Platzgruppen erheblich – etwa 8 : 4 : 1 war das gängige Verhältnis. Diese Differenzen vertieften sich bei besonderen Anlässen weiter. In Leipzig wurden beispielsweise während der Messezeiten die Eintrittspreise für die Logenplätze bis zu 50 Prozent erhöht. (Interessanterweise blieben die Preise für die anderen Raumzonen unverändert.) Im Weimarer Theater gab es für Premieren Aufschläge und bei Gastspielen in vielen Theatern eine Aufstockung um 100 Prozent. Deutlich wird, daß an besonderen Festtagen der »Plebs« mittels erhöhter Eintrittspreise aus dem Theater ausgeschlossen bleiben sollte. Das traf im 19. und 20. Jahrhundert besonders auf exklusive Premieren-Ereignisse zu, bei denen die »besseren Kreise« lieber unter sich bleiben wollten.

Einige Theater räumten bis in die ersten Jahrzehnte des 19. Jahrhunderts hinein die Möglichkeit der »halben Preise« ein: Präzise nach der Mitte der Vorstellung – und sei es auch während einer laufenden Szene – durften die Zuschauer zum halbierten Preis die unbesetzten Plätze in der jeweiligen Preisgruppe aufsuchen. Übrigens, Opernaufführungen waren im 18. Jahrhundert noch nicht teurer als Schauspielaufführungen.

Preisermäßigungen für Kinder waren nicht üblich. Nur wenige Theaterzettel wiesen als Ausnahmeregelung darauf hin. Obgleich es keine exakten statistischen Auskünfte darüber gibt, muß der Anteil von Kindern im Publikum als ziemlich hoch veranschlagt werden. Glaubwürdigen Berichten zufolge waren schon Säuglinge in Theatervorstellungen. Der zehnjährige Goethe, schreibt der Dichter in seinen Lebenserinnerungen, saß täglich im Frankfurter Theater.[1] Der achtjährige Iffland wurde 1767 von seinem Vater in eine Aufführung von MISS SARA SAMPSON geschickt, weil es lehrreich zu sehen sei, wie eine Tochter in Unglück gerät und was ihr armer Vater dadurch leidet. Der Erzieher des preußischen Kronprinzen nahm den Knaben ab fünftem Lebensjahr regelmäßig ins Berliner Theater, so hört der Sechsjährige u. a. DON JUAN.[2] Wurde Publikumsunruhe kritisiert, erschienen als Störenfriede oft »Schulbuben« oder »bartlose Knaben«. Erst im Zuge der allgemeinen Publikumsdisziplinierung forderten Theaterzettel auf, Kinder unter vier oder sechs Jahren nicht ins Theater zu schicken. Diese Einschränkung war kein Ausdruck von Prüderie oder Reformpädagogik; sie war einzig dem Wunsch nach einem aufmerksamen, verständigen Publikum geschuldet. Das erklärt, warum Preisnachlässe für Kinder höchst selten gewährt wurden. Ausgesprochene Kindervorstellungen erfanden geschäftstüchtige Theaterunternehmer erst in der zweiten Hälfte des 19. Jahrhunderts.

[1] J. W. v. Goethe, Aus meinem Leben; in: Berliner Ausgabe, Bd. 13. Berlin und Weimar 1967. S. 104

[2] R. Weil, Das Berliner Theaterpublikum ... a. a. O. S. 131

Die Eintrittspreise hingen auch vom künstlerischen Standard der Gesellschaft und vom Renomee des Theaterhauses ab. Die Preisdifferenz zwischen erstklassigen Aufführungen und einer »Schmiere« war größer als heute zwischen einem renomierten Staatstheater und einer Freien Gruppe im Off. In der ersten Hälfte des 19. Jahrhunderts betrug die Relation ungefähr 6:1.

Alles in allem: Ein Theaterbesuch war für die vermögenden Bürger kein Nachweis von Luxus, sondern ohne nennenswerte Einschränkung zu ermöglichen. Darum war mit dem Theaterbesuch auch noch kein bourgeoises Prestige zu gewinnen (wie es heute vielleicht die Teilnahme an einer Festspiel-Eröffnung bieten könnte). Für die ärmeren Schichten der Bevölkerung waren Theaterbesuche, auch auf den billigen Plätzen, nur gelegentlich zu erschwingen. An der Preisgestaltung ist ablesbar, daß der »gehobene Mittelstand«, das gebildete Bürgertum im Parterre, das Zielpublikum war. An seinem finanziellen Spielraum war die Preishöhe eines Billetts orientiert.

Rechteck statt Kreis

Als 1968 auf einer wissenschaftlichen Konferenz Szenographen, Regisseure und Architekten »Das Theatergebäude aus der Sicht der Produzenten« erörterten, sahen sie übereinstimmend im Zuschauersaal eine wichtige Kommunikationszone. Karl von Appen erklärte dazu: »Übrigens ist die Rezeption der Aufführung nur eine – die primäre – Funktion des Zuschauerraumes. Dessen Architektur sollte ihn immer auch als Begegnungszone von Menschen untereinander auffassen und diese nicht nur zur Bühne, sondern auch untereinander in Beziehung setzen.«[1] Ebenso hob auch Reinhart Zimmermann die Gesellungsfunktion des Zuschauerraumes hervor: »Im Theater suche ich den Kontakt zu Menschen, die gleich mir in der Absicht gekommen sind, gemeinsam am Kunstereignis Aufführung aktiv mitzuwirken. Die Intimität des Raumes ist dafür entscheidend, und ich halte ein stark ansteigendes, aber alle Zuschauer vereinendes Auditorium für sehr geeignet, diesen Eindruck zu erzeugen.«[2]

Solche Wunschvorstellungen waren zwei Jahrhunderte zuvor bereits alltägliche Theaterrealität gewesen! Die Theaterhäuser des 18. Jahrhunderts waren in erster Linie auf Begegnung der Zuschauer untereinander ausgerichtet. Sehen und Gesehenwerden – das war das erstrangige Motiv für den Gang ins Comödienhaus. Sehen und Gesehenwerden – das war gestalterische Leitidee für die Architekten. In erster Linie wollte das Publikum sich aufführen, in zweiter Linie eine Aufführung sehen.

[1] Vgl. Das Theatergebäude aus der Sicht des Produzenten. Materialien einer wissenschaftlichen Konferenz. in: Theater der Zeit 1969/3, Beilage scena Nr. 21.
[2] ebenda.

»Man eilt zerstreut zu uns, wie zu den Maskenfesten,
und Neugier nur beflügelt jeden Schritt,
die Damen geben sich und ihren Putz zum besten
und spielen ohne Gage mit.«[1]

Und das galt nicht nur für die weiblichen Zuschauer, wie Goethe den Theaterdirektor in »Faust« sagen läßt! Dazu Lessing: »Wir gehen fast alle, fast immer aus Neugierde, aus Mode, aus Langeweile, aus Gesellschaft, aus Begierde zu gaffen und begafft zu werden, ins Theater...«[2] Das »wir«, so schreibt der Autor in der Hamburgischen Dramaturgie ausdrücklich, galt im weitesten Sinne und war nicht nur auf Hamburger Verhältnisse bezogen.

Die Theaterbauten des 17. und 18. Jahrhunderts, die beispielgebend für Europa in Italien und Frankreich, später auch in Deutschland entstanden, zeigen im Grundriß einen kreisförmigen Zuschauerraum. Er wird von der Proszeniumslinie als Sehne geschnitten. Mitunter ist der Kreis zum Hufeisen oder zur Glocke oder zur Ellipse (jedoch nicht zum Oval!) erweitert. Hinter allen Varianten steht das Prinzip, daß die Blickrichtung der Zuschauer aufs Publikum gewiesen wurde, von einer Loge zur anderen, von der rechten Seite der Galerie zur linken. Der Blick zur Bühne war tatsächlich ein »Seitenblick«. Die Eintrittspreise zeigten die Bewertung an: die teuersten Plätze zeichneten sich nicht durch eine ideale Sicht auf die Szene aus, sondern durch gute Sichtkontakte zum Auditorium.

Der italienische Kunsthistoriker Francesco Algarotti, ein Theoretiker von europäischem Einfluß, sprach sich 1764 für den kreisförmigen, bzw. elliptischen Grundriß eines Theaters aus. Denn der eigentliche Zweck des Raumes sei die Versammlung der Zuschauer; sie seien eine Dekoration wie »die Bücher in den Schränken einer Bibliothek.« Und zur selben Zeit fragte der berühmte französische Architekt Jaques-Francoise Blondel, der in seinen Schriften und Bauten dem Klassizismus den Weg bereitet hatte, warum man die Damen, »den Hauptschmuck des Theaters«, in Logen einsperren wolle?[3]

Die wissenschaftlichen Schriften des 18. Jahrhunderts, die Probleme des Theaterbaues ausführlich erörterten, verteidigten den Kreis auch als akustisch ideale Form des Theatergrundrisses. Dabei lagen zu dieser Zeit bereits gesicherte gegenteilige physikalische Erkenntnisse vor. Sie wiesen nach, daß der elliptische oder kreisförmige Bau gerade keine optimale Hörsamkeit bietet. Aber die Architekturtheorie, ganz im Dienste der kulturell herrschenden Baugestalt, suchte im logischen Beweis die wünschenswerte auch als die beste zu begründen. So vielfältig die Entwürfe und die Theaterbauten auch waren, alle stimmten im entscheidenden Prinzip überein: der (gedachte) Mittelpunkt der Zuschauer-Aufmerksamkeit lag im Publikum.

[1] J. W. v. Goethe, Faust; in: Berliner Ausgabe ... a. a. O. Bd. 8. S. 151.
[2] G. E. Lessing, Hamburgische Dramaturgie ... a. a. O. S. 405.
[3] Vgl. W. Gabler, Der Zuschauerraum ... a. a. O. S. 75.

Dann wendete sich in den deutschen Theaterhäusern die Aufmerksamkeit mehr und mehr den szenischen Ereignissen zu. Die Umorientierung vollzog sich in einem langen Prozeß. Er währte über ein Jahrhundert und erfolgte so allmählich, daß er nicht an einzelne bestimmte Eckdaten gebunden werden kann.

Vielleicht sind bereits die publikumspädagogischen Mühen der Neuberin ein erstes Kennzeichen für den Beginn dieses Wandlungsprozesses. Auf einem Theaterzettel aus dem Jahre 1735 erklärte die Prinzipalin: »Den Herren Zuschauern, zur besseren Bequemlichkeit, ist der erste Platz par Terre, auf eigene Kosten neu gebauet, erhöhet, eben und rein gemacht, daß man viel besser als sonst, gehen, stehen, sitzen und sehen kann, ohne zu besorgen, daß man sich die Kleidung schmutzig mache.«[1] Wohl erlaubt Caroline Neuber ihren »Herren Zuschauern« das Umherlaufen, aber von Schwatzen und Schwadronieren ist nicht mehr die Rede. Sie hatte nach Kräften den Schauplatz so gestaltet, daß er konzentrierte Rezeption erlaubt.

In den Theatern des 18. Jahrhunderts war die Aufmerksamkeit des einzelnen Zuschauers auf seine Publikums-Umgebung ausgerichtet. Das war so selbstverständlich, daß in diesem weiten Wahrnehmungshorizont auch diejenigen Theaterreformatoren befangen blieben, die ihre Zeitgenossen eigentlich zur konzentriert engen Rezeption der Bühne verpflichten wollten. Selbst Aufführungsbeschreibungen der besten Theaterkritiker, die an der Entwicklung der Nationaltheater-Konzeption beteiligt waren, konnten ihre Publikumsbezogenheit nicht leugnen. Wenn beispielsweise Georg Christoph Lichtenberg den englischen Schauspieler Garrick als Hamlet beschreibt, stellt er eine Korrespondenz zwischen dem Bühnengeschehen und dem Publikumsverhalten her. In Hamlets Miene »ist das Entsetzen so ausgedrückt, daß mich, noch ehe er zu sprechen anfing, ein wiederholtes Grausen anwandelte. Die fast fürchterliche Stille der Versammlung, die vor diesem Auftritt einherging und machte, daß man sich kaum sicher glaubte, trug nicht wenig dazu bei.«[2] Lichtenberg ist noch deutlich bewußt, daß sich sein Theatererlebnis aus zwei Quellen speist – aus der Rezeption der Schauspielkunst und aus der Rezeption des Publikums.

In den Theaterkritiken des 18. Jahrhunderts erscheint Theater ganz selbstverständlich als kommunikatives Ereignis. Das wird um so deutlicher erkennbar, wenn man sie mit Rezensionen aus dem 20. Jahrhundert vergleicht. In ihnen wird die Bühnendarstellung als autonomes Werk vorgeführt. Das Publikum kommt allenfalls als Autoritätsbeweis für die Meinung des Kritikers, nicht mehr als Akteur des Theaterabends vor.

Alle Veränderungen im Publikumsverhalten, die das neue Theater anstrebte, zielten darauf, die Aufmerksamkeit der Zuschauer auf die Szene zu richten. Das blieb in der zweiten Hälfte des 18. Jahrhunderts mehr Programm als Praxis. Bezeichnend für dieses Programm ist, daß um 1800 die architek-

[1] Vgl. J. v. Reden-Esbeck, Caroline Neuber ... a. a. O. S. 173.

[2] G. Ch. Lichtenberg, Tag und Dämmerung. 3. Auflage. Leipzig 1941. S. 419.

turtheoretischen Schriften nun die Hörsamkeit und Sichtbarkeit des darstellerischen Spiels befragten. Solche Probleme, bisher eher am Rande bedacht, erhielten jetzt zunehmendes Gewicht. Indem Architekturtheorie und Baupraxis die optischen und auditiven Bedingungen für die Kunstaufnahme verbesserten, ebneten sie zugleich den Weg für das sich ändernde Theaterverständnis. Sie kanalisierten das Rezeptionsinteresse auf die Szene und vertieften es zugleich. Damit schuf die Architektur eine wichtige Grundlage für die konzentrierte Aufmerksamkeit der Zuschauer, die für dieses Theater in den nächsten zwei Jahrhunderten unerläßlich bleiben wird.

Wie zögernd die Gedankenschritte dabei allerdings waren, dokumentiert eine Schrift von Carl Gotthard Langhans. Er hatte 1802 das Berliner Schauspielhaus am Gendarmenmarkt erbaut. Langhans verteidigte sein Projekt einerseits mit dem Hinweis auf die immer gewichtiger werdende Forderung, ein Schauspielhaus müsse »innerlich so geformt seyn, daß es dem zweifachen Endzweck, gut zu hören und gut zu sehen entspricht.« Andererseits stellte er diesen Anspruch sogleich durch einen zweiten Hinweis in Frage: »Das Publikum wünscht immer mehr, sich gleichsam wie in einem gesellschaftlichen Zirkel an die Bühne anzuschließen.«[1] Indem Langhans vom »Zirkel« sprach,

»Vorschläge zur Verbesserung der Schauspielhäuser« (1802), die die Aufmerksamkeit der Zuschauer auf die Bühne lenken.

> Folgende Punkte müssen für jeden Zuschauer in Anwendung gebracht seyn, denn ohne diese kann keine theatralische Vorstellung von demselben verstanden werden.
>
> Jeder Zuschauer muſs die theatralische Handlung mit ungehinderten Ueberblick und beinahe en face sehen, und besonders den Schauspieler gerad ins Gesicht faſsen können. Und zwar muſs dieſs alles in der möglichst kürzesten Distance in Erfüllung gehen, damit die feinern Nuancen der Mimik demselben sichtbar bleiben.

konnte er offenbar für sich selbst noch nicht endgültig die Vorstellung eines kreisförmig plazierten Publikums verabschieden. Zu tief hatte sie in der Alltagserfahrung Wurzeln geschlagen. Erst Karl Friedrich Schinkel, der auf den Trümmern des Langhans-Baues das neue Schauspielhaus errichtete (1818), gestaltete den Zuschauerraum in Form eines Kreissegmentes, dessen ideeller Mittelpunkt ungefähr beim Bühnenmittelpunkt lag. Dabei war für Schinkel wichtig, daß von jedem Platz aus die Bühne gut einzusehen war und daß sie räumlich deutlich vom Auditorium getrennt wurde.

[1] Vgl. W. Gabler, Der Zuschauerraum … a. a. O. S. 56.

Auch nachdem der Zuschauerraum die Kreisform aufgegeben hatte, blieben ihre Rudimente noch lange erhalten. An mancher Decke der nun rechteckigen Theatergebäude wurde eine Kuppel angedeutet. Sie war (und ist) weder akustisch noch architektonisch sinnvoll. Indem sie sich der axialen Orientierung, das heißt der geradlinigen Blickzuweisung nach vorn, widersetzte, bewahrte sie – meist völlig überflüssig und unschön – Erinnerungsspuren an die einstige zentrische Form. Die Architektur schuf den Raum für einen einschneidenden kommunikativen Wandel: das Theater gab sich als Gesellungsort der städtischen Einwohnerschaft auf.

Dieser langfristige Wandel beinhaltete eine zweimalige Ausgrenzung von ganz bestimmten Theaterformen. (Aus konservativer theaterhistorischer Sicht wurde von zweimaliger »Reinigung« der deutschen Theaterkultur gesprochen). Das erste Mal trennte sich das »eigentliche« Theater vom Schaugewerbe. Seit Beginn des 19. Jahrhunderts durften Luftspringer, dressierte Affen, Krüppel und Marionetten die Bretter, die für »Menschendarsteller« reserviert waren, nicht mehr betreten. Das Theater hatte das »Vorsilben«-Theater auf die Jahrmärkte und Winkelbühnen vertrieben.

Einige Jahrzehnte später »reinigte« es sich ein zweites Mal, indem es nun die vergnüglich-triviale Unterhaltung aussonderte. Nun wird jener (blühende!) Zweig, den das »eigentliche« Theater abwarf, wiederum mit einer Vorsilbe bezeichnet: Volkstheater. Es fand in Biergärten, in mondänen oder proletarischen »Vergnügungspalästen« oder in vorstädtischen Tanzsälen statt, während die hohe Kunst selbstbewußt die versteinerte Festung der zentralen Hof- und Stadttheater hielt.

Diese räumliche Distanzierung, die schon im 18. Jahrhundert begann, war in der Mitte des 19. Jahrhunderts endgültig vollzogen. Zwei exemplarische Fälle können für die konsequente Scheidung in »E« und »U« stehen: Als 1822 ein privater Geschäftsmann die Konzession für das dritte Berliner Theater – neben den beiden Hofbühnen – erhielt, war sie an zwei Bedingungen geknüpft: Das neue Theater mußte auf vorstädtischem Terrain erbaut werden, und es durfte weder das sogenannte ernste Drama noch die heroische Oper spielen. Die Kunst sollte bei Hofe bleiben, damit räumte sie den Weg frei für die Berliner Lokalposse ... Mitte des 19. Jahrhunderts beriet der Dresdener Hof in langwierigen Verhandlungen, ob das Theater am Linkeschen Bad weiterhin unter königlicher Generaldirektion bleiben könne. Dieses Theater, in Dresden-Neustadt an der Elbwiese gelegen, hatte sich zunehmend auf Vaudevilles und Possen spezialisiert und war zu einem Theater der »Kleinen Leute« geworden. Schließlich wurde entschieden, es an einen privaten Schauspieldirektor zu verpachten. Das ausschlaggebende Gutachten, das die Abtrennung aus dem Verbund der königlichen Theater begründete, wies auf den »Erbfeind neuerer Zeit« hin: »Teuerung, verbessertes Bier, Cigarrengenuß, bessere Etablissements zur Aufnahme des im Sommer gern im Freien sich bewegenden Dresdners, brillante Concertorchester und der Hauptfeind – das schöne heiße Sommerwetter – halten das Publikum vom Theaterbesuche ab und bannen es an den Genuß der freien Natur und der wohlfeileren Concertunterhaltung im Freien ... Ein Institut, das auf solcher Kunsthöhe steht wie das unsrige, kann eigentlich nicht zu den Anforderungen eines Linkeschen Bades herabsteigen. Ernstere Stücke haben dort längst keine Anziehungskraft mehr, auch die feineren Konversationsstücke und feineren Lustspiele ziehen dort nicht. Der einzige Halt dieses Theaters sind bis jetzt die Possen gewesen ... Der Künstler kann sich dort nicht wohlfühlen. Das gebildete Publikum geht ins Hoftheater und der Plebs in die Arena ... Das Hoftheater hat genug Mittel, diesen schlechten Geschmack zu dämpfen, es wird sich immer sein Publikum bilden und erziehen.«[1]

Beide Beispiele zeigen, über welcherart Kunst der Staat seine schützende und subventionierende Hand hielt. Das Dresdener Gutachten stellte klar, wem das Erziehungsprogramm der Theaterkunst vor allem galt. Das Publikum, das das höfisch akzeptierte Theater besuchte, hatte mit dem Kunstanspruch auch die Entmündigung zu akzeptieren. Anders in den sogenannten Volkstheatern. Sie waren als Einnahmequelle, gelegentlich als soziales Ventil willkommen. Eine allzu strenge Reglementierung ihrer Geselligkeit hätte ihren ökonomischen und kulturpolitischen Zielen widersprochen. Ohnedies wäre den Besuchern eines Volkstheaters schwerer das lose Maul zu stopfen gewesen als den Zuschauern eines Hoftheaters, deren soziale Position ihre »Domestikation« im Parterre begünstigte. Die »Arena des Plebs« – der Dresdner Gutachter koppelt beide Begriffe wohl nicht zufällig zusammen! – war von den Disziplinarmaßnahmen zunächst noch nicht betroffen.

Seit dieser zweimaligen Verengung des Theaterbegriffs versteht sich deutsches Theater meist selbst nur in diesem Ausschnitt. Wer von *dem* Theater spricht, meint meist nur ein Theater.

Die im 18. Jahrhundert erbauten Theater hatten in der Publikumszone nur winzige Vorräume. Weder Garderoben noch Restaurants waren nötig. Im Winter mußten keine Überkleider abgelegt werden, denn sie schützten in den schlecht beheizten Räumen vor Kälte, und während der Vorstellungen besorgten Kellner die gastronomische Versorgung, indem sie durch den Saal liefen. Der Hauptraum dieser Theatergebäude war der Zuschauerraum. In ihm traf, unterhielt, verköstigte sich das Publikum, es promenierte und schloß Bekanntschaften.

Außerhalb des Zuschauersaales kannten die deutschen Theater um 1800 noch keine Kommunikationszonen. Ein Lexikon von 1797 mußte seinen Lesern das Fremdwort »Foyer« erklären: »In London und Paris ist es gebräuchlich, hinter der Bühne ein besonderes Zimmer anzulegen, worin die neuen Stücke den Schauspielern vorgelesen werden, und worin sich während des Schauspiels und vornehmlich zwischen den Acten sowohl die Schauspieler als auch die Kenner des Theaters und die schönen Geister versammeln, um daselbst über ein Stück, über die Aktion und die Dekoration sich miteinander

[1] Vgl. R. Prölß, Die Geschichte des Hoftheaters zu Dresden. Dresden 1878. S. 220 ff.

zu unterhalten. Die Engländer nennen ein solches Zimmer Greenroom, die Franzosen aber Foyer.«[1]

Als am Ende des 18. Jahrhunderts die Möglichkeit der Gesellung im Zuschauerraum immer strikter eingeschränkt und aufmerksame Achtung für die szenische Vorstellung geboten, als die Kommunikation »rundum« verhindert wurde, mußte sie aus dem Zuschauerraum ausgelagert werden. Dafür wurde das Foyer die eigentliche Zone zwischenmenschlicher Begegnungen. Sie wurden freilich gegenüber den früheren Möglichkeiten zeitlich befristet und eingeschränkt.

Seit Beginn des 19. Jahrhunderts erhielten die Theatergebäude einen zunächst »Konversationsraum« genannten Gesellungsort. Daß sich schließlich die Bezeichnung »Foyer« einbürgerte, ist ein wortsprachlicher Hinweis auf das zunehmende Gewicht dieser Raumzone. (Foyer = franz. Herd, Haus, Heim, Brennpunkt!) Im Foyer wurden Neuigkeiten aller Art besprochen, erfolgte die gleichfalls aus dem Zuschauerraum vertriebene gastronomische Versorgung. Es bot sich als Erholungsort dar, in dem sich die Zuschauer für die anstrengende Aufnahme der Kunst rüsten sollten. Während der Aufführungspausen verblieben (und verbleiben!) nur noch wenige Zuschauer im Saale. Als kommunikatives Zentrum des Theaters wuchsen sich in vielen Gebäuden des späten 19. Jahrhunderts die Wandelhallen, die großzügigen Treppenhäuser und Restaurationssäle zur baulichen Dominante aus. Die Foyers wurden mit besonderer Pracht dekoriert, während sich der ornamentale Glanz in den Zuschauerräumen weiterhin beschied und keinen Eigenwert entfaltete. Schließlich sollten sich die Zuschauer während der Aufführung nicht von der Bühne ablenken lassen.

Die nachfolgende Beschreibung des Foyers im Dresdner Schauspielhaus ist nicht nur als Schilderung einer Raumzone bemerkenswert. Ebenso ist es die Emphase, in der der Autor, ein namhafter Theaterhistoriograph zu Anfang des 20. Jahrhunderts, das Foyer darstellt: »Alte Gemälde aus der Kgl. Galerie schmückten die Treppenpodeste, während der Umgang des Parketts durch die alten Schauspielbilder zu einer Ehren- und Ahnengalerie des Schauspielhauses umgestaltet ist. Den vollen Akkord festlicher Stimmung lassen Lossow und Kühne (die Architekten, R.D.) in dem Foyer des ersten Ranges erklingen. Ein reich mit Stuckornamenten geziertes Korbgewölbe überspannt den Raum. Nur aus wenigen Tönen ergibt sich die Gesamtwirkung, aber wie geschlossen ist alles, wie einfach und doch wie vornehm. In diesen mit alten venetianischen und holländischen Bildern ausgestatteten Räumen, das fühlt man wohl, herrscht nicht die Sucht, mit leerem Luxus zu blenden, hier waltet eine alte feine Kultur. Aus den hohen, bis zum Fußboden reichenden Fenstern genießt der Beschauer den entzückenden Blick auf Zwinger, Galerie, Schloß und die türmereiche Silhouette Alt-Dresdens. Den wirksamen Abschluß der Festräume bildet sodann der Restaurationssaal mit seinen Spie-

[1] Ch. L. Stieglitz, Enzyklopädie … a. a. O. S. 645.

Metamorphosen-Theater.

Mit gnädigster Concession

wird heute,

mit großen mechanischen Figuren,

aufgeführt:

Die Zwerge.

Zauberspiel in vier Aufzügen.

Personen:

Der König von Saphora.
Die Königin, seine Gemahlin.
Prinz Aptal, ihr Sohn.
Chácin, Feldherr des Königs von Saphora.
Pacar, Ceremonienmeister am Hofe des Königs.
Kasperle, Diener des Prinzen Aptal.
Brandarberan, ein Zauberer.
Olanda.
Margaretha, ihre Gefährtin.
Der Zwergenkönig.
Die Zwergenkönigin.
Pimperle, ein Zwerg.
Pitschkerle, seine Frau.

Mehrere Zwerge.

Hierauf folgt:

Merkwürdige Diaphanoramaische Prospekte.

1.) Das prachtvolle Festgebäude, welches bei dem im Jahre 1818. erfolgten Regierung-Jubiläum unsers vielgeliebten Königs August in Leipzig von dessen Bewohnern auf dem Marktplatze errichtet wurde.

2.) Das zur Feier der Anwesenheit des damaligen Kaisers Napoleon im Jahre 1807. in Dresden erbaut gewesene Triumphgebäude.

3.) Die bei der Vermählung des Königs von Spanien mit der Durchlauchtigsten Prinzessin Josephine, Königl. Hoheit, statt gefundene Illumination zu Madrid, wozu 8000 Lampen gebraucht wurden.

4.) Das bei der Friedensfeier im Jahre 1814. durch 3600 Lampen und 12 vergoldete Vasen erleuchtete Haupt-Mauthgebäude zu Wien.

5.) Das Landhaus der Niederösterreichischen Herren Stände daselbst, welches ebenfalls bei dieser Gelegenheit am geschmackvollsten illuminirt war.

6.) Die chinesische Brücke in Luxemburg, in brillanter Beleuchtung.

Preise der Plätze:

Erster Platz 1 Gr. Zweiter Platz 2 Gr. Dritter Platz 1 Gr.

Der Schauplatz ist

Einlaß 7 Uhr. Anfang 8 Uhr.

Franz Lorgie.

Mit Hoher Obrigkeitlicher Bewilligung.

Breslau heute Dienstags den 6. December 1825.

Mechanisch=optisches

Theater.

Ein Tellorama von Scheirer zu Wien.

Auf Verlangen:

Die Belagerung von Breslau.

Das Ganze stellt, vom Monde erhellt, die fürchterliche Nacht vom 31. December 1806. bis 1. Januar 1807. vor. Man sieht die Stadt mit glühenden Kugeln bewerfen, und durch das feindliche Geschütz das Feuer in der Stadt entstehen.

Der Wasserfall und die Tiroler Gebirge.

Eine vorzüglich gelungene optische Darstellung, welche durch die herrliche Lage der Gebirge, und des von den höchsten Bergen mit heftigem Geräusche herabstürzenden Wassers, dem Auge die höchste Pracht gewährt.

Auf Verlangen:

Die Stadt Bern.

Mit den reichsten Umgebungen, in deren Hintergrunde sich ein Theil der Alpenkette mit vielen hervorragenden Gletschern zeigt, unter denen die Jungfrau und das Wetterhorn die vorzüglichsten sind.

Die Insel St. Helena.

Diese Scene, von einem Augenzeugen aufgenommen, ist die Ankunft des Napoleon, welche durch das Salutiren des Admiral=Schiffes, worauf Napoleon ankommt, und durch den Kanonen=Donner der Citadellen auf Helena lebhaft dargestellt wird.

Der Vesuv

oder

Die Passage von Sorento.

Der Vesuv, feuerspeiend, und die hoch auflodernde Flammen, zeigen sich in größter Pracht. Diese majestätische Naturerscheinung wird durch Mondlicht erleuchtend dargestellt.

Preise der Plätze:

Erster Platz 10 Sgr. Zweiter Platz 5 Sgr. Dritter Platz 3 Sgr.

Der Schauplatz ist im Saale zur Stadt Berlin auf der Schweidnitzer Straße.

Einlaß 6 Uhr. Anfang 7 Uhr. Ende 9 Uhr.

Kinder zahlen auf dem ersten Platz die Hälfte.

geln, Lüstern und seiner graziösen, modernen, Eleganz atmenden Dekoration.«[1]

Der Zuschauerraum ist jetzt, in den Bauten des 19. und 20. Jahrhunderts, der Szene gegenübergesetzt. Statt Sehen und Gesehen werden heißt die Architekturaufgabe nun, einen möglichts von allen Plätzen ungeschmälerten Blick auf die Bühne zu sichern, möglichst ungestört durch die Anwesenheit anderer Zuschauer. Der kreisförmige Grundriß des Theaterbaus nimmt nun die Gestalt des Rechtecks an. Neben dem Festspielhaus zu Bayreuth (1876) bieten das Berliner Schillertheater (1906) oder das Dresdener Schauspielhaus (1913) Beispiele, wie der Raum für die sogenannte »Einweg«-Kommunikation eingerichtet ist. Die Rezeption ist ausschließlich auf die Achse Zuschauersaal/Bühne programmiert, und zwar in eine Richtung.

Die Baudaten der eben genannten Beispiele weisen darauf hin, daß die Veränderung der architektonischen Konzeption dem veränderten Kommunikationsprogramm erst um Jahrzehnte verspätet folgte. Als im 19. Jahrhundert das Publikum seinen Blick längst fügsam auf die Bühne ausgerichtet hatte, wurden zunächst noch für längere Zeit die Möglichkeiten für Publikumskontakte im Saal baulich angelegt. Eine solche Ungleichzeitigkeit ist in der Theatergeschichte häufig, die Bauhülle erweist sich als das sozusagen konservative Element. Angesichts der finanziellen und technischen Bauaufwendungen verwundert nicht, daß Gebäudekonzeptionen stärker der Tradition verhaftet bleiben als die Konzeption eines einzelnen Regisseurs oder einer Inszenierung. Gerade die deutsche Theatergeschichte der ersten Jahrzehnte nach dem zweiten Weltkrieg liefert eindrucksvolle Beispiele für diese Differenz. Einerseits hatten sich die wiedererstandenen Theatergebäude für die »Einweg«-Kommunikation ausgerüstet, andererseits drängten künstlerische Intentionen auf Rückkopplung, auf Zweigleisigkeit. Die weltberühmt gewordene Brecht-Gardine des Berliner Ensembles, die einen Brückenschlag über die Rampe sucht, erweist sich so als Kompromiß zwischen Architektur und neuem Theater.

Einen Wendepunkt der theaterkommunikativen Veränderungen markiert Richard Wagners Paradigma »Bayreuth«. Wagner wußte um die Differenz zwischen seinem Anspruch und der Realität der Publikumssituation. So trat er am Schluß der ersten GÖTTERDÄMMERUNG-Vorstellung im neuen Festspielhaus an die Rampe und richtete die denkwürdigen Worte ans Publikum: »Wir haben gezeigt, was wir können, *nun wollen Sie*, und wir haben eine Kunst!« (Unterstreichung R.D.)[2]

[1] F. Kummer, Das neue Königliche Schauspielhaus Dresden, erbaut von William Lossow und Max Hans Kühne. Darmstadt o. J. S. 13 f.

[2] O. Weddigen, Geschichte der Theater ... a. a. O. S. 121.

Das Schaugewerbe tituliert sich als Vorsilben-Theater.

In Wagners Schrift zur Eröffnung des Festspielhauses fungiert der Zuschauer nur noch in der Einzahl. Das Publikum, als erlebbare Gemeinschaft von Zeitgenossen und als Faktor des Theaterereignisses, kommt für Wagner nicht mehr in Betracht. Er sieht das ideale Theater als »Theatron, d.h. einen Raum, der für nichts anderes berechnet ist, als darin zu schauen, und zwar dorthin, wohin seine Stelle ihn (den Zuschauer, R.D.) weist. Zwischen ihm und dem zu erschauenden Bild befindet sich nichts deutlich Wahrnehmbares..., während die aus dem mystischen Abgrund geisterhaft erklingende Musik ... ihn in jenen begeisterten Zustand des Hellsehers versetzt.«[1] Der Abstand zur Konzeption des Nationaltheaters ist groß. Schillers Schaubühnen-Rede, einhundert Jahre zuvor, hatte von der bewußten Teilnahme des einzelnen in der Publikumsgemeinschaft gehandelt; Wagners »Theatron« sonderte den einzelnen, im Interesse innigster Versenkung ins szenische Geschehen, von der Menge ab. Wo es allein um die stumme Aufnahme des Bühnenwerkes geht, ist Austausch der Zuschauer untereinander weder nötig noch erwünscht. So möchte Wagner selbst das kleine Signal einer kommunikativen »Rückkoppelung«, den Beifall des Publikums, verbieten.

In dieser Einzelheit konnte sich Wagners Vision eines neuen Theaters nicht realisieren, jedoch im Ganzen durchaus. Inzwischen hat das Publikum Wagners Verpflichtung zur Disziplin als Selbstverpflichtung angenommen und verinnerlicht. Nachdem die Theaterpolizei abgeschafft wurde, spielte das Publikum diese Rolle weiter – gegenüber sich selbst und gegenüber dem Nachbarn. Die Publikumsgemeinschaft hatte sich in vereinzelte Einzelne aufgelöst.

[1] R. Wagner, Das Bühnenfestspielhaus in Bayreuth. Leipzig 1873. S. 24.

Wie Goethe für die Kasse und die guten Sitten sorgte

Goethe in einem Brief an Hofkammerrat Franz Kirms, der die Finanzverhältnisse des Weimarer Hoftheaters leitete:[1]

»Vertrauen Sie mir einmal in dieser Sache und lassen Sie mich gewähren. Wir müssen unsere Preise nach und nach steigern, denn die Umstände sind mehr, als wir denken, verändert.

Schon neulich habe ich acht Studenten auf dem obersten Platz gehabt, die sich zwar recht gut benommen haben; haben Sie aber ja die Güte, mir eine mäßig bestimmte Zahl der Billetts auf den oberen Platz ausgeben zu lassen, wir sind es dem Hofe schuldig. Denn wenn wir auch nicht diese Vorsicht brauchen, so haben wir, ehe wir's uns versehen, einmal den oberen Platz ausgefüllt.

Auch haben sich neulich wieder Unarten spüren lassen. Die Studenten haben, besonders auf der rechten Seite, die Wache geneckt und die Hüte bald abgetan, bald aufgesetzt, auch fingen sie zu trommeln an, das man absolut nicht leiden muß. Ich werde Herrn von Luck hierüber einige Worte schreiben. Schließen Sie nur Sonnabends die Dutzendbilletts wieder aus. Es werden Leute genug kommen, und man gibt die Zauberflöte alsdann erst nach Ostern wieder.

Wir haben nur eine einzige Pflicht, das ist die: für gute Vorstellungen zu sorgen, und dieser Zweck kann nicht anders erreicht werden, als wenn ein Stück öfter gegeben wird. Jetzt sind wir auf dem besten Wege, und wenn wir darauf beharren, so soll es künftigen Winter ganz anders aussehen.

Dafür hat man in jeder Sache die Direktion, daß man nach seiner Überzeugung handelt, um das Beste hervorzubringen, und nicht, daß man den Leuten zu Willen lebt, wovon man doch zuletzt noch Undank und durch Hintansetzung des Hauptgeschäftes Schaden erlebt.

Weimar, 24. Februar 1798«.

[1] Goethes Briefe, hrsg. v. E.v. Hellen, Stuttgart u. Berlin o. J. Bd.4. S. 18 f.

Die Entmündigung des Publikums

In der zweiten Hälfte des 18. Jahrhunderts mußte sich das Nationaltheater nicht nur gegen die Angriffe der Kirche, die das Theater als Lüge verteufelte, und gegen die Angriffe bürgerlicher Ökonomen, die Theater als unnützen Luxus ablehnten, wehren. Abzuwehren waren auch die Ansichten von einigen Freunden des Theaters. Sie sahen in ihm Vorzüge, die das Nationaltheater gerade unterdrücken wollte. Streitpunkt war dabei die Freiheit des Publikums.

So erklärte die angesehene Zeitschrift »Ephemeriden der Literatur und des Theaters« 1787 »Kirche, Börse und Schauspielhaus zu Örtern, die respective mit besonderen Freiheiten, im allgemeinen aber, alle mit besonderer Privilegio versehen sind.«[1] Im Theater dürfe niemand arretiert werden, ausgenommen ein Mörder oder Dieb. Die uneingeschränkte Freiheit der Meinungsäußerung habe sich ein jeder Zuschauer »mit seinem Entreegeld erkauft«, bestätigten die Hamburger »Annalen des Theaters«. Sie sahen dabei das Theater als wichtigen Freiraum innerhalb eines »polizierten Staates« an. Theater sei »einziger Ersatz für so manchen anderen, durch den gesellschaftlichen Vertrag eingeführten Zwang«.[2] Dabei wendeten sich die Autoren unausgesprochen gegen jede Art von Aufführungszensur. Doch ließ sich die Vorstellung unzensierter Freizügigkeit auch auf das Zuschauerverhalten ausdehnen. Das machte ein Artikel in den Berliner »Annalen des Theaters« ganz deutlich, der dem Theater eine regelrechte Ventilfunktion zuwies. Der Autor wies auf die Großstadt Venedig und ihre relativ geringe Kriminalitätsrate hin. Das wäre vielleicht den vielen Theatern Venedigs geschuldet, »worin der Eingang so wenig kostet, daß auch Leute von den niedrigsten Volksklassen sie besuchen…«[3] Dem Leser wurde suggeriert, daß gestaute Aggressionen im Auditorium entladen werden durften oder sollten.

Solche Auffassungen, die im Zuschauerraum eine Bühne für sonst unterdrückte Empörung sahen, waren aus der Sicht des Nationaltheaters verhängnisvoll, weil sie zügellose Unruhe des Publikums schließlich rechtfertigten. Um leise Töne auf der Szene zum Klingen zu bringen, um feinste Schattierungen im zwischenmenschlichen Verhalten und die Beredtsamkeit der Dialogpausen darstellen zu können, bedurfte es schweigender Zuschauer. Der Kunstfortschritt, den die bürgerlichen Theaterleute wünschten, war ohne ein verändertes Auditorium undenkbar. Ja, der Erfolg der Nationaltheater-

[1] Ephemeriden der Literatur und des Theaters, hrsg.v.C.A.v.Betram. Bd. 5. Berlin 1787. S. 406.

[2] Annalen des Theaters. Hamburg 1801. S. 241

[3] Annalen des Theaters. hrsg. v. C. A.v. Bertram. (Berlin) 1788 H. 14. S. 7.

konzeption setzte ein aufmerksames, auf die Botschaft der Szene konzentriertes Publikum unabdingbar voraus. Seiner Erziehung hatten sich alle Theaterleute von Rang und Namen verschrieben, auch dort, wo ihre theaterästhetischen Programme weit auseinander liefen. Ob Lessing und später Schröder in Hamburg oder Grossmann in Frankfurt/Main, ob Ekhof in Gotha oder Dalberg in Mannheim, ob Iffland in Berlin oder Goethe in Weimar – sie und viele, viele andere Theaterleute, Journalisten und Förderer des Theaters in kunstfernen Berufen sahen in der Veränderung der Rezeptionssituation den notwendigen Schlüssel, um die Schaubude zur Sittenschule der Nation umzurüsten. Nicht gute Worte allein, handfeste Maßnahmen mußten den geselligen Verkehr im Zuschauerraum unterbinden. Obgleich Theaterdirektoren und kulturpolitische Obrigkeit im Ordnungsruf übereinstimmen, unterschieden sich ihre Motive. Die Künstler wollten ein diszipliniertes Publikum, um dem szenischen Vor-Bild der bürgerlich-geistigen Freiheit Gehör zu verschaffen. Die Obrigkeit wollte ein diszipliniertes Publikum, um der Staatsräson auch am Feierabend Geltung zu verschaffen. Objektiv gingen Theater und Regierung eine bestimmte Wegstrecke zusammen, waren auch ihre Ziele andere oder konträre. Zwei Beispiele dokumentieren, wie sich die Künstler dabei hinter die Macht der Obrigkeit stellten.

Das erste Beispiel betrifft die Theaterwache im Weimarer Hoftheater. Eine Soldaten-Wache, die sowohl Publikumskrawalle wie Brände verhüten sollte, gab es in allen Theaterhäusern. In Weimar hatten zwei Husaren zunächst die Tür an der Kasse zu besetzen, um zu verhindern, daß sich ein Zuschauer ohne Billett durch den Orchesterraum einschleichen konnte. Als dann um halb Sechs Uhr die Durchl.Herrschaft den Saal betrat, hatten sich die Soldaten als Ehrenwache vor dem vorderen Parterre zu postieren. Dann begab sich der eine auf die Bühne, um Unbefugte zu vertreiben. Indessen verfügte sich der andere auf die Galerie, unterstützte dort den Billetteur bei seiner Einlaßkontrolle und schuf Ordnung. Während der Aufführung wachte ein Unteroffizier auf der linken vorderen Seite, damit sich kein Zuschauer zwischen die Rampe und die Bänke des Parterres stellen und den teuren Plätzen die Sicht nehmen konnte. Der Lohn für solchen militärischen Theaterdienst betrug »einige Maas Bier und eine Zeile Brod«.[1]

Doch offenbar genügten diese Ordnungsmaßnahmen nicht, um das Publikum zu bändigen. Theaterdirektor Goethe sah sich genötigt, weitergehende Aufsicht zu verfügen, die er dem Fürstlichen Hofmarschallamt auftrug. Der nachfolgende, ungekürzt zitierte Befehl läßt erkennen, mit welcher Dringlichkeit Goethe die Disziplinierung des Publikums behandelte: »Ungern habe ich vernommen, daß bei einigen Vorstellungen sich die jenaischen Studenten unanständig betragen haben. (Sie hatten wegen zu langer Umbau-Pausen randaliert, R.D.) Nach allen meinen Erfahrungen wird ein solches Tumultie-

[1] B. Th. Satori-Neumann, Die Frühzeit … a. a. O. S. 200 ff.

ren nur von wenigen erregt und teilt sich erst nach und nach mit; man versucht erst ob es gehe? und wird das Geringste nachgesehen, so ist das Heftigste zu erwarten. Diesmal scheinen nur neue Studierende ihr Probestück gemacht zu haben. Ich kann, zur Verhütung ähnlicher Unannehmlichkeiten, für morgen und künftig nur folgenden Rat geben: Man stelle auch auf der rechten Seite (der Zuschauer), die bisher gar keine Wache gehabt hat (aus Rücksicht auf Adlige, die dort ihre Sitzplätze hatten, R.D.), einen, und wenn man es für nötig hält, zwei Husaren, man befehligt diese, so wie die, die an der Türe stehen, daß sie keinen Hut auf dem Kopf, selbst vor Anfang des Stücks, leiden. Sollte irgend nur einer anfangen Lärm zu machen, so muß er gewarnt und, wenn er fortfahren sollte, hinausgeschleppt werden, welches nunmehrig auf der rechten Seite möglich wird, weil ein Ausgang hinaus geht.

Ferner stelle man durchaus eine Bank weniger zwischen die festen Bänke und das Orchester, damit die Wache, wenn irgend etwas vorkommt, auch Raum zum Wirken hat. Das Schauspielhaus ist niemals so voll, daß nicht noch hinterwärts Raum genug wäre, alles drängt sich aber von vorn auf einen Fleck zusammen, und wie die Sache jetzt steht, kann niemand weder wehren noch sich rühren. Diese Anstalt, die ich hier vorschlage, ist morgen so nötiger, da gewiß wieder neue Versuche eines rohen Betragens vorkommen werden.

Ich ersuche fürstl. Hofmarschallamt, die pünktliche Befolgung dieser Vorschläge, deren guten Effekt ich im voraus verspreche, befehlen zu lassen, da demselben die Beruhigung des Hofes und Publikums, wie billig, am Herzen liegt.

Ich bitte nur allenfalls durch eine Registratur mir von dem Erfolg einige gefällige Nachricht zu geben.

Jena, am 9.Juni 1797

J. W. v. Goethe«[1]

Daß Goethe bei seinen Anordnungen nicht etwa nur einer lästigen Amtspflicht genügte, sondern daß ihm die Disziplinierung des studentischen Publikums auch persönliches Anliegen war, erhellt ein Privatbrief, den er am gleichen Tag an Kirms schrieb: »Wenn man die Menge in Ruhe halten will, so muß man die erste Unart nicht leiden. Gleich beim Eintritt in den Saal sollte jeder genötigt werden, den Hut abzuziehen, damit er erinnert würde, daß er dem Orte Achtung schuldig sei. Ich habe bei übervollem Hause, als Ifflands Spiel der Räuber erwartet wurde (am 16. April 1796, R.D.), mit ein paar ernsten und derben Worten den Tumult im ersten Augenblick zum Schweigen gebracht, hätte ich nicht den Entschluß gefaßt, damals gleich bei der mindesten Bewegung dreinzufahren, so würde jene Aufführung gewiß eine der unruhigsten gewesen sein.«[2]

Wenn Goethe darauf bestand, daß jeder Zuschauer bei Eintritt in den Saal

[1] Vgl. R. Mandelkov (Hg.) Goethes Briefe. Band 2. Hamburg 1964. S. 275.
[2] ebenda S. 592.

seinen Hut abnehmen mußte, ging es ihm nicht schlechthin um die »dem Orte schuldige Achtung«. Da es geheiligter Studentenbrauch war, die großen Hüte (»Stürmer«) auf dem Kopf zu behalten, griff Goethes Vorschrift gewissermaßen den Korps-Geist an. Goethe wollte im Zuschauerraum keine studentische Formation, so nötig die Theaterkasse auch die Jenenser Besucher brauchte. Er wollte vereinzelte, aufmerksame Zuschauer.

Das zweite Beispiel zum Bündnis zwischen Theaterdirektion und Obrigkeit bezieht sich auf das Berliner Nationaltheater. Auch Iffland bat um Verstärkung der täglichen Theaterwache, die aus zwei Unteroffizieren und acht Gemeinen bestand. Um einen befürchteten Theaterskandal niederzuschlagen, richtete Iffland ein geheimes Gesuch an Polizeidirektor Büsching: »namentlich wünsche ich Polizeidiener in Zivilkleidung auf Amphietheater und Galerie, um dort die bezahlten Unruhestifter sogleich von der verstärkten Wache arretieren zu lassen. Ebenso wünsche ich zwei verkleidete Polizeibeamte in den langen Gang des Parterres nach dem Theater zu, zwei in der Mitte an der Parterreerhöhung, einen an jeder Parkettthüre, den Oertern, wo gewöhnlich Unruhe entsteht.«[1]

Daß Unruhestifter »bezahlt« worden wären, war gewiß eine Lüge. Wenn Iffland gerade diese Formel wählte, die im obrigkeitlichen Sprachgebrauch sozial besetzt war und die plebejisch-demokratische Opposition meinte, signalisierte der Theaterdirektor seine Bereitschaft zum Bündnis mit dem preußischen Staat. Politisch motivierten Aufruhr wollte er um jeden Preis im Theater verhindern.

Iffland schloß Gefängnishaft als letztes Ordnungsmittel ebensowenig wie Goethe aus, der die Arretierung eines Zuschauers nach der Uraufführung DER ZERBROCHENE KRUG begrüßte. Goethe: »Des Anstandes wegen hätte er (der Zuschauer, der Kleists Lustspiel ausgepfiffen hatte, R.D.) warten sollen, bis er außerhalb des Zuschauerraumes war.«[2]

In der ersten Hälfte des 19. Jahrhunderts war die Polizei ständig sichtbarer Gast in den Zuschauersälen. Über ihre Aufgabe hieß es 1846: »Sie sorgt für Ruhe und anständiges Betragen, entfernt Tumultanten, Betrunkene, hält streng darauf, daß kein Frauenzimmer von öffentlich anerkannt sittenlosem Lebenswandel ihren Platz bemerkbar wählt, behält bestrafte Diebe oder sonst verdächtige Individuen im Auge, schreitet, wenn sie aufgefordert wird, möglichst versöhnend und beruhigend ein, und sorgt dafür, daß die bestehenden Vorschriften, wie weit das Publikum sein Mißfallen aussprechen darf, befolgt werden.«[3]

Wo schon nicht die obrigkeitliche Ordnungsmacht einschritt, riefen beherzte Theaterdirektoren oder theaterverbundene Zuschauer zur Ordnung. Auch in dieser Hinsicht hat sich Goethe selbst ein Denkmal gesetzt: Als die

[1] Vgl. T. Schölling, Das gesellige Vergnügen Theater. Diss. Berlin 1987. S. 141.
[2] E. Genast, Aus dem Tagebuch eines Schauspielers. Leipzig 1862. S. 169.
[3] R. Blum, K. Herloßsohn, H. Marggraf (Hg.) … a. a. O. Bd. 6. S. 180.

Jenenser Studenten wieder einmal während einer RÄUBER-Aufführung in des Herzogs Theater die Röcke auszogen, Bierflaschen kreisen ließen, rauchten und nicht gerade die anständigsten Lieder sangen, erhob sich Goethe in seiner Loge und donnerte dazwischen:«Man vergesse nicht, wo man ist!«[1]

Doch couragierte Appelle wären auf Dauer ebenso wirkungslos geblieben, wie polizeiliche Drohgebärden, wären nicht gleichzeitig die äußeren Bedingungen umgestaltet worden. Vier entscheidende Grundlagen der Theaterrezeption änderten sich: erstens der Zugang zur Bühne, zweitens die Bestuhlung des Parterres, drittens die Reglementierung des Beifalls und viertens die Eindunkelung des Zuschauersaales.

Diese Maßnahmen, die das Publikum innerhalb des Theaters entmündigten, konnten nur greifen, weil sie mit außerkünstlerischen, gesamtgesellschaftlichen Disziplinarmaßnahmen konform gingen. Wenn beispielsweise die Theaterbesucher, die in Frankfurt/Oder in einer Kutsche zur Vorstellung fuhren, sich peinlich strengen Verkehrsregelungen für die An- und Abfahrt unterwerfen, bei Ordnungswidrigkeiten ohne Ansehen der Person 2 Rthlr. Strafgeld zahlen mußten, so wurde damit der Boden bereitet, um Reglementierungen auch innerhalb des Theaters zu akzeptieren. Die Publikumsdisziplinierung, wie hier schon einmal gesagt, war gewissermaßen nur eine Welle im breiten Strom der allgemeinen »Verordentlichung«.

Die Veränderung der Rezeptionsbedingungen

1. Zum Verbot, die Bühne zu betreten Von allen Rahmenbedingungen, unter denen zu Lessings oder zu Goethes Zeiten Theater stattfand, erscheint aus heutiger Sicht am wenigsten vorstellbar, daß Zuschauer während der szenischen Handlung auf der Bühne standen oder sich unter die Akteure mischten.

Zunächst ein Blick ins Ausland: Sowohl auf Londoner wie auf Pariser Bühnen waren Zuschauer plaziert; sogar Sitzreihen waren für sie auf der Spielfläche eingerichtet. In einem 1752 gezeichneten Grundriß der Comèdie francaise sind Bänke bis in die dritte Kulissengasse eingetragen. In einigen Theatern waren hinter der Vorhanglinie sogar Logen in mehreren Geschossen übereinander gebaut. Die Zuschauer, die sich während der Vorstellung auf der Bühne aufhielten, wollten wohl damit zuallerletzt der Kunst besonders nahe kommen – eher den Kunstgestaltern oder -gestalterinnen.

Erst 1795 wurde die Bühne der Comèdie francaise von Zuschauern gereinigt. Insofern irrte Lessing, als er in der Hamburgischen Dramaturgie behauptete, daß keine Zuschauer mehr auf der französischen Bühne erlaubt wären. Vielleicht war es eine absichtsvolle Falschmeldung, um seine franko-

[1] E. Genast, Aus meinem Leben … a. a. O. S. 71.

philen Landsleute von der »barbarischen Gewohnheit, die Zuschauer auf der Bühne zu dulden,« abzubringen.[1]

Möglicherweise wurden die deutschen Bühnen als Zuschauerplatz tatsächlich seltener als die englischen oder französischen benützt, wie die Theatergeschichtsschreibung immer wieder festgestellt hat. Andererseits findet man, sobald man gezielt sucht, zahllose Beweise von Zuschauern inmitten der Schauspieler. Zwei Zitate stehen dafür. Das erste ist ein Bericht über eine HAMLET-Aufführung 1784 in Hamburg. Da der Andrang groß war, mußten sich die Zuschauer auch neben die Schauspieler auf die Szene stellen. »Ein besonders höflicher unter diesen Zuschauern ward beklatscht, weil er den vorüberziehenden Hofstaat Seiner königlichen Dänischen Majestät mit ehrfurchtsvoller Verbeugung begrüßte.«[2] Und über die Abschiedsvorstellung der Doebbelinschen Gesellschaft 1796 aus Magdeburg hieß es:«Nie wieder habe ich das Theater in Magdeburg so mit Menschen gefüllt gesehen wie an jenem Abend. Nicht nur war das Orchester ausgeräumt, sondern die Offiziere gingen während der Zwischenacte vor dem Vorhang spazieren, um wenigstens auf Augenblicke von ihrer Einpferchung loszukommen; ja die Bühne selbst war von Zuschauern besetzt, so daß wir Schauspieler uns kaum dazwischen wiederfanden! Es war ein Auftritt sondergleichen; ein Offizier saß zuletzt auf dem Tische, welcher nothwendig war, als die betreffende Szene kam. Die Generalin von Kalkstein hatte sich mitten auf der Bühne niedergelassen.«[3]

Immer wieder fielen selbstgefällige, eitle Zuschauer auf – »Stutzer« oder »süße Herren« genannt – , die den Bühnenplatz wählten, um sich in der allgemeinen Aufmerksamkeit zu sonnen. Häufig wurden Intriganten bemerkt, die die Darsteller auf der Szene irritieren wollten. Die Theaterjournale berichteten von Störenfrieden, die sich auf die Bühne stellten, um bewußt die schauspielerische Konzentration zu hintertreiben. Die Theaterdirektoren mußten diese Zuschauerplätze, so bald und so energisch sie es konnten, verbieten. Wo Apelle allein nicht fruchteten, holten die Künstler die Staatsmacht zu Hilfe. Daß 1788 der Berliner Gouverneur seinen Offizieren bei strengster Strafe verbot, die Bühne zu betreten, ist ein exemplarischer Ausdruck für die Interessenunion zwischen Theaterleitung und Obrigkeit. Beiden ging es um Zucht und Ordnung.

Seit der Eröffnungsvorstellung des Leipziger Theaters druckten die Theaterzettel das Verbot, die Bühne zu betreten. Das wurde 1766 noch in amtlicher Umständlichkeit und in Demut dem zahlenden Publikum gegenüber formuliert: »Man ist genöthiget sehr zu bitten: sich gütigst gefallen zu lassen, daß künftig unter währender Action kein Zutritt aufs Theater erlaubt werden kann, weil sowohl die Enge des Raums, als auch das Maschinenwerk solches bey mehrmaliger Verwandelung wegen Verhinderung und zu besorgenden

[1] G. E. Lessing, Hamburgische Dramaturgie … a. a. O. S. 60.

[2] G. Höcker, Die Vorbilder der deutschen Schauspielkunst. Glogau o. J. S. 108.

[3] F. L. Schmidt, Denkwürdigkeiten. Stuttgart 1878. S. 55 f.

Schadens nicht gestattet; da überdiß noch der enge Raum zur Zeit zum Ankleiden muß gebraucht werden.« Später wurden die Verbotsformeln knapper. Die Direktoren durften auf entschuldigende Erklärungen verzichten. Aber noch lange Zeit waren auf den Theaterzetteln derartige Verbote nötig. Sogar auf dem Zettel zur ersten Aufführung des FAUST im Weimarer Theater findet sich noch der Hinweis: »Der bestehenden Verordnung gemäß kann Niemand, der nicht zum Theater gehört, weder bei den Proben noch bei den Vorstellungen, auf der Bühne zugelassen werden.«[1] Sicherlich war es 1829 unwahrscheinlich, daß noch ein Zuschauer die Bühne des Hoftheaters beansprucht hätte. Aber das über sechs Jahrzehnte lang gedruckte stereotype Verbot auf den Theaterzetteln weist darauf hin, wie tief sich im Publikum die Vorstellung der Souveränität verwurzelt hatte. Es glaubte sich noch lange Zeit berechtigt, »für sein gutes Geld« die Bühne betreten zu dürfen.

2. Zum Sitzplatz-Zwang Seit Ende des 18. Jahrhunderts bestand der größere Teil der Zuschauerplätze im Parterre aus Bänken. Das Publikum wurde strikt zum Sitzen genötigt. Dabei ging es in erster Linie nicht um Bequemlichkeit. Vielmehr sollten »Sittlichkeit und der gute Ton ... dadurch gefördert« werden, wie der Architekt Langhans unverhohlen schrieb.[2] Als 1802 das neue Schauspielhaus eröffnet wurde, ließ Iffland die Bankreihen, jetzt mit Polsterung und Rückenlehne versehen, numerieren. Vor allem führte er eine bis dato undenkbare Neuerung ein, indem »nunmehr nur noch so viele Karten ausgegeben wurden, als Plätze tatsächlich vorhanden waren, wobei auch die Temperatur im Zuschauerraum berücksichtigt werden sollte.«[3] Gedränge und eine wogende Menschenmenge wollte Iffland unbedingt vermeiden, und sei es auch um den Preis von Mindereinnahmen. Auch in anderen Theaterstädten setzte sich zu Beginn des 19. Jahrhunderts die Numerierung der Sitzplätze im Parterre durch, und die Anzahl der Stehplätze wurde limitiert. Die sich in Deutschland ausbreitende »Lesewut« half, den Zwang zum Sitzplatz zu akzeptieren. Denn gerade die im Parterre versammelte soziologische Gruppierung übte sich zunehmend in häuslicher Lektüre, »trainierte« auch außerhalb des Theaters längeres Stillsitzen und passiv beschauende Konzentration auf ein Kunstwerk. Die neue Sitzordnung konnte unberücksichtigt lassen, daß andere Zuschauer, besonders auf der Galerie, weiterhin stehen mußten. Das theaterkünstlerische Erziehungsprogramm war ja vor allem an das Parterre-Publikum adressiert!

Wie zu allen Zeiten die Normen des Körpergebrauchs gesellschaftliche Organisationsformen spiegeln, die Vorschriften zu körperlichem Verhalten Mittel und zugleich Ausdruck der jeweiligen Sozialisation sind, beeinflußte der vorgeschriebene Sitzplatz das Befinden eben nicht allein im unmittelbar or-

1 Theaterzettel der ersten Aufführung des »Faust« in Weimar am 28. 8. 1829.
2 Vgl. R. Weil, Das Berliner Theaterpublikum ... a. a. O. S. 96.
3 ebenda S. 96.

Rostocker Stadt-Theater.

Vierzehnte Vorstellung im 4ten Abonnement.

Sonnabend den 27. Februar 1836.

Die Günstlinge.

Original-Schauspiel in 5 Acten,

von Charlotte Birch-Pfeiffer.

Personen:

Katharina II.	Demoiselle Müller.
Potemkin, Generalfeldmarschall	Herr Gliemann.
Fürstin Daschkoff, Oberhofmeisterin	Madame Alsdorf.
Fürst Gagarin, See- und Kriegsminister	Herr Jansen.
Prinzessin Agraffina Tscherbatoff, Pallastdame	Madame Hegel.
Alexander Mamanow	Herr Christen.
Graf von Saint Priest, ein französischer Emigrant	Herr v. Lehmann.
Gräfin Tolstoy	Dem. Seyler d. ä.
Ein Officier der Garde	Herr Werlitz.
Jarscha, Kammerdienerin der Daschkoff	Madame Brüning.
Erster } Hofbediente	Herr Weber.
Zweiter } Hofbediente	Herr Schelper d. j.
Ein Haushofmeister	Herr Schütze.
Herren und Damen vom Hofe	Herr Boye. Herr Bosin. Herr Hassel. Herr Schelper d. ä. Demoiselle Bandt. Demoiselle Sulzer j. Demoiselle Seyler j. Demoiselle Helling.

Officiere. Wachen. Diener. Kammerfrauen.

Die vier ersten Acte spielen auf dem Kaiserl. Lustschlosse Sarskojeselo bei Petersburg. Der letzte Act in Moskau. Die Zeit: 1792.

Den bestehenden Theater-Polizei-Verordnungen gemäß ist, außer dem zum Theater gehörigen Personale, Niemandem, weder bei Proben noch bei den Vorstellungen, der Zutritt auf die Bühne gestattet.

Kassen-Preise der Plätze:

Sperrsitze	—	32 ßl.	Parterre	—	16 ßl.
Loge —	—	24 ßl.	Gallerie-Loge	—	8 ßl.
Parterre-Loge		18 ßl.	Gallerie	—	4 ßl.

Sperrsitz-Bestellungen sind im Theater-Büreau Vormittags von 8 bis 10 Uhr zu machen.

Kassenöffnung 5 Uhr. Anfang 6 Uhr.

thopädischen, sondern noch viel mehr im sozialen Sinne: Die Bestuhlung schränkte die gesellige Freizügigkeit im Theater wesentlich ein. Sie förderte die Einweg-Kommunikation. Die Bestuhlung behinderte die Möglichkeit einer lauten, vielleicht oppositionellen Meinungsäußerung. Der scharfzüngige Berliner Theaterkritiker Saphir bemerkte, daß man auf dem Sperrsitz mit dem Körper auch die Stimme einsperre.[1] Wer bisher eine Lippe riskieren, mit einem aufmüpfigen Einwurf eine szenische Textstelle kommentieren wollte, konnte in der Anonymität einer hundertköpfigen Menge untertauchen. Jetzt, gefesselt an seinen Platz, blieb er für die Polizeispitzel kenntlich. Damit schränkte die Bestuhlung auch die längerfristige Organisation von Theaterkrawallen ein. Bei solchen lautstarken Auseinandersetzungen ging es nur vordergründig um unterschiedliche Urteile über eine schauspielerische Leistung oder über ein Stück. War auch das Theaterangebot das auslösende Moment für ein Pfeifkonzert oder eine Prügelei im Zuschauersaal, so standen doch meist Konflikte aus der städtischen Realität dahinter.

In einem Stehparterre ließen sich Krawalle großen Stils regelrecht inszeniern, wie eine Anekdote aus dem Jahre 1782 anschaulich zeigt: Obgleich Caroline Doebbelin nach der Entbindung eines unehelichen Kindes per Acclamation zur Rückkehr auf die Bühne veranlaßt wurde, mußte sie doch mit moralischen Vorwürfen seitens einiger Zuschauer rechnen. Daß ihr erster Auftritt ohne Protest erfolgte, verdankte sie einer Intrige. »Ein junger Mensch stand zur Seite eines Offiziers im Parquet und fragte ihn im Vertrauen: ›Ob er pfeifen oder applaudieren würde? Es ist eine Cabale ausgemacht, die Vorstellung fallen zu lassen, und dort der lange Stallmeister wird den Ton angeben und pfeifen, wenn das Stück angeht.‹ Der Offizier antwortete, daß eine andere Partei bestehe, welche keine Cabale aufkommen lassen wolle, und zeigte ihm einen Offizier, der neben dem Stallmeister stand. Dieser wird dem Stallmeister ein paar Ohrfeigen applicieren, sobald er zu pfeifen anfängt. Der junge Mensch bedankte sich für die zutrauliche Eröffnung, raunte dem Stallmeister ein paar Worte ins Ohr – das Stück wird gespielt, durchweg applaudiert und – nicht gepfiffen.«[2]

Seit der Platzbindung der Zuschauer nahmen die Berichte über Theaterskandale, hinter denen soziologische Gruppen und außerkünstlerische Konflikte standen, deutlich ab.

Die Bestuhlung schränkte auch die Möglichkeit der gastronomischen Versorgung während der laufenden Aufführung ein. Bis dahin bildeten Essen und Trinken einen Teil des Theatererlebnisses. Auch wenn auf der Szene nur schlichte Hausmannskost oder Schlimmeres geboten wurde, im Saale wurde

[1] H. G. Saphir, Berliner Theateralmanach. Berlin 1828. S. 242 f.

[2] Vgl. A. Paul, Aggressive Tendenzen ... a. a. O. S. 229.

Ein Theaterzettel von 1836 mit dem Verbot, die Bühne zu betreten

das Publikum überall gastronomisch gut versorgt. Ein Theaterzettel der Schuchschen Gesellschaft offerierte eine üppige Speisekarte: »Bey dem Eingang ins Parterre ist zu bekommen Caffeè, Thee, Chocolade, Rosols (= ein feiner italienischer Likör aus Blüten und Früchten, R.D.), Wein, Lemonade, Confectüren, wie auch frisches Obst.«[1]

Die zeitliche Plazierung der Theatervorstellung im bürgerlichen Tageslauf erklärt, daß die Zuschauer oft hungrig und durstig waren. Das erklärt auch, warum auffällig oft Gastwirte und Conditoren als Pächter von Theaterhäusern auftraten. Selbst Theaterdirektor Goethe vergaß nicht die Anweisung, im Weimarer Theater »für gute Waren und Getränke« zu sorgen und ins Lauchstädter Theater eine Conditorei einzubauen.[2]

Grundriß des Theaters in Bad Lauchstädt (1803) mit der Conditorei

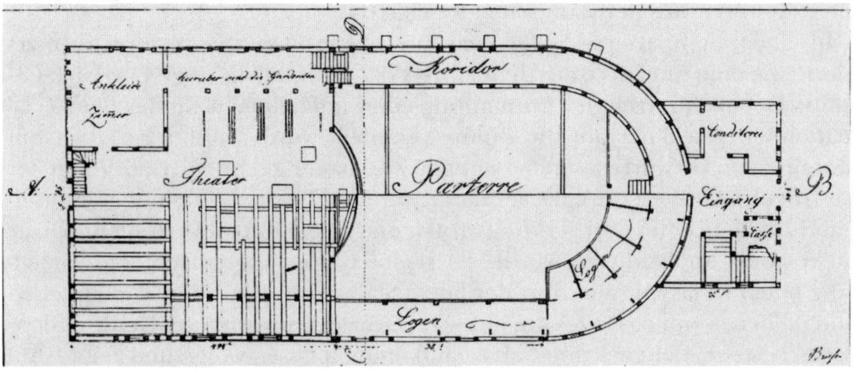

Waren die Zuschauer in feste Bankreihen gezwängt, mußten sie ihren Appetit bis zum Zwischenakt aufschieben. Nur auf der Galerie konnten weiterhin Kellner während des Theaterspiels ihr Angebot auftragen. Das berichtete August Klingemann 1819 aus einem Wiener Theater: »Es war zum Ersticken heiß in dem engen Theater, und der Durst mußte eine natürliche Folge davon sein; als ich daher auf der Galerie eine monotone, wehmütige Stimme wiederholt: ›Bier! Wer schafft Bier!‹ rufen hörte, so war mir der Gedanke ganz natürlich, daß da oben ein eingepreßter Mensch dem Verdursten nahe sei … Bald wurde ich jedoch eines besseren belehrt und erfuhr, daß … jene laut schreiende Kehle da droben nicht selbst getränkt sein, sondern vielmehr andere tränken wolle. Außer jenem Bierausrufer über unseren Häuptern gab es übrigens noch vier bis fünf andere…Diener, welche vor dem Anfange der Vorstellung sowohl wie in den Zwischenakten im Parterre nach derselben papa-

[1] J. R. Hänsel, Die Geschichte … a.a.O. S. 229.

[2] J. W. v. Goethe, Brief an F. Kirms v. 18.10.1798; in: Sophien-Ausgabe IV, 13 (Weimar 1887 ff.) S. 296 u. 417.

geiartigen eingelernten Weise: ›Gefrore'ns, Limonade, Mandelmülg‹ monotonisch aus- und absangen.«[1]

Die Bestuhlung schränkte auch die Möglichkeit der Prostitution ein. Um 1800 waren in den europäischen Theatern die Freudenmädchen zahlreich vertreten. Da die Theater traditionell ein Ort der Gesellung und der kommunalen Kommunikation waren, boten sie den idealen Raum, um Bekanntschaften aller Art zu schließen. Als die Berliner Freudenmädchen 1799 – zunächst vorübergehend – von der Polizei aus dem Schauspielhaus gewiesen wurden, soll der Publikumsstrom merklich schmaler geworden sein. Noch 1817 wagten die Prostituierten eine Eingabe an den Generalintendanten Brühl zu richten, in der sie um Aufhebung ihrer eingeschränkten Bewegungsfreiheit im Theater nachsuchten.[2] Wollte ein zum Sitzen gezwungener Zuschauer ein Freudenmädchen mieten, riskierte er jetzt die öffentliche Aufmerksamkeit. Da der Zuschauerraum nicht eingedunkelt war, saß jeder einzelne im vollen Licht.

Die Bestuhlung schränkte auch den Verkehr der Schauspieler, die nicht gerade auf der Szene beschäftigt waren und sich gern zwischenzeitlich ins Parterre stellten, mit den Zuschauern ein. Das »Taschenbuch fürs Theater« mußte 1792 »die in einigen Örtern geltende Gewohnheit der Schauspieler« anprangern, »sich während der Vorstellung unter das Publikum zu mengen. Besonders gilt das den Aktricen, die sich oft so sehr vergessen und sich im Parterre oder in den Logen des ersten Ranges produzieren, wenn sie zum Beispiel im zweiten oder vierten Akt nichts zu tun haben. Keine Direktion einer Bühne sollte derlei Unfug gestatten – selbst im Falle, daß eine Aktrize in dem Schauspiel des Tages nichts zu tun hat. Koketterie ist immer die Hauptabsicht solcher Erscheinungen.«[3] Eine solche Praxis bestätigte auch Schützes »Satirisch-ästhetisches Hand- und Taschenwörterbuch«: »Deutsche Schauspieler habens mitunter in der Gewohnheit, sich, wenn sie ein Röllchen abgehaspelt, ins Parterre unter die Zuschauer zu stellen und zu brüsten.«[4]

Viele Theatergesetze drohten den Akteuren jetzt Strafen an, wenn sie sich unters Publikum mischten. Ziel des Verbotes war, sowohl die Zuschauer nicht durch Gespräche mit den Schauspielern von der Kunstrezeption ablenken zu lassen als auch die ästhetische Vorstellung der vierten Wand nicht zu zerstören. Die Darsteller sollten – im mehrfachen Sinne des Wortes! – unantastbar bleiben!

Nun wäre undenkbar gewesen, die Künstler-Garderobe hinter dem Zuschauerraum anzulegen, so daß sich die Darsteller auf dem Weg zu ihrem Auftritt durch die mit Publikum gefüllten Gänge zwängen mußten. Das war noch

[1] Vgl. R. Kabel, Solch ein Volk … a. a. O. S. 225.

[2] R. Weil, Das Berliner Theaterpublikum … a. a. O. S. 91.

[3] H. J. Schmieder (Hg), Taschenbuch fürs Theater … a. a. O. S. 162 f.

[4] J. F. Schütze, Satirisch-ästhetisches Hand- und Taschenwörterbuch; hrsg. v. W. Otto. Berlin 1984.

im Berliner Comödienhaus am Gendarmenmarkt der Fall, das 1774 eröffnet wurde. Ursprünglich Spielort für eine französische Truppe, zeigte die Architektur, wie sich erst allmählich das Programm der vierten Wand seinen Spielraum schuf. Als ab 1786 deutsche Schauspieler einzogen, die ganz auf den Ton der »natürlichen« Lebenswahrheit eingestimmt waren, wurde jetzt die Begegnung von Zuschauern und kostümierten Darstellern außerhalb der Szene als unverträglich empfunden. Einige Theater richteten auf der Galerie spezielle Abteilungen für Schauspieler und ihre Angehörigen ein, damit sie abgesondert der Aufführung beiwohnen sollten.

Die Bestuhlung schränkte auch die Kommunikation rundum ein. Damit waren nicht nur die Parterre-Zuschauer festgesetzt, sondern indirekt auch die Logen-Besucher eingeschränkt. Wenn sie vom Parterre aus nur teilweise und nur noch durch eine gelegentliche Kopfwendung zu beobachten waren, erhielt ihr effektvoller Logen-Auftritt wenig Beachtung. Das soziale Rollen-Spiel auf der Logen-Bühne verlor sein Publikum... Im Berliner Nationaltheater traten folgerichtig nach dem Neubau von 1821 die Logen in den Hintergrund. Die Gäste konnten jetzt vom Parterre aus weniger gut gesehen werden. Dadurch fühlten sich einige Logen-Besucher buchstäblich zurückgesetzt. Andere, »welche gerne unbemerkt und zurückgezogen sich dem Genuß der Darstellung hingeben wollen und Zerstreuung nicht lieben«, hätten die neue Raumordnung um so eher akzeptiert, meinte Architekt Schinkel.[1] Seine Baukonzeption hatte ganz bewußt die konzentrierte Rezeption gefördert.

So erwies sich die Platzbindung der Parterre-Zuschauer als Dreh- und Angelpunkt ihrer Disziplinierung. Ohne einen vorgeschriebenen Sitzplatz wäre die axiale Rezeptionsorientierung nicht durchzusetzen gewesen. Weil damit zugleich persönliche Bequemlichkeit verbunden war, konnte der einzelne Zuschauer rasch den Verlust verschmerzen, mit der er seine neue Situation im Publikum erkauft hatte.

3. Zur Applaus-Ordnung Unter jenen Fragen, die in den deutschen Theaterjournalen zwischen 1770 und 1815 erregt debattiert wurden, war auch die nach dem Applaus. Sollte das Publikum die Bühnenkünstler mit Beifall ehren, vielleicht ein darstellerisches Detail beklatschen dürfen oder ganze Szenen oder allenfalls das Ende der Aufführung? Sollte das Publikum umgekehrt eine tadelnswerte künstlerische Leistung pochend oder zischend oder pfeifend verurteilen? Die Meinungen gingen weit auseinander.

Einig waren sich die Autoren darin, daß alle diejenigen lauten Zuschaueräußerungen verboten werden müßten, die purer Radau und kein Urteilsspruch über die Kunst waren. So rügte das »Räsonnierende Theaterjournal« das Pochen, Pfeifen und laute Brüllen der Leipziger Zuschauer zur Michaelismesse 1783. Lange vor Beginn der Vorstellung sei das Parterre besetzt gewesen, wo »ungezogene Menschen, um sich die lange Weile zu vertreiben, zur

[1] Vgl. T. Schölling, Das gesellige Vergnügen ... a. a. O. S. 90.

halben Viertelstunde bald mit Stöcken und Absätzen die Cadence des Zapfenstreiches trummeln, daß der Boden davon schüttert, bald ein anderes Stückchen pfeifen, bald zu wiederholten Malen das militärische Kommandowort Ruhe! dazwischenbrüllen, daß einem die Ohren gellen.«[1] Solchen Beifall mußten Theaterdirektoren wie »Kunstkenner« im Publikum verwerfen. Schwieriger aber war für sie, das Maß des »richtigen« Beifalls zu bestimmen. Die Unsicherheit wurde anläßlich der Uraufführung von Goethes CLAVIGO 1774 in Hamburg deutlich. Das Publikum wußte nicht, ob es den verehrten Schauspieler Schröder in der Rolle des Carlos, den es als einen negativen Charakter erlebt hatte, mit Beifall belohnen durfte.[2] Unsicher blieben die Zuschauer noch zwanzig Jahre später: Als ihnen ein Schauspieler den Tod seiner Kollegin verkünden mußte, meinte das Publikum, die schöne Rede mit lauten Bravo-Rufen quittieren zu sollen.[3] Erst in den letzten Jahrzehnten des 18. Jahrhunderts bürgerte sich die Sitte ein, den Künstlern am Ende einer Aufführung durch Beifall zu danken. Möglicherweise ist der Hamburger Schauspieler Brockmann, als er 1777 in Berlin mit dem Hamlet gastierte, als erster Darsteller durch Beifall vor den Vorhang gerufen worden.

Im Meinungsstreit über den Applaus hatten seine Gegner wie seine Befürworter gute Argumente. Die einen sahen in ihm nur eine Gelegenheit zur Ruhestörung, die anderen die Stimme des künstlerisch interessierten Publikums. Die Mehrheit der Künstler sprach sich für den Beifall aus, weil nur so die Öffentlichkeit ihren Dank abstatten könne. In diesem Sinne befürworteten auch die vom Intendanten Dalberg befragten Schauspieler ein klatschendes Auditorium. Es ermögliche ihnen, soziale Achtung und zugleich beruflichen Ansporn zu gewinnen. Iffland, noch Mannheimer Schauspieler, hielt den Applaus für des »Künstlers größten Lohn. Er soll sich nicht nur darum bemühen, er soll danach ringen.« Und Ifflands Kollege Meyer meinte, ein Parterre ohne lauten Beifall sei »ein sicheres Opium für den Schauspieler.«[4]

Die Gegner des Beifalls wiesen auf die Inkompetenz des Auditoriums hin. Applaus würde nicht immer von solchen Zuschauern gespendet, »deren Beifall ehren kann, von solchen, denen Gefühl, Mitempfinden, Kenntnis des Schönen (Beifall) ablockt. Es ist zuweilen mehr ein Poltergeist, der die Hände der Menge, wie eine Rotte hölzerner Soldaten, am Faden der Nachahmung zieht.« Wie wenig Beifall der wirklichen Schauspielkunst gelte, setzte der Autor in einen ironischen Vergleich: »Wenn die höchste Zahl des Applaudierens 100 wäre, ließe sich vielleicht folgende Tabelle über die meisten Parterre Deutschlands aufsetzen:[5]

[1] Vgl. H. Gersdorf, Die Wandlungen des Theatergeschmacks. Diss. Leipzig 1922. S. 177.
[2] Vgl. F. L. W. Meyer, Friedrich Ludwig Schröder, Bd. 1. Hamburg 1819. S. 270.
[3] H. Gersdorf, Die Wandlungen ... a. a. O. S. 180.
[4] Vgl. K. Jenniches, Der Beifall als Kommunikationsmuster im Theater; in: Kölner Zeitschrift für Soziologie und Sozialpsychologie 1969/9. S. 575.
[5] H. A. O. Reichard, Theaterkalender ... a. a. O. 1775. S. 9 f.

Gute Lunge	60
Dieselbe beim Abgehen	100
Nuance	1 oder 0
Gutes Mienenspiel	5
Gesichterschneiden	90.«

(Gutes Mienenspiel und die »Nuance« wären demnach Ausdruck hoher Kunst!) Ein anderer Autor, gleichfalls den häufigen Mißbrauch des Beifalls beklagend, schlug vor, die Theater sofort polizeilich schließen zu lassen, sofern in ihnen nicht die »Gesetze des Wohlanstandes« gewahrt blieben. Denn: »Was wird in den meisten Schauspielhäusern beklatscht? Stellen für Geist und Herz selten! Dahingegen der Dichter in Szenen, wo er seinen Witz ausarten läßt, wo er wohl gar mit Vorsatz grobe Zweideutigkeiten anbringt, bei welcher die Mutter vor der Tochter erröten und der Vater es bereuen muß, sein Kind ins Schauspielhaus geführt zu haben, nie unbeklatscht bleiben wird.«[1] Das ist ein kultursoziologisch interessanter Hinweis: Wie der Autor hier die Peinlichkeitsgrenze für Jugendliche und Eltern unterscheidet, kündigt sich bereits die Prüderie des späteren 19. bzw. 20. Jahrhunderts an, die dann auch dem Theater zweierlei Maßstäbe aufzwingen wird – die Aufführungen für die »reifere Jugend« und die »jugendfreien« Aufführungen.

Zurück zur Publikumsschelte: »Sagt der Acteur zweideutige Stellen noch zweideutiger und begleitet sie obendrein mit handgreiflichen Gesten, so kann er des Beifalls gewiß sein. Szenen, die an sich schon outriert sind, noch mehr zu übertreiben, macht bei den meisten Zuschauern einen großen komischen Schauspieler...« Offenbar erröteten Vater und Mutter noch nicht, wie sie sollten, sondern klatschten schamlos in die Hände ... In seiner Philippika beleuchtete der Autor auch die Claqueure, die das Publikumsurteil manipulierten. Ein Schauspieldirektor brauche nur junge Männer, die um die Aktricen der Gruppe herumflatterten, geschickt im Saale zu verteilen, um den Erfolg einer Aufführung zu sichern. Vom Beifall einiger Zuschauer geleitet, würden schließlich die meisten das Stück »am Ende vielleicht ein Meisterstück« nennen. Durch bestellte Leute lasse der Direktor seine Schauspieler beklatschen, »oft diese sich selbst von ihren Cameraden, Friseuren, Barbieren, Schneidermeistern und Schustern. Es müßten ja lauter Könner oder Starrköpfe vor der Bühne sitzen, wenn nicht einige in das Getöse der Mietlinge einstimmen sollten.«[2]

Der Vorwurf der Claque war nicht unberechtigt. Seit Ende des 18. und öfter im 19. Jahrhundert wurde die Praxis des bestellten Applauses erwähnt.

Als der Beifall zum Maßstab für das Rufbild einer Inszenierung wurde, lag sein Mißbrauch auf der Hand. Da er auch über künftige Publikumsströme entschied, mußten Versuche einsetzen, ihn zu manipulieren. Besonders berüchtigt wurde das Claque-Wesen in den französischen Theatern des 19. Jahrhun-

[1] ebenda. 1790. S. 217.
[2] ebenda. 1790. S. 217.

derts. (Das erklärt auch die französische Bezeichnung: claquer = klatschen, knallen, klappern.) Seit 1820 arbeitete in Paris ein gut organisiertes Beifallsbüro mit festen Preisen (»Assuance des succès dramatiques«). Die Claqueure bekamen in den Theatern bestimmte Raumzonen und Aufgaben zugewiesen:«Der ›Tabageur‹ pflegte bei den kleinsten Anlässen heftig zu applaudieren, der ›Connaisseur‹saß auf den teuren Plätzen, seine Aufgabe war, sachkundig zu murmeln und seine Nachbarn auf Schönheiten in Dichtung und Darstellung hinzuweisen. Der ›Rieur‹ lachte über den harmlosesten Witz im Gegensatz zum ›Pleureur‹, der bei passender Gelegenheit auf die Tränendrüsen drückte. Der ›Chatouilleur‹ verteilte jovial Bonbons, Theaterzettel und Schnupftabak und stimmte seine Umgebung durch gefällige Unterhaltung freundlich, und schließlich der ›Bisseur‹, der unermüdlich ›da capo‹ oder ›bis‹ rief.«[1] Der Leiter der Applaus-Organisation saß während der Hauptproben im Zuschauerraum und ermittelte die für Publikumsäußerungen geeigneten Stellen. Das Instrumentarium der Claque ließ sich ebensogut umkehren, sollte ein »Durchfall« organisiert werden.

Wenn auch das deutsche Theater nicht von einem so ausgeklügelten Claquensystem beherrscht wurde wie das französische, so war doch auch in Deutschland die Beeinflussung des Publikums durch gemieteten Beifall üblich. 1844 veröffentlichte die Regensburger »Theater-Revue« sogar den Preis-Courant einer »berühmten Beifallsassekurations-Compagnie«.[2] Das war natürlich die ironische Erfindung eines Journalisten, wenn er die Leistungen jener Beifalls-Gesellschaft folgendermaßen auflistet:

»Einfacher Hervorruf am Schluß eines fünfaktigen Stückes	2 fl., 20 kr.
Hervorruf nach dem 2. oder 3. Akt mit Sturm	5 fl., 15 kr.
Für weibliche Claqueure in den Logen des 2. Ranges mit den Acclamtionen ›er ist entzückend, er ist ein goldiger Junge, ach: er ist ein Engel!‹	1 fl., 12 kr.
Fürs Wehen	6 fl.
Krampfhafter Beifall mit Gelächter bei einzelnen Nuancen (von großartiger Wirkung)	7 fl., 6 kr.«

War die Preisliste auch Satire, so konnte sie ihren Witz nur aus der Theaterpraxis selbst beziehen. Offenbar war es in vielen Theatern üblich, bestellten Applaus oder gezielte Pfiffe zur Publikumsmanipulation einzusetzen.

In diesem Lichte wird verständlich, warum der Beifall vielen Theaterdirektoren und -freunden fragwürdig erscheinen mußte. Goethe zum Beispiel wollte die unangebrachten Äußerungen des Publikums – und dazu zählte er auch ein studentisches Vivat! im Theater auf Schiller – durch strenge Vorschriften unterbinden. »Bey uns (in Weimar, R.D.) kann kein Zeichen von Un-

[1] K. M. Jenniches, Der Beifall ... a. a. O. S. 576. Dazu auch: R. Blum, K. Herloßsohn, H. Marggraf (Hg.) ... a. a.=. Bd. 1. S. 16.

[2] Vgl. B. Frank, Die erste Frankfurter ... a. a. O. S. 24 f.

geduld stattfinden, das Mißfallen kann sich nur durch Schweigen, der Beifall nur durch Applaudieren bemerklich machen. Kein Schauspieler kann herausgerufen, keine Arie zum zweytenmal gefordert werden.«[1] Selbst die berühmte Jagemann, erste Darstellerin im Ensemble und Geliebte des Herzogs, wurde mit Geldbuße belegt, als sie nach einem Hervorruf sich vorm Publikum verneigte.

Die Theater, die sich selbst einen hohen publikumserzieherischen Anspruch stellten, versuchten im 19. Jahrhundert, laute Zuschauer-Äußerungen zu unterdrücken. So hieß es in den Hausregeln des 1883 eröffneten Deutschen Theaters: »Verbeugen vor dem Vorhang ist bei Klassiker-Aufführungen unstatthaft. Bei modernen Stücken treten lediglich der Dichter und evtl. Gäste vor den Vorhang. Tote sind vom Verbeugen ausgeschlossen.«[2] Diese Ordnung galt sinngemäß noch unter der Direktion von Otto Brahm. Wenn überhaupt Beifall im Theater, dann sollte er dem wahrhaft schöpferischen Genius, dem Dichter, gelten! An der Wende vom 18. zum 19. Jahrhundert wurde in vielen Theatern der Applaus des Publikums wie seine Umkehrung, das Auspfeifen und Auspochen, regelrecht unter Strafe gestellt. 1798 erteilte der sächsische Kurfürst seinen Offizieren das strikte Verbot, im Theater zu zischen.[3] In Potsdam durfte 1796 einzig der König klatschen; in seinem Berliner Opernhaus war jeglicher Beifall untersagt. Ebenso gab es 1800 in Wien und 1803 in Stuttgart Applaus-Verbote. Aber ihre ständige Erneuerung deutete darauf hin, daß sie nie lange befolgt wurden. Als 1788 der Berliner Polizeipräsident dem Publikum das Auspochen eines Schauspielers verbot, umging es den Erlaß geschickt – nun strafte es unerwünschte Stücke oder unbeliebte Darsteller durch Aushusten. Das nächste Verbot des Preußischen Gouvernements 1795 wurde durch »Schnauben« der Berliner Zuschauer entkräftet, und dem neuerlichen Erlaß des Polizeipräsidenten 1809 folgte kurz darauf ein skandalöses Pfeifkonzert, das wiederum ein polizeiliches Verbot der Urteils-Kundgebung im Theater zur Folge hatte.[4] In allen Hoftheatern war in der ersten Hälfte des 19. Jahrhunderts das Pfeifen strikt untersagt. Noch in der Mitte des 19. Jahrhunderts war im Hoftheater Hannover »jedes Zeichen des Mißfallens bei sofortiger Verhaftung verboten.« Ein zeitgenössisches Theaterhandbuch ließ dieser Information die Worte folgen: »Gott segne dieses glückliche Land, sagte der Prinz Solms.«[5]

Wenn sich Goethe oder Brahm gegen ungezügelte Zuschauerurteile wandten, wollten sie die Konzentration des Publikums und die Schulung seines Kunstsinnes nicht durch vorlaute Einzelstimmen gefährdet sehen. Wenn die Staatsmacht so energisch alle Publikumsäußerungen unterdrückte, verfolgte sie nicht nur kunsterzieherische Absichten! Sie wollte verhindern, daß sich

[1] Vgl. L. Schrickel, Geschichte des Weimarer Theaters von seinen Anfängen bis heute, Weimar 1928. S. 131.

[2] Vgl. A. Dreifuss, Deutsches Theater Berlin. Berlin 1983. S. 64 ff.

[3] H. Gersdorf, Die Wandlungen ... a. a. O. S. 184.

[4] R. Weil, Das Berliner Theaterpublikum ... a. a. O. S. 118.

[5] R. Blum, K. Herloßsohn, H. Marggraf (Hg.) ... a. a. O. Bd. 7 S. 275.

beim Publikum das Selbstverständnis eines tendenziell demokratischen Organs herausbildete. Es war in den Augen der Obrigkeit gefährlich, dem einzelnen Zuschauer seine soziale Wesentlichkeit zu bestätigen. Denn kollektive Kundgebungen von Beifall oder Mißfallen sind zugleich Kundgebungen von weiterreichenden Gemeinsamkeiten.

Die Erklärung des Gothaischen Theaterkalenders aus dem Jahre 1789 (!!!) spricht für sich: »Achtung der Jugend gegen das Alter, des Geringeren gegen den Höheren, des Untergebenen gegen den Vorgesetzten wird uns von Kindheit an gelehrt und diese Lehre auch ziemlich überall befolgt, nur in den Schauspielhäusern scheint man dagegen abgehen zu dürfen. Hier sieht man den Schulknaben angesichts des ehrbaren Mannes, Kaufmannsburschen, Badergesellen neben dem wohlverdienten Rath des Staates, den Acceßizisten (= Behördenangestellter, R.D.) und wohl gar den Actenhefter vor dem Minister den unanständigsten Lärm betreiben, und so diesen Männern das Vergnügen, welches sie empfinden kamen, zu verscheuchen.«[1] Unmißverständlich klärt der Autor, wem das Theater gehören soll – dem »ehrbaren Mann«, dem wohlverdienten Staatsrat und dem Minister. In diesem bürgerlichen Theater soll das Verhältnis zwischen Vorgesetzten und Untergebenen nicht hinterfragt werden. Der Beifall aber wäre ein taugliches Mittel des sozialen Widerspruchs gewesen. Der Beifall könnte die festgefügte Sozialordnung, die »ziemlich überall befolgt« wurde, erschüttern. Indem er oppositionelle Einzelstimmen zur hörbaren Kundgebung bündelte, konnte der Applaus oder das kritische Pfeif- und Klopf-Konzert im Theater eine Gruppe Gleichgesinnter formieren, die im Werktag örtlich verstreut und vereinzelt sprachlos bleiben mußten. (Der assoziative Hinweis auf vorkapitalistische Kulturen liegt nahe: Im gemeinsamen rhythmischen Händeklatschen bestärken die Angehörigen eines Stammes ihren sozialen Zusammenhalt, und kollektive Körperbewegungen binden sie als Gruppe zusammen.) Da sich das bürgerliche Theater selbst nicht als Plattform der vorproletarischen bzw. proletarischen Zuschauer verstand, mußte es den Beifall reglementieren. Er erstarrte in wenigen Jahrzehnten zur konventionellen Geste.

4. Zur Eindunkelung des Zuschauerraumes Die Zuschauerräume blieben im 18. Jahrhundert während der Aufführung erleuchtet – so gut es die Wachs- und Talgkerzen vermochten. Mindestens bis zur Mitte des 19. Jahrhunderts war die Eindunkelung der Publikumszone unerwünscht. Daß die Zuschauer im Hellen gelassen wurden, lag nicht an der unentwickelten Technologie der Beleuchtung, sondern in der vollen Absicht der Theaterleute.

Die Theaterbauten der Renaissance hatten diverse Einrichtungen geschaffen, um den Zuschauerraum während des Spiels einzudunkeln. Ein 1584 verfaßtes Traktat schlug vor, die Lampen so aufzustellen, daß ihr Licht »sich ja nicht zu sehr im Zuschauerraum verbreitet. Je dunkler der Zuschauerraum ge-

[1] H. A. O. Reichard, Theaterkalender … a. a. O. 1789. S. 213.

halten ist, desto leuchtender erscheint die Szene. Je heller andererseits der Zuschauerraum ist, desto mehr zerstreut er die Aufmerksamkeit...«[1]

Als später im Theatersaal feudalabsolutistischer Prägung die Blicke der Zuschauer weniger auf die Bühne, viel mehr auf das Publikum gerichtet waren, verbot sich die Eindunkelung. Im Dunkeln hätten die Zuschauer ihre sozialen Rollen nicht vorzeigen können ... Auch in der städtischen Schaubude kam ein Beleuchtungswechsel nicht in Betracht, war dort die Erhellung des Raumes ohnehin ein kostspieliges Problem. Und bei dem lebhaften Austausch zwischen Spielern und Zuschauern wäre es völlig unsinnig gewesen, das Publikums-Revier zu verdunkeln.

Die Theatersäle waren mit Wachs- oder Unschlittkerzen und Öllampen erhellt. Immer wieder hatten sich die Zuschauer über tropfendes Wachs, über ausgeblasene Lichte und über widrigen Geruch zu ärgern. Der flüssige Talg verdampfte nur unvollständig, die Dochte verkohlten. Der Lichtputzer, der während der Vorstellung neue Kerzen aufsteckte und die Dochte beschnitt, um Qualm und Trangestank zu verringern, war in den Zuschauersälen ständig am Werke. Seine unkünstlerische Tätigkeit, mit der sozusagen die banale Realität ins Himmelreich der Kunst einbrach, machte ihn zur beliebten Spottfigur. Die Bezeichnung »Lichtputzer« wurde zum Inbegriff für Talentlosigkeit und musische Dickfelligkeit. Zwar waren die Wachskerzen die teuerste Beleuchtung, aber sie lieferten das hellste und festlichste Licht. Daher wurden in höfischen Prunk-Aufführungen möglichst viele Wachskerzen angezündet – ein strahlendes Signal fürstlicher Leuchtkraft.

Eine »Lichtrechnung« des Mannheimer (höfischen!) Theaters für acht Opernaufführungen summierte insgesamt
7915 weiße Kerzen
66 weiße Opernflambeaus
2144 kleine Förmlein mit weißem Wachs
468 Blechformen mit gelbem Wachs
878 Tafelkerzen
3586 kleine weiße Kerzen
2700 gelbe Tafelkerzen
3111 Erdtiegel mit gelbem Wachs
4 Wachsstangen zum Anzünden.[2]

Jedes Licht wollte per Hand entzündet werden! Natürlich konnten die bürgerlichen Schauspielprinzipale nur selten mit dieser strahlenden Pracht konkurrieren. Jedoch weisen überlieferte Rechnungen aus, daß mitunter die Lichtkosten für eine Vorstellung die Wochengage des Ensembles überstiegen.[3]

[1] Vgl. H. Braulich, E. O. Hamann, Beiträge ... a. a. O. Bd. 1. S. 71 f.
[2] dazu: F. Walter, Geschichte des Theaters und der Musik am Kurpfälzischen Hofe. Bd. 1. Leipzig 1898. S. 178.
[3] dazu: C. F. Baumann, Licht im Theater, Stuttgart 1988.

Die Erfindung der Argand-Lampe (1784) – die innerhalb eines Zylinders brennende Ölflamme – verringerte die Brandgefahr. Sie gab mehr Licht und weniger Hitze. Ein mit Kerzen bestückter Kronleuchter, in der Saalmitte aufgehängt, hielt die Rußbelästigung in Grenzen. Sein Licht erhellte gleichmäßig nach allen Seiten den Raum – und darüber hinaus die Bühne. Sie blieb häufig dunkler als der Zuschauersaal. Weiteres Licht erhielt sie von Leuchtern, die in den Kulissenrahmen montiert waren und durch die Gassen auf die Szene strahlten. (Das erklärt auch, warum lange Zeit keine vollständige Zimmerdekoration aufgebaut werden konnte. Die Spielfläche mußte von der Seite her beleuchtet werden). Außerdem waren entlang der Rampe in einem Kasten Ölnäpfe installiert; sie konnten mittels eines Blechs Licht auf die Szenen reflektieren. Bei »Nacht« auf der Szene wurde das Licht erforderlichenfalls versenkt. Es gab eine Menge sinnreicher Erfindungen, um Lichtstimmungen zu zaubern – doch keinerlei Mechanik, um den erhellten Zuschauerraum einzudunkeln. Entsprechende Vorschläge blieben im 18. Jahrhundert unbeachtet. Nirgendwo ist ein solches Projekt realisiert worden. Wiederum wird erkennbar, wie tief sich das überlieferte Theaterverständnis »Sehen und Gesehen werden« verwurzelt hatte.

Je strenger im Laufe des 19. Jahrhunderts das Publikum auf die Bühne konzentriert wurde, um so fragwürdiger erschien nun ein heller Zuschauersaal. Doch zunächst wurden die Pläne seiner Eindunkelung aus zwei Gründen abgewiesen. Erstens stand zu befürchten, daß ein dunkler Zuschauerraum die ersten spürbaren Erfolge der Publikumsdisziplinierung durchkreuzen könnte. Im Schutze der Dunkelheit würden sich vielleicht manche Besucher das alte Recht auf laute Meinungsäußerung zurückholen wollen. Als 1802 ein bautechnischer Entwurf auch die Eindunkelung des Saales vorsah, wies der Theaterarchitekt Langhans diesen Gedanken kategorisch als »Unanständigkeit« zurück, »die vielleicht dem Publikum in manchen kleinen Winkeltheatern willkommen sein könnte?«[1] Nur der helle Saal bürgte für Ordnung. Der zweite Grund, der das Auditorium erhellt ließ, betraf die Lektüre der Zuschauer, die während der Aufführung die Partitur oder das Drama mitlasen. Das Textbuch auf den Knien galt als unverzichtbarer Ausweis von Kennerschaft. Meist wurden an der Theaterkasse und vom Billetteur Arienbücher bzw. Stücktexte zu erschwinglichen Preisen verkauft. (Wenn im Theaterjargon das Scherzwort »Text an der Kasse« einen Darsteller kritisiert, der seinen Text vergessen hat, so war es in der Verkaufspraxis begründet, die noch weit bis ins 20. Jahrhundert hinein allgemein üblich war. Auch das ist eine Quelle für die schier unerschütterliche Annahme vieler Zuschauer im gegenwärtigen Theater, daß eine Inszenierung die »werkgetreue« Umsetzung des Textes leisten solle.) Eine sinnreich konstruierte »Theaterlaterne« hatte nicht nur die Aufgabe, den Zuschauern »heimzuleuchten«; sie sollte ihnen auch die Lektüre während der Aufführung erhellen.

[1] C. F. Langhans, Über Theater oder Bemerkungen über Katakustik. Berlin 1810. S. 43.

Obwohl die Einführung der Gasbeleuchtung im Theater (1818 in London, 1821 in Paris, 1837 in Köln, 1843 in Dresden) eine gute technische Voraussetzung für eingedunkelte Zuschauerräume geboten hätte, wurde das Gas vor allem für szenische Lichteffekte eingesetzt. Noch 1860 rief ein Autor dazu auf, die Möglichkeiten der Drosselung der Gasflammen endlich auch im Auditorium zu nützen.[1]

Als Wagner das Bayreuther Festspielhaus dank regelbaren Gaslichts eindunkeln ließ, hielten ihm seine Freunde »exzentrische Übertreibung« vor.[2] Für die 1876 verkauften Textbücher hatte Wagner einen Hinweis verfaßt: »Um die richtige Wirkung des szenischen Bildes zu gewinnen, muß die Beleuchtung des Zuschauerraumes notwendig so weit vermindert werden, daß während des Aufzuges unmöglich das Textbuch nachzulesen sein kann. Es wird dabei, sobald der Deutlichkeit der dramatischen Darstellung noch mißtraut werden sollte, gerathen, sich entweder mit dem ganzen Textbuch vor der Aufführung oder mit den Theilen desselben zwischen den Aufzügen bekannt zu machen.«[3]

Erst nach der Installation der elektrischen Beleuchtung in den Theatern (1880 in San Franzisko, 1881 in London, 1882 in Brünn, 1883 in München, Stuttgart, Chemnitz, Wien usw.) setzte sich auch die Eindunkelung der Zuschauerräume durch. Anscheinend erleichterte die technische Neuerung den Entschluß, nun während des Spiels die Zuschauer ins Dunkle zu setzen. Aber letztlich war es das Publikumsverhalten selbst, das am Ende des 19. Jahrhunderts die Dunkelheit erlaubte. Das Publikum war wirklich entmündigt, die Zuschauer wirklich aus der Publikumsgemeinschaft entlassen und vereinzelt worden, so daß ein dunkler Raum nicht mehr das Risiko neuerlicher Krawalle barg.

Diese äußere Passivität der Zuschauer ist die auffälligste Hinterlassenschaft der deutschen Theaterentwicklung. Sie ist inzwischen so weit zur »Natur« des Theaters geworden, daß es schon des Brechtschen Sarkasmus bedarf, um in der Karikatur die Eigenart der Publikumssituation zu verdeutlichen: » ... ziemlich reglose Gestalten in einem eigentümlichen Zustand: sie scheinen in einer starken Anstrengung alle Muskeln anzuspannen, wo diese nicht erschlafft sind in einer starken Erschöpfung. Untereinander verkehren sie kaum, ihr Beisammensein ist wie das von lauter Schlafenden ... Sie haben freilich ihre Augen offen, aber sie schauen nicht, sie stieren, wie sie auch nicht hören, sondern lauschen. Sie sehen wie gebannt auf die Bühne ... Schauen und Hören sind Tätigkeiten, mitunter vergnügliche, aber diese Leute scheinen von jeder Tätigkeit entbunden und wie solche, mit denen etwas gemacht wird. Der Zustand der Entrückung, in dem sie unbestimmten, aber starken Empfindungen hingegeben scheinen, ist desto tiefer, je besser die Schauspieler arbeiten...«[4]

[1] W. Gabler, Der Zuschauerraum ... a. a. O. S. 94.
[2] dazu: C. F. Baumann, Licht ... a. a. O.
[3] Vgl. P. Lindau, Nüchterne Briefe aus Bayreuth, Breslau 1980, S. 28.
[4] B. Brecht, Schriften. Über Theater; hrsg. v. W. Hecht. Berlin 1977 S. 4.

Natürlich trifft Brechts Polemik nicht alle Theaterveranstaltungen – nicht alle Aufführungen im Theater seiner Zeit, ebensowenig alle gegenwärtigen Aufführungen, die das geistige Mitspiel des Publikums auch durch unmittelbar-intensiven Verkehr zwischen Schauspielern und Zuschauern fördern wollen. Dennoch legt die Zuspitzung eine wesentliche Seite im Publikumsverhalten bloß, die auch gegenwärtig noch – trotz vieler andersgearteter Theatererlebnisse – die Theaterkultur dominiert: Die Zuschauer lassen in der Aufführung mit sich geschehen! Sie verkehren untereinander, wenn überhaupt, nur außerhalb des Kunst-Raumes in der ihnen verordneten Kunst-Pause. Das ist der Januskopf der Theatergeschichte: einerseits haben sich die Zuschauer disziplinieren lassen und damit eine hohe Verfeinerung der theatralen Darstellung ermöglicht. Andererseits haben sie den Spielraum für offenen und öffentlich erlebbaren Austausch untereinander preisgegeben.

Autoritätsgewinn der Künstler

Um 1800 veränderte sich das Kräfteverhältnis zwischen Publikum und Künstlern. Ohne diesen Wandel hätte sich die Publikums-Disziplin nicht durchsetzen lassen können. In einem eher verdeckten, allmählichen, vom einzelnen Zuschauer aus betrachtet mehr unauffälligen Prozeß verlor das Publikum sein Selbstbewußtsein. Wörtlich verstanden: es verlor das Bewußtsein der eigenen Bedeutung und Befugnis im Theater. Gleichzeitig gewannen die Künstler eine bislang unerhörte Autorität. Sie hob sie, zunächst über die Stufe der sozialen Gleichstellung, schließlich über das Niveau der allgemeinen bürgerlichen Reputation empor.

Die hochfliegenden Einleitungsworte, mit denen 1846 das »Allgemeine Theaterlexikon« das neue gesellschaftliche Rufbild des Theaters ausmalte, waren in der Sache begründet: In Beachtung und Anerkennung der Bühne, hieß es dort, »vereinigten sich alle Stämme, Staaten und Provinzen des deutschen Volkes, sie ist der Mittelpunkt der intellektuellen und geselligen Einheit Deutschlands, ein die Zeitblätter und Conversation stets rege erhaltender, nie erschöpfender und alternder Stoff, und demnach ein unabweisbares Aggregat des gesellschaftlichen Lebens. Sängerinnen und Tänzerinnen erfüllen nicht, wie sonst, eine Stadt, ein Land, sondern ganz Europa, ja die Welt mit ihrem Ruhm; der ehemals heimatlose Historione hat sich emanzipiert und ist ein Glied geworden der neuen Gesittung; der fahrende Schüler, dem man vor Zeiten ein ehrliches Begräbnis verweigerte, bewegt sich als gesuchter Gast in den parkettierten Salons der höchsten Civilisation und der Lustigmacher, den man sonst in eine Scheune verwies, glänzt mit den Blitzen seines Geistes in den Assembleen der besten Gesellschaft. Der Lorbeer schmückt den darstellenden Künstler wie den Helden, und manche Grafenkrone prangt auf der Stirn einer ehemaligen Bühnenkünstlerin, welche die Gattin eines Crösus oder Staatsmannes ward und die Poesie hinübertrug in sein ödes Leben.«[1] Der letzte Satz war eine gelinde Übertreibung. Nur wenn sie ihr Künstlerkostüm auszog, konnte die Schauspielerin Gräfin und honorige Gattin werden. Ein theaterhistorisch markantes Beispiel lieferte die Ehe zwischen Georg II. von Sachsen-Meiningen und der Freifrau von Heldrungen, der ehemaligen Hofschauspielerin Ellen Franz. Von seinesgleichen wurde der Herzog wegen dieser unstandesgemäßen Verbindung angefeindet, doch die Leistungen der Meininger Theaterreform wären ohne die Einflüsse der Künstler-Gattin undenkbar.

Im 18./19. Jahrhundert schlossen in Deutschland und Österreich fast 4000 Adlige höherer Ränge, darunter 180 Fürsten und 600 Grafen, eine Ehe mit einer Bühnendarstellerin! Doch der adlige Schauspieler mußte auf dem Theaterzettel das »von« in seinem Namen unterdrücken! In kleineren Städten blieben aber die Vorurteile gegen die Theaterleute lebendig, wurden Schaustellergewerbe und Theater noch immer als Synonyme gedacht. (Allerdings unterschied sich dort beider Praxis auch noch nicht sehr deutlich!) Trotzdem – aufs Ganze gesehen hatten um 1850 Theaterkunst und Theaterkünstler ein Maß an gesellschaftlicher Achtung erworben, das einige Jahrzehnte zuvor undenkbar erschienen wäre.

Noch um 1775 war das Verhältnis der Theaterleute zum Publikum von tiefster Demut geprägt. Kein Prinzipal hätte seiner zahlenden Kundschaft so dreist gegenüberzutreten gewagt, wie einmal die Neuberin den desinteressierten Hamburgern: »Denn von der Schauspielkunst habt ihr sehr wenig Licht/weil's euch an Zärtlichkeit, Natur und Kunst gebricht.«[2] In solchen Worten sprach sich jedoch mehr die Selbstachtung einer energischen Frau als das Selbstbewußtsein eines Berufsstandes aus.

In schmeichlerischen Pro- und Epilogen verbeugten sich die Theaterunternehmer vorm Publikum der Auftrittsorte. Als 1771 das Theater in der Behrenstraße zu Berlin eröffnet wurde, hieß Direktor Koch die Zuschauer unterwürfig willkommen:

»Ihr großmutsvollen Gönner unserer Spiele,
die Ihr dies Haus durch Euren Eintritt heut'
zum deutschen Musentempel weiht,
Ihr, die mein Mund mit innigstem Gefühle
der Dankbarkeit begrüßt, o! nehmt voll Huld…«

und es folgten noch viele Verse in dieser Tonlage.[3] Solche barock gedrechselten Elogen waren nicht bloß taktische Gefälligkeiten, mit Blick auf die Tageseinnahme gesprochen. Sie spiegelten auch das eigene Einverständnis der Theaterleute mit der zugeteilten Sozialrolle wider, die nur ein gering ent-

[1] R. Blum, K. Herloßsohn, H. Marggraf (Hg.) … a. a. O. Bd. 1 S. 3.
[2] Vgl. J. v. Reden-Esbeck, Caroline Neuber … a. a. O. S. 245.
[3] Vgl. G. Wahnrau, Berlin … a. a. O. S. 118.

wickeltes Selbstwertgefühl duldete. Gedrückt von den miserablen gesellschaftlichen Lebensumständen, akzeptierten sich die meisten Künstler selbst im Rang von Domestiken. Daß der Schweriner Herzog, der 1751 erstmals eine deutsche Schauspielgesellschaft auf Dauer engagierte, die Künstler in die Kategorie der niedrigst besoldeten Hofbediensteten einstufte, kennzeichnet sehr genau die soziale Plazierung in der Jahrhundertmitte.

Schauspieler-Demut im Anekdoten-Spiegel (1783)

Ein Schauspieler der zugleich ein ziemlich schlechter Sänger war, muste eine Arie in einer komischen Oper zweimal wiederholen Ein neues Applaudiren und Rufen verlangte die Arie zum viertenmale. Der Sänger trat vor: „Hält mich das preißwürdige Publikum für'n Narren, oder sing' ich wirklich so schön? In beiden Fällen steh' ich zu Befehl! — Und somit noch einmal gesungen.

Wo die Künstler so wenig galten, konnten sich alle Zuschauer über sie erheben. Mit seinem Eintrittsgeld hatte sich jedermann das Recht erkauft, die Schauspieler beschimpfen, auspfeifen oder sie durch lauten Ausruf des Familiennamens zu einer servilen Verbeugung an der Rampe zwingen zu dürfen. Gelegentlich artete das Hervorrufen zur reinen Schikane aus. Da sich ein Schauspieler jedesmal vor »Seiner Majestät, dem Publikum« verneigen mußte, machten sich die Zuschauer den Spaß, schüchterne oder neuengagierte Künstler immer wieder aufzufordern. Selbst die Zuschauer auf der Galerie, während der Aufführung von ihrer Domestiken-Rolle entpflichtet, konnten angesichts des untertänigen Theaterangebots eine gewisse soziale Überlegenheit genießen. Ihr Theatererlebnis erschöpfte sich nicht im Abreagieren sozialer Frustrationen, doch war der kurzzeitige Gewinn gesellschaftlicher Souveränität kein unwichtiges Motiv für einen Theaterbesuch auf der Galerie oder im Parterre. Wo sonst hätten die Zuschauer für einige Stunden ungeschmälerte Autorität erhalten können? (Vielleicht drängt sich einem Leser die Assoziation mit einem Fußballstadion von heute auf, wo es auch zum »guten Ton« gehört, einen Spieler lauthals mit Schimpfworten oder Pfiffen zu belegen.) Als Prinzipal Ackermann 1754 die Hallenser Studenten bat, während der Aufführung Bier- und Tabakverbrauch einzuschränken, bekam er zur Antwort: »Wir lassen uns von dem faulen Bauer nichts vorschreiben.« In der rüden Wortwahl sprach sich das Gefühl gesellschaftlicher Überlegenheit aus. – Als 17 Jahre darauf, wiederum in Halle, Direktor Doebbelin während einer

Aufführung studentischen Krawall erleben mußte, verpackte er seinen Tadel in den Epilog der nächsten Vorstellung:

»Einst in Arkadiens Gefilden,
da suchten Hirten sich zu bilden.
Allein, sie pfiffen nicht wie hier.
Nein, Pans, Apollons würd'ge Söhne
erfanden ruhmerfüllte Töne,
Ihr Freunde! Gönner! glaubt es mir.«

Diesen Vergleich duldeten die akademischen Zuschauer nicht – sie trampelten und johlten. Das rief den Choleriker Doebbelin erneut vor den Vorhang: »Schurken sind es und Hundsfötter, die da trommeln! Wenn sie ein Herz haben, dann melden sie sich bei mir. Jawohl, Schurken, meldet euch bei mir!« Zwar applaudierten die Offiziere der Hallischen Garnison, ohnehin mit den Studenten verfeindet, aber Doebbelin handelte sich auch einen Aufführungsboykott der Universität ein. Die Kassenverluste beugten seinen Nacken: Er leistete demütig Abbitte, die ein Jurist für ihn verfaßt hatte; er bezahlte die »durch diese Injurien Irrungen verursachten Kosten«, und er ließ auf einem Theaterzettel eine entschuldigende »Anrede ans Publikum zu Halle, nach vorgefallenen Zwistigkeiten« einrücken.[1]

1805 wurde Minna Unzelmann, die Tochter der berühmten Schauspielerin am Berliner Nationaltheater, Friederike Bethmann-Unzelmann, von Offizieren ausgepocht. Angeblich hatte sie sich ihnen gegenüber »spröde« verhalten. Darauf eilte die empörte Mutter »in einem durchaus nicht zum öffentlichen Erscheinen geeigneten Anzug« auf die Bühne und führte ihre erschrockene Tochter hinter die Kulissen. Zuvor hatte sie dem Publikum zugerufen, daß sie nie wieder die Berliner Bühne betreten werde. Zunächst schwieg das Publikum, verblüfft vom couragierten Auftritt der Mutter. Iffland bot ein eiligst zusammengestelltes Ersatzstück an, was das Publikum jedoch per Akklamation ablehnte. Darauf wurde die unterbrochene Aufführung ohne die Unzelmann-Szenen zu Ende gespielt. Das Publikum war jedoch über die »Anmaßung« der Schauspielerin so empört, daß die Obrigkeit am nächsten Tag für Friederike Bethmann Arrest in der Hausvogtei anordnete. Nur dadurch, so lautete die Begründung, könnten weitere Tumulte des Publikums verhindert werden. Zwar vermochte Direktor Iffland mit Hilfe eines Krankheitsattestes die Haft in Hausarrest zu mildern, aber weder sein noch der Bethmann Appell an die Muttergefühle der Königin erwirkten eine Begnadigung. Der König bestätigte die Strafe; die Schauspielerin habe das Publikum beleidigt und müsse es nun selbst versöhnen. Ifflands taktischem Geschick war es zu danken, daß der König schließlich das Berufsverbot aufhob. Für ihren ersten Auftritt hatte die Bethmann schwarze Trauerkleidung angelegt, betrat nach der Ouvertüre stumm die Szene und verbeugte sich ehrerbietig viermal vor den Zuschauern.

[1] dazu: A. Paul, Aggressive Tendenzen … a. a. O. S. 226 f.

Sie bat in einer kurzen Rede das Auditorium um Verzeihung, daß sie sich in einem unglücklichen Augenblick von ihrem zerrissenen Mutterherzen habe hinreißen lassen. Sie gelobte künftig doppelten Fleiß, worauf das Publikum durch Beifall die Annahme der Entschuldigung anzeigte. Ihre Tochter allerdings konnte nicht mehr in Berlin auftreten.[1] Hatte sich dieser Konfliktfall auch historisch gewissermaßen »verspätet«, – denn nach 1800 beherrschte die Demuts-Gebärde nicht mehr so uneingeschränkt die Szene –, war er doch ein exemplarischer Spiegel für die Beziehung zum Publikum. Das Publikum wußte sich als Souverän im Theater. Darum war es durch den Anspruch einer Schauspielerin auf persönliche Würde beleidigt. Bemerkenswert an diesem Falle war auch, daß der preußische König die Disziplinlosigkeit des Publikums sanktionierte, wo er doch sonst die Polizei als Ordnungsmacht bedenkenlos einsetzte. Deutlich wird, wie wenig es der Regierung um Ordnung als Voraussetzung für Kunstrezeption ging, wie sehr dagegen um Ordnung als Staatsräson.

Es hing nicht allein mit dem jämmerlichen Leben der deutschen Wanderkomödianten zusammen, daß sich die Zuschauer des 18. Jahrhunderts an den Schauspielern abreagieren durften. Auch unter besseren äußeren Umständen blieben die Theaterkünstler zunächst Zielscheibe der sozialen Frustration.

Das galt nicht nur für Deutschland, wie der berühmte Theaterskandal von 1763 im Londoner Drury-Lane-Theatre zeigte: Empört über erhöhte Eintrittspreise begannen die Zuschauer in Anwesenheit des Königspaares zu randalieren.

Vergeblich suchte der Schauspieler Garrick vor dem Vorhang, den Tumult zu verhindern. Schließlich wurde das Theater gänzlich verwüstet. Casanova, zu dieser Zeit in London, schrieb darüber in seinen Memoiren: »Vierzehn Tage später war der Saal wieder instand gesetzt und eine Vorstellung angekündigt. Als der Vorhang in die Höhe ging, trat Garrick hervor, um die Nachsicht des Publikums zu erbitten. Eine Stimme aus dem Parterre rief: ›Auf die Knie!‹, gleich wiederholten tausend Stimmen ›Auf die Knie‹! Und (Garrick), der tausend mal mehr wert war als alle diese wahnsinnigen Brüller, mußte das Knie beugen und in dieser demütigen Stellung um Verzeihung bitten. Nun ertönte ein Beifallssturm, und alles war erledigt.«[2]

Es ist zweifelhaft, ob sich Casanova schon 1763 über die Erniedrigung eines Comödianten empört hätte. Anzunehmen ist, daß seine Memoiren, Jahrzehnte später verfaßt, den Autoritäten-Wechsel reflektieren, ohne daß dem Autor der eigene Sicht-Wechsel selbst bewußt wurde. Jetzt fand es Casanova selbstverständlich, daß »ein Garrick« (»ein«!, R.D.) »zwanzig Jahre später in Westminster begraben wurde.«[3]

Es war ein dornenvoller Weg, auf dem die Theaterkünstler ihre persönliche

[1] ebenda. S.193 ff.

[2] G. Casanova, Memoiren. Bd. 3. Hamburg 1959. S. 240.

[3] ebenda.

Würde und soziale Achtung erkämpften. Wieviel Verzicht auf Geborgenheit, wieviel Mut zur politischen Auseinandersetzung, wieviel Zuversicht in künftige Humanität waren von ihnen gefordert! Die gesellschaftliche Anerkennung, die sie nun errangen, bezog sich sowohl auf die künstlerische Entscheidungsbefugnis als auch auf die Achtung für ihre professionelle Tätigkeit und ihre staatsbürgerlichen Rechte.

1. Zur künstlerischen Entscheidungsbefugnis In allen deutschen Theatern des 18. Jahrhunderts war das »Annoncieren« oder »Harrangieren« (haranguer = franz. feierlich anreden) üblich. Zum Schluß der Vorstellung traten der Theaterdirektor oder ein anderer Akteur vor den Vorhang, bedankten sich beim Publikum für die geschätzte Anwesenheit und luden gleichzeitig zur nächsten Aufführung ein. Theaterdirektor Doebbelin beispielsweise pflegte seine Annonce in Reimen vorzutragen:

»Lionard und Dariolette,
eine komische Operette,
wird am künft'gen Dienstag seyn.
Zwei Ballette dann daneben
werden sie noch mehr erheben. –
Gönner! – stellt euch fleißig ein.«[1]

Diese unmittelbare Anrede der Zuschauer stammte aus Theaterzeiten, in der die Illusion der vierten Wand noch nicht galt. Als das Bühnenspiel sich immer mehr den Anschein wirklichen Geschehens gab, mußten Ansprachen ans Publikum fragwürdig werden – oder ungewollt komisch, wie bereits 1766 der Theaterhistoriograph Löwen kritisierte: »Die Philister wurden mit Simson in den Trümmern des Tempels begraben: und kaum hatte Simson Zeit, unter den Säulen von gemaltem Papier hervorzukriechen, so verkündigte er schon dem erstaunten Parterre das Stück des folgenden Tages.«[2]

Das Publikum nahm sich das Recht, der Spielplanankündigung mit Beifall zuzustimmen oder sie lautstark abzulehnen. Wehe dem Direktor, der dieses Urteil nicht akzeptierte! Umgekehrt hatte er sich auch dem Wunsch nach einer Wiederholung des Stückes zu beugen. So mußte 1768 MINNA VON BARNHELM in Breslau »auf das laute Verlangen der Zuschauer, besonders im Parterre (!) an drei aufeinanderfolgenden Abenden gespielt werden.«[3] Der Direktor durfte nicht wagen, die neuerliche Aufführung eines Stückes anzukündigen, das schon einmal ausgepocht worden war. »Als in Leipzig 1792 der GROSSKOPHTA von Goethe gegeben werden sollte, nachdem das Stück schon zwei Tage zuvor mißfallen hatte, brach das allgemeine Mißvergnügen über dieses Produkt laut aus. Eine halbe Stunde vor Anfangszeit rief das Pu-

[1] dazu: J. R. Hänsel, Die Geschichte ... a. a. O.

[2] Vgl. S. Maurer-Schmoock, Deutsches Theater ... a. a. O. S. 134.

[3] M. Schlesinger, Geschichte des Breslauer Theaters. Bd. 1 Berlin 1898. S. 62.

blikum einstimmig: ›Ein anderes Stück!‹, so daß Herr Opitz sich genötiget sah, hervorzutreten, die Unmöglichkeit, in der Geschwindigkeit ein anderes Stück zu geben, vorzustellen und das Publikum wieder zu besänftigen.«[1]

Diese zeitgenössischen Berichte meldeten keine Einzelfälle. In Hamburg, Berlin und anderen großen Theaterstädten ereigneten sich immer wieder regelrechte Tumulte, wenn es ein Theaterdirektor – und waren es auch Persönlichkeiten wie Schröder oder Iffland – gewagt hatte, dem Publikumsurteil zu trotzen und ein ausgepochtes Stück anzusetzen. Ausführlich beleuchtete der Gothaische Theaterkalender 1783 die Frage: »Kann dem Directeur einer Schauspielgesellschaft etwas zur Last gelegt werden, wenn ein Stück, das einem Teil der Zuschauer nicht gefällt, mehr als einmal aufgeführt wird?« Die Antwort fiel zweischneidig aus. Einerseits stünde es einem Direktor frei, »ein Stück solange aufzuführen als noch Stimmen für selbiges da sind, und den Mißvergnügten kann wegen der daraus entstehenden Folgen nicht erlaubt werden, daß sie, nachdem sie das Stück schon gesehen und verworfen haben, bloß kommen, um die ruhigen Zuschauer in ihrer Aufmerksamkeit stören zu wollen...« Andererseits müsse der Direktor das Urteil der Abonnenten unbedingt respektieren. »Diese willkürlichen (d.h. freiwilligen, R.D.) Unterstützer des Schauspiels können wohl sagen: Dies Stück wollen wir sehen, jenes nicht; diesen Acteur mußt du behalten, jenen kannst du laufen lassen...«[2]

Ja, auch über Engagements und Rollenbesetzungen wollte das Publikum entscheiden. Häufig wurden Krawalle inszeniert, weil die Zuschauer einen anderen Akteur auf der Szene wünschten als der Direktor eingesetzt hatte. Gebieterisch verlangten die Zuschauer bestimmte Darsteller in bestimmten Rollen. Als einmal die Königsberger Theaterbesucher, unzufrieden mit der Annonce, am kommenden Abend unbedingt ein anderes Stück und in dessen Hauptrolle unbedingt den Schauspieler Koch forderten, war der drohende Tumult nur zu vermeiden, indem Koch selbst vor dem Vorhang erklärte, warum er bis morgen die gewünschte Rolle nicht übernehmen könne. Erst als er daran die Versicherung knüpfte, »sich noch in ein paar Rollen zu zeigen, bezeugte das volle Haus seine Zufriedenheit durch Bravo und lautes Applaudissement.«[3]

Es war zwar nicht alltägliche Praxis, daß die Zuschauer autoritär den Spielplan und die Besetzung diktierten. Aber immer wieder hatten die Theaterdirektoren mit lautstarken, oft militanten Einwänden gegen ihre künstlerischen Entscheidungen zu rechnen. Um den Eigensinn des Publikums auszuschalten, blieb dem Theater nur ein sicherer Weg: Es durfte keine Zuschauer mehr befragen. Zu Beginn des 19. Jahrhunderts verschwand allmählich die Praxis der Ankündigung am Ende einer Aufführung. Ein Theaterzettel von 1815 rechtfertigte die souveräne Verfügung des Theaters, indem er geschickt mit

[1] Vgl. H. Gersdorf, Die Wandlungen ... a.a.O. S. 130.
[2] H. A. O.Reichard, Theaterkalender ... a.a.O. 1782, S. 107 ff.
[3] Annalen des Theaters, hrsg. v. Ch. A. v. Bertram. (Berlin) 1788 H. 1, S. 86.

dem Wohle des Publikums argumentierte: »Da jede Darstellung auf der Bühne als eine in sich geschlossene Kunstleistung angesehen werden muß, so kann es für diese Ansicht nicht anders als störend seyn, wenn, wie bisher der Fall gewesen, eine dazu gehörige Person gleichsam wieder aus derselben heraustritt, und die Ankündigung der Vorstellung des nächsten Schauspiels besorgt. Um diese Störung zu vermeiden, ist von heute an die Einrichtung getroffen worden, daß die nächsten Vorstellungen auf der Schauspiel-Anzeige (Komödienzettel) jedesmal mit benannt, auch beim Ausgange des Theaters der Name des künftigen Stückes auf eine dazu bestimmte Tafel geschrieben werden wird. Die gewöhnlichen Ankündigungen von der Bühne fallen daher künftig weg.«[1] Vielerorts wurden nun Wochenspielpläne publiziert, dem Publikum die künstlerische Entscheidung unwiderruflich vorgesetzt.

Zur gleichen Zeit verboten die Theaterdirektoren verbale Danksagungen ihrer Schauspieler ans Publikum. Die Sitte, den Künstler durch lauten Ruf seines Familiennamens zu einer Verbeugung und damit zur Unterbrechung des Spiels zu bewegen, war allgemein üblich – bis über die Mitte des 19. Jahrhunderts hinaus. Zwanzig »Herausrufungen« für einen Schauspieler im Laufe einer einzigen Aufführung waren keine Seltenheit. Natürlich störten solche Unterbrechungen noch mehr die Illusion der vierten Wand als die Annoncen am Ende der Aufführung. Das erklärt, warum die Theaterdirektoren ihren Darstellern kategorisch das Wort entzogen – obwohl immer wieder von Schauspielern berichtet wurde, die das Verbot übertreten hatten und mit einer wohlpräparierten Dankesrede »ganz spontan« der Publikumshuld antworteten. Nach 1815 konnten sich die Zuschauer nur noch für oder gegen einen Theaterbesuch entscheiden. Was gespielt und wer besetzt wurde, entschieden jetzt die Künstler. Daß diese Freiheit enge Grenzen hatte, von der obrigkeitlichen Zensur wie vom ökonomischen Einnahme-Zwang beherrscht blieb, ließ sich im Anschein künstlerischer Autonomie nicht übersehen.

2. Zur Achtung schauspielkünstlerischer Tätigkeit Je weniger sich die Zuschauer von »Nebenabsichten« ablenken ließen, je aufmerksamer sie die Szene beobachten konnten, um so mehr Feinheiten entdeckten sie dort. Nun erschien ihnen das Schauspiel als eine Art von Kunst und ihrer Bewunderung wert. Diese Kunst ließ sich nicht an der Elle des handwerklichen Geschicks, der eingeübten Fertigkeit oder des geschulten Geistes messen. Die Tätigkeit des Schauspielers entzog sich dem Vergleich mit der Arbeit eines Goldschmiedes, eines Seiltänzers oder Advokaten. Der Schauspieler verkörperte das Ideal einer »zärtlichen Seele«. Seine menschlichen Empfindungen und Äußerungen von Freude und Zorn, von Liebe und Haß waren in einem solchen Höchstmaß entfaltet, so sahen es jedenfalls die meisten Zuschauer, wie es den Alltagsmenschen versagt blieb. Der Schauspieler erschien als wirk-

[1] H. Blümner, Geschichte des Theaters in Leipzig. Leipzig 1818. S. 359 f.

licher Menschenbildner. Er schöpfte einen Charakter, malte aus vielen »der Natur abgelauschten Zügen« ein neues Menschenbild. Der Schauspieler – eine wahrhaft schöpferische Persönlichkeit! (Daß die Schauspielkunst in den Rahmen des Werkes, den der Dichter abgesteckt hatte, verwiesen wurde, steht auf einem anderen Blatt. Hier geht es nicht um die Originalität der Theaterkunst, sondern um die Originalität des darstellerischen Talentes.)

In der Kunstgestalt des Schauspielers wurde anschaulich, was viele Zuschauer gern wollten, aber nicht konnten oder wagen durften. Zwar gelangte die Phase des literarischen Sturm und Drang, in der die Ausprägung der Individualität als höchstes Menschenglück gefeiert wurde, nicht über die siebziger Jahre hinaus, aber der Zeitgeist, der die »literarische Revolution« (Goethe) getragen hatte, reichte weiter als der heiße Atem der jungen Dichter. Insofern blieb die Sehnsucht nach einer frei entfalteten, originären Individualität noch über die Jahrhundertwende hinaus lebendig, auch wenn jene Sehnsucht literarisch nicht mehr so auffällig thematisiert war.

Reiche Individualität erschien als ideales Gegenbild zum Zwang arbeitsteiliger Existenz. Der Schauspieler personifizierte die unbegrenzte Potenz der menschlichen Gattung, die der einzelne Zuschauer selbst immer nur stückweise ausleben konnte. Der Schauspieler stand für die Menschheit. Wie Phönix aus der Asche wuchs aus dem einst verachteten Comödianten der bewunderte »Menschendarsteller« empor. Der Spiegel der gesellschaftlichen Achtung streckte ihn bald zum überlebensgroßen Genie. Auch dieser Wandel vollzog sich regional und zeitlich ganz unterschiedlich. Nirgendwo ergab er sich im Selbstlauf. Bedeutsame künstlerische Leistungen und das Arbeitsethos von Schauspielergenerationen gingen voraus, ehe sich das Rufbild des Berufes verändern konnte. Gleichzeitig mußten die Schauspieler selbst eine neue Sicht auf ihre eigene Tätigkeit gewinnen. Sie mußten sich als Gestalter, als Pioniere auf dem Wege des gesellschaftlichen Wertewandels begreifen. Seit Generationen hatten sie vor dem Publikum gekatzbuckelt, denn sie boten sich ihm als Handelsartikel an. Ihm jetzt geistig voranschreiten konnten sie nur im aufrechten Gang. Dieser bildliche Ausdruck meint: Sofern sie die Verpflichtung angenommen hatten, bürgerliches Denken zu verbreiten, mußten sie selbst umdenken. Sie mußten erkennen und akzeptieren, daß aus der ihnen zuwachsenden Verantwortung auch eine veränderte Beziehung zum Publikum erwuchs.

Als die Doebbelinsche Gesellschaft 1781 im Berliner Theater in der Behrenstraße eine Trauerfeier für den verstorbenen Lessing veranstaltete, traten die Künstler aus ihrer Rolle demütiger Bescheidung heraus. Das Ensemble hatte sich in Trauerkleidung auf der Bühne versammelt, auf der neben Lessings Portrait auch sein Grabmahl symbolisch aufgestellt war. Das Arrangement rückte die Schauspieler ebenbürtig neben Lessing, aber dem Publikum gegenüber. Der Prolog stimmte einen anderen Ton an als seinerzeit zehn Jahre zuvor, mit dem das Theater eröffnet wurde:

»Wenn er (Lessing. R.D.) ein Deutscher nicht, wenn er ein
Brite wäre:
da schlösse seinen Sarg die Gruft der Kön'ge ein;
da würd' ein Volk, gefühlvoll für die Ehre,
ihm öffentlich ein Denkmal weih'n...«.[1]

Hinter dieser nationalen Kritik stand der eigene künstlerische Anspruch: Nicht immer ist das Recht beim Publikum. Erstmals klang der Gedanke an, daß auch ein Publikum »durchfallen« könne. Es hatte sich auf die Höhe der Kunst aufzuschwingen. Die Kunst hatte nicht länger dem Zuschauerurteil nachzueifern.

Wie sich innerhalb einer einzigen Generation die Beziehung zwischen »oben« und »unten« gleichsam umkehrte, läßt sich an der Biografie des Wiener Theaterdirektors Marinelli ablesen. 1774 erflehte er noch untertänigst Beifall, das heißt, er schickte seine dreizehnjährige Schwester an die Rampe, auf die rührende Wirkung eines Kindes bauend. 1781 trat er bereits als selbstbewußter Künstler anläßlich der Eröffnung des neuerbauten Leopoldstädter Theaters vor das Auditorium. Die Bühne zeigte drei Opfertische, die den »Schutz von oben herab«, die »Liebe der Götter« und die »Achtung des Publikums« symbolisierten. Die Sprache des Bühnenbildes war eindeutig: ebenso wie die Schauspieler die Gnade Gottes empfangen dürfen, ein voraussetzungsloses, nicht durch eigenen Verdienst erworbenes Geschenk, ebenso können sie die natürliche Achtung des Publikums beanspruchen. – Zwanzig Jahre später, als Theaterdirektor Marinelli reich geworden war, wurde er nobilitiert. In den Adelsstand rückten der erfolgreiche Unternehmer wie der beliebte Künstler auf.[2]

Das allmählich beginnende Starwesen ist das auffälligste Anzeichen der Autoritätsverschiebung. Wenn es sich der legendäre Schauspieler Fleck (seit 1783 in Berlin engagiert) leisten konnte, in einer Vorstellung den »großen Fleck«, in der nächsten nur den »kleinen Fleck«, gewissermaßen mit halber Kraft zu spielen, war nichts mehr von schauspielerischer Demut erkennbar. Da sprach Fleck einmal den Monolog des Karl Moor so gleichgültig, daß er sogar seinen Zeigefinger in den Lauf der Büchse steckte und zu balancieren begann. Als ein leises Pochen begann, stutzte der Schauspieler, trat an die Rampe, musterte durchdringend das Auditorium, erzwang Totenstille – und spielte nun mit größtem Krafteinsatz seine Rolle zu Ende. Dankbar applaudierten die Zuschauer dem »großen Fleck«.[3] Nun durfte es sich der Schauspieler – zunächst freilich nur ein beliebter Star – erlauben, mit dem Publikum zu spielen.

[1] Vgl. G. Wahnrau, Berlin ... a. a. O. S. 147 f.

[2] W. Greisenegger, Theaterwissenschaft, Publikumsforschung; in: Maske und Kothurn 1984. H. 3/4. S. 242.

[3] G. Wahnrau, Berlin ... a. a. O. S. 173.

Der Prestigegewinn des Berufsstandes zeigte sich auch an der zunehmenden Praxis des Benefizes. Ein Benefiz (beneficium = lat. Vergünstigung, Pfründe) bedeutete, daß einzelne Künstler den Erlös der so deklarierten Vorstellung erhielten. Das Benefiz wurde beim Jubiläum eines Künstlers, bei seinem Abschied von der Bühne, bei Gastspielen berühmter Virtuosen oder auch für bedürftige Witwen und Waisen verstorbener Theatermitglieder angesetzt. Oft wurde einem Schauspieler contractlich ein Benefiz pro Saison gewährt.

Erstmals wurden 1750 vereinzelte Benefize veranstaltet. Ihr Erfolg setzte die Popularität des Benefizienten voraus. Zur Jahrhundertwende gab es Benefize inzwischen an allen Bühnen und mehrmals im Jahr. Obwohl ein Benefiz die Einnahmen des Theaterunternehmers schmälerte, war es umgekehrt ein geeignetes Instrument, um den »Ruhm« einzelner Künstler zu mehren, wenn sich zu seinem Benefiz viele Zuschauer ins Theater drängten. Indirekt wirkten solche Veranstaltungen wieder auf das Rufbild des gesamten Unternehmens zurück und waren ein Teil der »Öffentlichkeitsarbeit« der Theater. Es gab sogar Scheinbenefize: Die Besucher zahlten in gutem Glauben ihren Eintritt für einen bestimmten Darsteller – dieser jedoch erhielt vom Direktor, der die Einnahme abschöpfte, nur einen gewissen Betrag zugeteilt.

Im 19. Jahrhundert trug das Publikum seine Ansprüche an die Theaterkunst, wenn überhaupt, nur noch halbherzig vor. Als der Schauspieler Unzelmann – der Gatte der bereits zitierten Friderike Bethmann-Unzelmann – 1803 in einem populären Singspiel eine Dacapo-Forderung der Zuschauer mißachtete, wurde er bei seinem nächsten Auftritt ausgepfiffen und mußte sich entschuldigen. Er tat es pflichtgemäß – mit der Begründung, daß er in dem besagten Stück »einen Schwerhörigen zu spielen und sich so in die Rolle eingelebt habe, daß ihm die Da-capo-Forderungen entgangen seien. Es gab natürlich großes Gelächter und man verzieh ihm.«[1] Im Gelächter verabschiedete das Publikum gewissermaßen seine einstige Autorität. Zu Hause angekommen, schlug es die Rätsel-Zeitung auf und suchte die Eigennamen berühmter Bühnendarsteller, die jetzt als Lösungswörter einzusetzen waren.

Bis zur Mitte des 18. Jahrhunderts wurden keine Schauspielernamen auf den Theaterzetteln angegeben. Sofern Platz vorhanden war, erschienen bestenfalls die mitwirkenden Figuren aufgelistet. Der erste (genauer: älteste überlieferte) Theaterzettel, der hinter die Rollen auch die Darsteller-Namen setzte, stammt aus dem Jahre 1750. Das blieb jedoch ein Sonderfall.[2]

Allgemein üblich wurde die Nennung der bürgerlichen Namen erst in den siebziger Jahren. Dabei hatte die Hamburger Entreprise vorbildlich gewirkt. Das wachsende Ansehen der Schauspieler machte ihre namentliche Ankündigung möglich und nötig. Da sie als Künstler individuelles Profil gewannen,

[1] ebenda S. 272.
[2] Vgl. J. R. Hänsel, Die Geschichte … a. a. O.

TIVOLI-THEATER.

Mit aufgehobenem Abonnement.

Heute Donnerstag, den 23. Juli 1840,

zum Benefiz-Antheil des Hrn. Schrader,

zum Erstenmale:

Partheienwuth,

oder:

Die Kraft des Glaubens.

Schauspiel in 5 Aufzügen, von Ziegler.

Personen:

Sir Gottlieb Koke, Parlamentsglied und Oberrichter des hohen Kriminalgerichts — — —	* * *.
Harrison, Oberst in der Armee des Parlaments	Herr von Sternwald.
Sir Hamilton, Sheriff — — — —	Herr Meixner.
Edrika, seine Wirthschafterin — — —	Mad. Rottmayer.
Lady Johanna Laud — — —	Mad. Struve.
Sir Heinrich Laud, ihr Vetter und Oberst in der königlichen Armee — — —	Herr Schrader.
John, ihr Haushofmeister — — —	Herr Keller.
Effingham, } Bürger und Geschworne der Stadt Weymouth	Herr Vorsmann.
Finsch, } Bürger und Geschworne der Stadt Weymouth	Herr Haarbleicher.
Godwin, Hamiltons Schiffs-Capitain — —	Herr Landt.
Ein Gerichtsdiener — — — —	Herr Bollmann.
Ein Scharfrichter.	

Geschworne. Matrosen. Soldaten. Bürger und Bürgerinnen.

Die Handlung fällt im Jahr 1651, in der Stadt Weymouth vor.

* * * Herr Kläger: Gottlieb Koke. (Letzte Gastrolle.)

Zum Erstenmale:

Gesang-Vortrag der Mad. Johanna Schenk,

Baß-, Tenor- und Sopran-Sängerin aus Wien.

Nach dem dritten Aufzug: 1) Das Alpenhorn, Baß-Arie von Proch, vorgetragen v. Mad. Schenk.

Nach dem vierten Aufzug: 2) Geh'! sei nicht so spröde, Duett für Sopran und Bariton, auf die Melodie des Straußischen Walzers: „Die Nachtwandlerin," gesungen von Mad. Schenk.

Zum Beschluß: 3) Potpourri, aus der Zauberposse: „Der Kobold," Musik von Proch, vorgetragen von Mad. Schenk.

Entrée à Person 8 Schilling.

(Die abonnirten Damen zahlen die Hälfte.)

Supplement zur Fremdenloge 8 Schill., zur andern Loge 4 Schilling à Person.

Anfang des Schauspiels um 5 Uhr;
des Gesangs resp. gegen 7 Uhr, $7\frac{1}{2}$ Uhr nnd $8\frac{1}{4}$ Uhr.

ließ sich jetzt mit einzelnen Schauspielern Reklame machen. Je stärker die Achtung für die künstlerische Tätigkeit wuchs, desto größer wurden die bürgerlichen Namen gedruckt. Seit 1775 führte der Gothaische Theaterkalender Verzeichnisse namhafter deutscher Schauspieler. Erstmals 1798, anläßlich der Uraufführung von WALLENSTEINS LAGER, entfielen auf den Weimarer Theaterzetteln die »Herren, Madamen und Demoiselles« vor den Familiennamen. Goethe hätte diese Anordnung begründet, so erinnerte sich der Hofschauspieler Genast später: »Der Name des Künstlers sei genügend; Herren und Madames gäbe es sehr viele in der Welt, aber Künstler sehr wenige.«[1]

Seitdem hat sich beim deutschen Theaterpublikum das Bewußtsein noch stärker ausgeprägt, daß die schauspielkünstlerische Tätigkeit eine unvergleichbare, schwierige, achtenswerte ist. Dieses Berufsverständnis – so haben theatersoziologische Studien erwiesen –, hat alle theaterhistorischen Wandlungen überdauert und lebt fort. Obgleich sich im deutschsprachigen Raum Zuschauer nicht in erster Linie wegen einer theaterkünstlerischen Leistung zum Theaterbesuch entschließen, sondern ihr vorrangiges Interesse dem Stück/dem Thema/dem vermeintlichen Inhalt gilt, bedanken sich die Zuschauer für die Schauspielkunst (fast immer) mit langem Beifall. Publikumsbefragungen in deutschen Theatern zeigen, daß kritische Einwände zuerst Ausstattung, Regie, Bühnenmusik oder den Stücktext, nur ganz selten die Schauspieler betreffen. Oft werden sie aus einem negativen Gesamturteil ausdrücklich ausgeklammert. Das nachfolgende Zitat eines Briefes an eine Zeitungsredaktion, mit dem ein Dresdener Zuschauer verärgert auf eine IPHIGENIE-Inszenierung (1982) reagierte, ist symptomatisch: »Den Darstellern gebührt höchste Achtung, sie geben ihr Bestes und haben es mit dem Regisseur bestimmt manchmal genau so schwer wie wir Zuschauer.«[2] Das Zitat verweist nicht nur auf die irrtümliche Abtrennung der Schauspiel- von einer angeblich selbständigen Regie-Kunst. Es verweist auch auf den besonderen Platz, den die Schauspieler im Rufbild eines Theaters nun besetzen.

3. Zur Verbürgerlichung der Schauspieler Seit Mitte des 18. Jahrhunderts wurde die Bezeichnung »Bande« vom Ausdruck »Schauspieler-« bzw. »Theater-Gesellschaft« abgelöst. Der Wortwandel deutete auf die sich allmählich stabilisierende Geschäftsgrundlage der Theaterunternehmen hin. Als Produzenten (von Kunstwerken) wurden die Schauspieler schließlich von ihren Mitbürgern als ebenbürdige Gesellschaftsmitglieder anerkannt. Dieser Ge-

[1] R. Kabel (Hg.), Solch ein Volk ... a. a. O. S. 206.
[2] Vgl. R. Dreßler, Zur Rezeptionsforschung in der Theaterwissenschaft. Diss.B. Berlin 1983. Anhang E.

Benefiz-Ankündigung

winn der staatsbürgerlichen Souveränität war eine wichtige Grundlage, um in der Sonderrolle des Künstlers allein über Kunstdinge entscheiden zu können. Erst die bürgerliche Gleichberechtigung außerhalb des Theaters erlaubte den Schauspielern, innerhalb des Theaters dem Publikum autoritär gegenüberzutreten.

So kämpften die Theaterleute in der zweiten Hälfte des 18. Jahrhunderts, als sie um die soziale Achtung ihres Standes rangen, zugleich um eine unerläßliche Voraussetzung für ihre Publikumserziehung. Sie mußten sich sozusagen erst als erziehungsberechtigt legitimieren. Es war ein langwährender Kampf, der von Ort zu Ort ganz unterschiedliche Ergebnisse zeitigte und erst im 19. Jahrhundert in der allgemeinen Verbürgerlichung des Standes endete.

Als beispielsweise die Ackermannsche Gesellschaft 1765 in Bremen gastierte, mußte sie erfahren, wie wenig von der gesellschaftlichen Achtung, die Hamburg dem Ensemble zollte, in die benachbarte Hansestadt ausgestrahlt hatte. Der Bremer Magistrat grenzte die Komödianten aus der ehrbaren Bürgerschaft aus, als ob sie eine Schar Pestkranker wären; sie durften nach zehn Uhr abends ihre Wohnung nicht mehr verlassen; der Besuch öffentlicher Lokale war ihnen streng untersagt. Noch 1783 hielt der Gothaische Theaterkalender den Abdruck einer Korrespondenz aus Danzig für wichtig genug, obwohl sie »nur« über ein Abendessen der Schuchschen Gesellschaft berichtete: An ihrem letzten Vorstellungsabend hatten »die ansehnlichsten Kaufleute der Stadt … im Namen der Kaufmannschaft« die Künstler eingeladen. Die Einladung hätte keine andere Absicht gehabt, »als zu zeigen, daß man wider den Stand der Schauspieler keine Vorurteile hege. Die Abendmahlzeit war kostbar und glänzend. Alle Schauspieler wurden in Wagen abgeholt. Ein so seltener Vorfall versammelte eine Menge Leute vor dem Hause, dann natürlich mußte die Begegnung an einem Orte auffallend seyn, wo noch kurz vorher ein Schwärmer einem sterbenden Schauspieler das Abendmahl verweigert hatte.«[1]

Wie der Danziger Pfarrer dachten die meisten seiner Amtsbrüder im Deutschen Reiche. Als der Gießener Professor Chr.H.Schmid ein Gedicht zum Ruhme einiger Schauspieler des von Ekhof geleiteten Ensembles verfaßt hatte, wurde er vom Universitätsrektor wegen »Entweihung der Feder« gerichtlich belangt.[2] – Noch 1796 beklagte der Mannheimer Theaterkalender, daß in vielen Städten ein »Schauspieler nicht Bürger werden, auf seinen Namen kein Haus kaufen, kein Curator oder Vormund werden konnte, wo er bei gerichtlichen Verfügungen, Prozessen, Zeugeneiden oder Testamenten verworfen wurde, ja, wo er selbst keine ehrenvolle Ruhestätte erhielt.«[3]

Das weitverbreitete Vorurteil, das den Schauspielern staatsbürgerliche

[1] H. A. O.Reichard, Theaterkalender … a. a. O. 1783. S. 137.

[2] A. Paul, Aggressive Tendenzen … a. a. O. S. 226 f.

[3] Vgl. B. Th. Satori-Neumann, Die Frühzeit … a. a. O. S. 177.

Rechte absprach, wurde freilich immer wieder durch zwielichtige Personen genährt, die im Theater ihre zerrüttete Existenz zu zimmern suchten. Freiherr Knigge fragte in seinem weltberühmten Erziehungsbuch »Über den Umgang mit Menschen« (1790): »Was für Menschen sind gewöhnlich diese Theater-Helden oder Heldinnen? Leute ohne Sitten, ohne Erziehung, ohne Grundsätze, ohne Kenntnisse, Abenteurer, Leute aus niedrigsten Ständen; freche Buhlerinnen...« Knigge sah eine Ursache für die Unmoral der Theaterleute in ihrer sozialen Bindungslosigkeit. »Diese Menschen sind nicht an den Staat geknüpft, folglich fällt bei ihnen ein großer Bewegungsgrund, gut zu sein, die Rücksicht auf ihren Ruf unter den Mitbürgern, weg.«[1]

Diesen Zusammenhang ebenso wie Knigge erkennend, suchten die verantwortungsbewußtesten Künstler und Theaterunternehmer, möglichst viele Fäden zwischen den honorigen Bürgern und den Ensemblemitgliedern zu knüpfen. Gegenseitige Erziehung durch beidseitige Annäherung. Goethe erinnerte sich in einem Gespräch mit Eckermann, wie er durch seine engen Kontakte zu den Weimarer Theaterleuten gleichzeitig die öffentliche Meinung der Residenz beeinflußt hatte: »... ich suchte auch den ganzen Stand in der äußeren Achtung zu heben, indem ich die Besten und Hoffnungsvollsten in meine Kreise zog und dadurch der Welt zeigte, daß ich sie eines geselligen Verkehrs mit mir wert achtete. Hierdurch geschah aber, daß auch die übrige höhere Weimarische Gesellschaft hinter mir nicht zurückblieb und daß Schauspieler und Schauspielerinnen in die besten Zirkel bald einen ehrenvollen Zutritt gewannen.«[2]

Gerade die bedeutendsten deutschen Theaterkünstler jener Zeit hatten sich erstaunlich viele Kommunikationsbeziehungen zu höchsten Politikern, Akademikern und bürgerlichen Unternehmern aufgebaut. Sie sonderten sich nicht, eng auf künstlerische Verpflichtungen konzentriert, von der geselligen Sphäre des Alltags ab, sondern suchten sich mit ihr zu verbinden. Betont definierten sie sich selbst als Bürger, Biedermann, Untertan, Landsmann oder Mensch – nur nicht als Künstler. Sie wußten, daß sie erst aus der sozialen Gleichstellung heraus künstlerische Kompetenz beanspruchen durften.

Disziplinierung der Schauspieler

Der Hamburger Theaterdirektor F.L. Schröder gibt dem Publikum durch einen Aushang bekannt:[3]

»Es ist heute kein Schauspiel; weil, anstatt sich an die Obrigkeit zu wenden, wenn sie eine gerechte Beschwerde gegen mich haben, Herr Krug, Jungfer Jaime, Herr und Frau Reichard, Herr Werdy, Herr und Frau Braun sich weigern zu spielen, und das Vergnügen des Publikums stören. Kehren sie nicht bis zum Montag zu ihrer Pflicht zurück,

[1] A. v. Knigge, Über den Umgang mit Menschen. 3. Teil. Hannover 1790. S. 109 f.
[2] J. P. Eckermann, Gespräche mit Goethe. Berlin und Weimar 1956. S. 175.
[3] zitiert nach: Otto Weddigen, Geschichte der Theater Deutschlands, Berlin o. J. S. 657 ff.

so soll dem Publikum die Ursache ihres Verfahrens dargelegt werden, welche kein Beweis ewiger Dankbarkeit ist, deren mich die Mehrsten unter ihnen wiederholt versichert haben.

Hamburg, den 20 sten Oktober.

F.L.Schröder«

Antwort von Mlle. H.E.Jaime auf die Bekanntmachung von F.L.Schröder:

»An das verehrungswürdige Publikum!

Ich fing meine Laufbahn im Schoße meiner Familie an und argwöhnte nicht, daß es je theatralische Kabalen geben könnte. Von Jahr zu Jahr, da sich meine kleinen Talente entwickelten, zollte mir das verehrungswürdige Publikum mehr Beyfall, und ich schätzte mich glücklich.

Meine Ruhe wurde auf einmal gestört; ich ward in ein Bündnis verwickelt, dessen Folgen mich meine Unbefangenheit nicht einsehen ließ. Mein größter Schmerz ist: ein so schätzbares Publikum verlassen zu müssen. Sollte ich das Glück haben, einst zu diesem Theater zurückkehren zu dürfen: so hoffe ich nicht nur Verzeihung meiner Unbeholfenheit wegen zu erhalten; sondern ich schmeichle mir sogar, ein verehrungswürdiges Publikum werde mir seine ehemalige Huld wieder schenken.

H.E.Jaime.«

Antwort der angegriffenen Schauspieler auf die Bekanntmachung des Theaterdirektors:

»Herr Schröder hat sich erlaubt, gegen uns soeben eine Art Anklage vor das Publikum zu bringen; obgleich wir nun völlig von der billigen Denkungsart und der Gerechtigkeitsliebe des Hamburgischen Publikums überzeugt sind, so daß es uns nicht auf der einseitigen Anschuldigung des Herrn Schröders als Pflichtvergessene ansehen wird; so halten wir es doch aus Achtung für dieses Publikum nothwendig, hiermit im voraus anzuzeigen, daß des Herrn Schröders unregelmäßiges, unerlaubtes und ungerechtes Verfahren gegen uns in den ersten Tagen, wohl dokumentiert, erscheinen soll.

Hamburg, den 20.Oktober 1797.

(Es folgen die Unterschriften der beschuldigten Schauspieler).«

Theaterpädagogik

Aus Schauspielern wurden in der zweiten Hälfte des 18. Jahrhunderts Menschendarsteller. Diese begriffliche Unterscheidung, auf der Iffland und andere führende Theaterkünstler bestanden, war Ausdruck einer weitreichenden Veränderung. Hatten sowohl das feudalabsolutistische wie das plebejische Theaterverständnis die Bühne als Freiraum für Aktionen gesehen, die Realität imaginierten, phantastisch verzerrten und verdichteten, als Freiraum für ein Spiel mit den Tatsachen der Realität – so verstand sich die bürgerliche Bühne nach 1750 immer bestimmter als Doppelung der empirisch faßbaren Realität. Die Handlungen hatten sich dem obersten Gebot der Wahrscheinlichkeit zu fügen, die Figuren wie Nachbarn aus der vertrauten Alltagswelt zu geben.

Der Bezug auf die ungeschminkte Natur – Kampfansage gegen höfische

Politur! – wollte in den Zuschauern die Illusion wecken, vor ihren Augen rollten unerwartete Ereignisse ab. Indem sie sich in die seelischen Empfindungen, Ängste und Leidenschaften der Figuren einfühlen konnten, indem sie die Figuren gewissermaßen stellvertretend für sich selbst handelnd erlebten, sollten die Zuschauer ihre bürgerliche Moral, ihr humanistisches Verhalten und demokratisches Selbstbewußtsein üben. Diese im Kern bürgerlich-progressive Funktionsbestimmung des Theaters hatte Folgen für die Spielweise, wie sie Ekhof im Protokoll der Schweriner Akademie festschrieb: »Die Schauspielkunst ist: durch Kunst die Natur nachahmen, und ihr so nahe kommen, daß Wahrscheinlichkeiten für Wahrheiten angenommen werden müssen, oder geschehene Dinge so natürlich wieder vorstellen, als wenn sie jetzt erst geschehen.«[1]

Die nachfolgenden Schauspielergenerationen suchten – jenseits aller Unterschiede im einzelnen – die Wirklichkeit in einem möglichst täuschend ähnlichen Bild zu kopieren. Den einzig bedeutsamen und theaterpraktisch wirkungsvollen Gegenentwurf strengte Goethe mit dem Weimarer Ensemble an. Es war ein verzweifelter Versuch, die Kunsthaftigkeit des Theaters zu bewahren. Er blieb schließlich ohne Folgen. Bis zum Anfang des 20. Jahrhunderts wurde die »natürlichste Natürlichkeit«, wie Goethe sie spöttisch nannte, das herrschende Muster.

Auf diese um 1750 einsetzende Umorientierung der Schauspielkunst ist deshalb mit Nachdruck hinzuweisen, weil sie die theaterästhetische Grundlage für den Rezeptionswandel war. Sowohl die neue Ordnung im Zuschauerraum wie die neue Autorität der Künstler wurden vom Publikum nur deshalb akzeptiert, weil es gleichzeitig ein Kunstangebot erhielt, das offenkundig auch disziplinierte Rezipienten brauchte. So bedingten und nützten sich die Veränderungen diesseits und jenseits der Rampe wechselseitig. Sie steuerten alle auf dasselbe Ziel zu – auf die »Verordentlichung« des Publikums.

»Man spiele so, als ob der Vorhang nicht aufgezogen würde.« So hatte Diderot 1758 programmatisch formuliert.[2] Nach einem halben Jahrhundert beschrieb Iffland das Resultat dieser neuen Spielweise. In einem Aufsatz mit dem bezeichnenden Titel »Über die Bildung der Künstler zur Menschendarstellung auf der Bühne« brachte er die Erwartungen der Zuschauer auf die Formel: »Wir verlangen etwas, woran wir uns halten können.«[3] Das Publikum beanspruchte auf der Szene kleinformatige Alltagsschilderungen und für sich selbst die »süße Täuschung« der Illusion. Das Theater hatte durch sechs einschneidende Korrekturen diesem Anspruch genügt und ihn genährt.

Erstens: Um 1780 wurde auf den deutschen Bühnen endgültig der Vorhang eingebürgert, der die Umbauten vor den Augen des Publikums verbarg. Bisher war üblich, daß die agierenden Personen abgingen, um Platz für den Wech-

[1] Vgl. J. Fiebach, Von Craig bis Brecht. Berlin 1975. S. 24.
[2] ebenda S. 22.
[3] A. W. Iffland (Hg.) Almanach für Theater 1812. Berlin 1812. S. 10.

sel der (ganz wenigen!) Möbel bzw. Kulissenwände zu schaffen. Die »Leichen« hatten ihr Sterben geschickt in die Kulissengasse zu verlegen. Weil die Umbauten zunächst vor den Augen des Publikums erfolgten, suchten die Theaterdirektoren durch betont ordentliche Verwandlungen Prestige zu gewinnen. Die Strafgelder für Liederlichkeiten beim Dekorationswechsel waren unverhältnismäßig hoch! Goethes GÖTZ VON BERLICHINGEN schrieb erstmals den Figuren vor, am Aktschluß auf der Szene zu bleiben. Zwar hatten früher schon Zwischenvorhänge schnellere Szenenwechsel ermöglicht, jedoch erst jetzt wurde der Hauptvorhang gesenkt, wenn eine Ortsveränderung anstand. So grenzte sich der Raum der Bühne deutlich vom Publikumsraum aus. Ein sich erhebender Vorder-Vorhang suggerierte den Zuschauern, sie blickten zufällig in einen Ausschnitt wirklichen Geschehens hinein, ohne daß die Beobachteten von der Beobachtung wüßten. Die Zuschauer als unerkannte Zeugen.

Zweitens: Die Einrichtung des Spielraums folgte immer genauer der vom Stück vorgeschriebenen Situation. 1790 stellte Schröder erstmals den Hamburger Zuschauern eine geschlossene Zimmerdekoration vor; nun konnten die Figuren durch eine »richtige« Tür auftreten usw. Beschieden sich die Wandertruppen mit einer Einheitsdekoration – allenfalls Saal, Stube und Landschaft farblich geschieden –, so suchten ortsansässige Theater nach Prospekten, Möbeln und Requisiten, die dem historischen Stil nahe kamen. Das Bühnenbild orientierte sich immer mehr auf den »Schrägblick«: an Stelle der symetrischen Gliederung trat die (scheinbar) zufällige Ansicht eines Ortes. Den Maßstab der Wahrhaftigkeit nahm das Publikum ebenso rasch an wie die Zensurbehörde: Als in einem Singspiel, der Handlung gemäß, Schinken aufgetischt wurde, erhielt die Theatergesellschaft den Befehl, »bey schwerer Strafe, Freytags dieß Gericht in eine Fastenspeise zu verwandeln.«[1] Die Bühne als Realität.

Drittens: Die Kostüme glichen sich nicht mehr der Eitelkeit der Akteure, sondern der Zeit des Dramas an. Der Erfolg, den die Koch'sche Gesellschaft 1774 mit der Uraufführung des GÖTZ feierte, war nicht zuletzt den Kleidern zu danken, die erstmals die Epoche des Stückes meinten. Theaterkunst als anschauliche Geschichte.

Viertens: Doppelbesetzungen einzelner Schauspieler wurden, so gut es das Personal erlaubte, vermieden. Denn: »Die Täuschung ist das erste Attribut der Schaubühne, und nie wird sie grausamer gestört, als wenn man einen und denselben Acteur in einem und demselben Stück zwey ganz verschiedene Rollen machen sieht..., wenn er im Götz von Berlichingen als treuer Georg sein Liedchen im Stalle pfeift und kurz vorher als Olearius im bischöfflichen Palast zu Bamberg hinter den großen Pokalen schwelgt.«[2] Der Schauspieler als originäre Individualität.

Fünftens: Immer befremdlicher erschienen Tanz- und Gesangseinlagen in

[1] Wiener Hof-Theater Almanach auf das Schaltjahr 1804. Wien 1803. S. 19.

[2] H. A. O.Reichard, Theaterkalender ... a. a. O. 1783. S. 37.

den Zwischenakten. Da sie die Zuschauer aus dem Bann der Handlung entließen, wurden sie reduziert, schließlich gestrichen. Auch die überall übliche Zwischenmusik paßte sich nun ganz der szenischen Situation an. Lessing: »So verschieden die Tragödien und Komödien unter sich selbst sind, so verschieden muß auch die dazu gehörige Musik sein.«[1] Die ununterbrochene Illusion.

Sechstens: Opern wurden nur insofern im Repertoire akzeptiert, wenn sich Gesang und Tanz der Figuren als glaubwürdig, das heißt aus der szenischen Stimmung heraus als »natürlich« darstellen ließen. Das Genre des Singspiels kam der Norm eines lebensechten Spiegels am nächsten. Singspiele erreichten noch vor den trivialen »Familiengemälden« die höchsten Aufführungsziffern. Das Denkbare als das einzig Kunstwürdige.

Dergleichen Reformen der Theaterkunst begründeten eine neue Theaterästhetik, die einerseits das schauspielerische Gestaltungsfeld eingrenzte, die andererseits die Gestaltungsfähigkeit steigerte. Einerseits wurden die Dialoge auf der Bühne immer lebendiger, andererseits entwickelte sich das gesamte Spiel immer mehr zum Monolog, der die Zuschauer aus den Augen verlor. Gewonnen wurde damit eine Art und Weise der Kunstgestaltung, die historisch einmalig, bis 1800 nirgendwo sonst im Welttheater in dieser Konsequenz realisiert worden war.

Dieser eigentümliche ästhetische Ertrag ist mitzudenken, wenn hier vor allem die Kehrseite der Nationaltheaterbewegung dargestellt wird. Nie zuvor waren die Schauspieler zu so differenziertem Ausdruck psychischer Prozesse, und zwar im lebensechten Bild, gezwungen gewesen. Die Schauspielkunst, die Lope de Vega, Shakespeare oder Molière kannten, war nicht einfach »plumper«. Sie war vielmehr anders orientiert. Insofern erlangte am Ende des 18. Jahrhunderts die deutsche Schauspielkunst eine ganz neue professionelle Qualität – einzig und allein bezogen auf den Maßstab der sogenannten Menschendarstellung.

Die Aufführungen, die vielschichtigere Figurenkonflikte als je in einer derben Harlekinskomödie oder in einer gestelzten Tragödie der Neuberin-Ära darstellten, verlangten jetzt auch eine feinere ästhetische Wahrnehmung. Um das vielschichtige, pralle menschliche Leben, was sich jenseits der »vierten Wand« ausbreitete, wirklich aufnehmen zu können, bedurfte es einer höchst wachsamen Rezeption. Erlaubten die Comödienbude oder das höfische Schloßtheater noch die Zerstreuung, setzte das neue Theater eine pausenlose Konzentration voraus. Seine Dramaturgie forderte, indem es die ununterbrochene Illusion förderte, die ununterbrochene Aufmerksamkeit. Da wurde in der Tat vom Zuschauer viel und Neues verlangt: er hatte stundenlang stillzusitzen, mußte jedes szenische Detail behalten, wollte er das nächstfolgende und den Sinn des Ganzen begreifen. Der Vergleich mit der Technologie in der »industriösen« Produktion drängt sich auf: so wie in der Manufaktur jede Teilarbeit unerläßlich und alle Teile in richtiger Reihe erst das Endprodukt erga-

[1] G. E. Lessing, Hamburgische Dramaturgie ... a. a. O. S. 135.

ben, ebenso hatte der Zuschauer nun Schritt für Schritt die innere Logik der Szenenfolge mitzudenken. Fiel ein Teil aus – in der Manufaktur wie in der Theaterrezeption – war das Ganze nicht brauchbar. Zuschauen wurde zur Kunst, die zu erlernen war.

In diesem Sinne forderte 1803 ein Theaterkritiker, man müsse sich ein gutes Schauspiel wenigstens sechsmal, eine gute Oper zwölfmal anhören, um deren Gehalt wirklich zu verstehen.[1] Aber die Mehrheit der Zuschauer suchte nach wie vor im Theater die thematische Abwechslung, nicht die ästhetische Sensibilisierung. Je stärker sie zu konzentrierter, einfühlsamer, intellektuell mühevoller Rezeption gefordert waren, um so auffälliger wurde ihre mangelnde Bereitschaft. Immer weiter öffnete sich die Schere zwischen den Ansprüchen des Theaters an sein Publikum und den Ansprüchen des Publikums an sein Theater. Als sich die Schaubühne »gereinigt« hatte, wurde erst recht der Abstand zwischen dem kleinen Kreis der »Kenner« und dem »großen Haufe« sichtbar.

So ergab sich am Ausgang des 18. Jahrhunderts eine theaterhistorisch neuartige Situation. Hatten die Comödiantenbanden im vergangenen Jahrhundert mit der mißlichen Erfahrung leben müssen, daß ihre künstlerischen Leistungen oft unter den Erwartungen der gebildeten Zuschauer geblieben waren, so erfuhren jetzt die künstlerisch leistungsstärksten Ensembles, daß ihnen die Publikumsmehrheit nicht auf ihrem steilen ästhetischen Weg folgen wollte oder konnte.

Der Widerspruch, der die ästhetischen Ansprüche der Produzenten und Rezipienten immer weiter auseinanderrückte, hatte insofern objektive Ursachen, als einerseits die Theaterkünstler mehr Lebenszeit und Arbeitskraft darauf verwenden durften, die eigentümliche Sprache ihrer Kunstgattung zu entwickeln, als andererseits die Zuschauer dem Theater im Ensemble ihrer kulturellen Tätigkeiten einen immer geringeren Platz einräumten. Wo die einen ihr berufliches Vermögen weiter spezialisieren durften, verloren die anderen unter dem Druck der beruflichen Spezialisierung Zeit für die Muse. Und die Auswahl kultureller Alternativen wuchs. War der intensive Umgang mit der Kunst für die einen Lebensinhalt, wurde er für die anderen zufällig und zum schönen Überfluß. Notwendig vergrößerte sich die Spanne zwischen ästhetischem Fachverstand und Laienurteil.

Das Theater – jedenfalls das in diesem Buch besprochene – schloß auf seinem weiteren Weg einen großen Teil der Bevölkerung aus. Auch wenn sich seine soziale Exklusivität in eine intellektuelle umwandelte, blieb es doch ein Ort der Absonderung. Selbst unbestrittene Höhepunkte in der theaterkünstlerischen Entwicklung waren (und sind!) fast immer Festtage für einen verhältnismäßig kleinen Kreis von Kennern. Mit dem Dilemma der Diaspora – wenn es denn überhaupt eines ist – muß das deutsche Theter seit dem Ausgang des 18. Jahrhunderts bis zum heutigen Tag leben.

Der seit etwa 1800 auffällige Widerspruch zwischen der Schauspiel- und der

[1] R. Weil, Das Berliner Theaterpublikum ... a. a. O. S. 74.

Zuschaukunst äußerte sich auf zweifache Weise: Erstens scheuten viele (potentielle) Zuschauer den Theaterbesuch, weil sie freie Zeit und Geld für andere Feierabendvergnügungen ausgeben mochten. Zweitens hatten die (anwesenden) Zuschauer erkennbar wenig Sinn für die verfeinerten Kunstleistungen. Die »Annalen des Theaters« rechneten 1793 ihren Lesern vor, wie klein der Kreis der wirklichen Kenner war: »Wenn in einer Stadt fünfzig bis sechzigtausend Menschen wohnen, so besuchen vielleicht, eine Vorstellung in die andere gerechnet, tausend das Schauspiel ... Unter diesen tausend kann man sicher achthundert auf den großen Haufen rechnen; hundert Halbkenner sind nicht zu viel; sechzig Liebhaber mit eklem Geschmack auch nicht; das Häuflein der Leute vom richtigen Geschmack beträgt also vierzig unter tausenden, das heißt vier Mann auf hundert.«[1] Freiherr Knigge rechnete noch strenger: »Weiß unter hundert Menschen einer, was er eigentlich von einem guten Schauspiele fordern soll? – Nein! er weiß nur, daß er etwas Neues sehen will, so ein Hin- und Herreden und Wirken durcheinander, bei welchem zuweilen ein unerwarteter Zug ihn überraschen oder eine einzelne rührende Situation ihn aus seinem Phlegma aufwecken soll. Um die Handlung des Ganzen kümmert er sich wenig; und wäre diese in einem Stück meisterhaft, und es fehlte dagegen an Verwirrung, an Buntscheckigkeit, oder das Stück wäre nicht mehr neu: so würde ich doch keinem Direktor, dem seine Kasse am Herzen liegt, raten, dergleichen Stücke oft zu geben.«[2] In der Buntscheckigkeit des Repertoires sah auch Goethe eine wichtige Ursache, warum das deutsche Theaterpublikum so unsensibel und so sensationslüstern reagierte. Er monierte die »Sucht, immer etwas Neues haben und ein mit unverzüglicher Mühe einstudiertes gutes Stück oder Oper nur einmal, höchstens zweimal sehen zu wollen, oder auch zwischen solchen Wiederholungen lange Zeiträume von sechs bis acht Wochen verstreichen zu lassen...«[3]

Goethes Tadel traf die Zuschauer zu einer Zeit, als er die Verantwortung für die Theaterleitung abgegeben hatte. Als Theaterdirektor hatte er selbst im Namen der Tageskasse das buntscheckigste Repertoire organisieren müssen.

Die Vielfalt, mit der ausnahmslos alle deutschen Bühnen ihr Publikum anzuziehen suchten, zeugte nicht von kultureller Weite. Denn sie ketteten sich dabei an den engen Geschmack, wie er am besten von der Dramatik Ifflands und Kotzebues getroffen wurde. Das Mannheimer Theater beispielsweise spielte zwischen 1781 und 1808 an 476 Abenden 37 Iffland-Stücke und an weiteren 1728 Abenden 115 Kotzebue-Stücke. Schillers Dramen waren dagegen in derselben Zeit wenig vertreten: KABALE UND LIEBE, FIESCO und DON CARLOS bekamen zusammen 13 Vorstellungen; DIE RÄUBER – jener der Legende nach so sensationelle Mannheimer Publikumserfolg – wurden 15 mal aufgeführt.

Von Jahrzehnt zu Jahrzehnt wurde die Palette der Freizeitangebote, gerade

[1] Annalen des Theaters, hrsg. v. Ch. A. v. Betram (Berlin) 1793, H. 1.S. 29 f.

[2] M. Krause, Das Trivialdrama der Goethezeit. Bonn 1981. S. 257.

[3] J. P. Eckermann, Gespräche mit Goethe ... a. a. O. S. 181.

in den Theater-Städten, breiter. Circensische Darbietungen aller Art, die Panoramen der »lebenden Bilder«, die Mechanischen Theater und die Marionettenspieler entzogen dem literarisch gebildeten Theater viele Zuschauer. Die Journale annoncierten Konzerte, Luftfahrten, reisende Virtuosen, Puppenspieler, hydraulische und mechanische Darstellungen, Vortragskünstler und Exoten. In solcher Perspektive erschien Theater als eine Möglichkeit unter vielen, vielen anderen.

Im Kampf gegen die Konkurrenz des Schaugewerbes war das Theater insofern in defensiver Position, als es erkennbar weniger Publikum fand. Keiner der Theaterdirektoren, die den Anspruch des bürgerlichen Nationaltheaters zu begründen halfen, hatte je so volle Säle wie Konkurrent-Prinzipal Nicolini, der zwischen 1742 und 1773 mit einer Kindertruppe durch Deutschland reiste. Seine sechs-, achtjährigen Darsteller boten das gängige Schauspielrepertoire als Pantomime und in Däumlingsgestalt, was besonders »niedlich« und bei frivolen Szenen entzückend pikant erschien, wenn Kinder die lasterhafte Welt der Erwachsenen kopierten. Als Nicolinis Truppe 1745 zur kaiserlichen Wahl- und Krönungszeit in Frankfurt/Main auftrat, strömten die honetten Besucher in seine Bude – nicht in die der gleichzeitig anwesenden Neuberin.

Das Beispiel ist symptomatisch für die Publikumssituation bis ins 19. Jahrhundert hinein. Die vom Nationaltheater hauptsächlich erwartete Zielgruppe – das Publikum des Parterres – hatte sich noch nicht eindeutig gegen das Schaugewerbe entschieden. Viele Zuschauer aus dem Bildungs- und Besitzbürgertum, die an einem Abend ins literarisch anspruchsvolle Comödienhaus gingen, gönnten sich am nächsten Abend skrupellos eine Sensations- oder Kuriositätenschau. Das Publikum war noch nicht so eindeutig geteilt wie die kulturellen Angebote.

Als 1796 der Mechanikus Enslen eine »ärostatische Luftjagd« veranstaltete – Luftballons in Form von Reiter und Hunden flogen Ballons in Hirschgestalt hinterher –, versammelten sich über 40000 Berliner, darunter neugierige Zuschauer aus den allerhöchsten Kreisen. Sie hätten der Luftschau wegen auf den Besuch im Nationaltheater verzichtet, wenn es nicht an diesem Tag deshalb die Vorstellung anderthalb Stunden später begonnen hätte.[1] (Das heutige Theater reagiert in einer vergleichbaren Situation nicht mehr auf vergleichbare Weise. Auf seinen Kunstanspruch pochend, ignoriert es alle Termine der profanen Realität. Auch das wirft ein Licht auf den Gang der Theatergeschichte!)

Die Theaterdirektoren konnten sich mit der Konkurrenz der Schausteller nicht gelassen abfinden. Sie erbaten bei der Regierung Schutz, indem sie mit der staatserhaltenden Funktion des Kunsttheaters argumentierten. Er wurde ihnen in aller Regel gewährt. Das Schaugewerbe erhielt Befehl, seine Vorstellungszeit nach dem Theaterplan zu richten und einen Teil der Einnahme direkt an die Theaterkasse abzuliefern.

[1] R. Weil, Das Berliner Theaterpublikum ... a. a. O. S. 57 f.

Zwei Beispiele: 1792 hatte der preußische König angeordnet, daß der Kunstspringer Lion nur von 2 bis 5 Uhr auftreten dürfe, um keine Theaterbesucher fernzuhalten. Unter Berufung auf diesen Präzedenzfall ersuchte das Nationaltheater immer wieder regierungsamtliche Hilfe. Schließlich befahl 1816 eine Kabinettsorder, daß alle öffentlichen künstlerischen Privatunternehmen dem Nationaltheater eine Tantiéme zu zahlen hatten. – Das Leipziger Stadttheater konnte lange Zeit das Privileg bewahren, während der Messezeiten als einziges Unternehmen in der Stadt theatralische Veranstaltungen anzubieten. Doch 1831 war diese restriktive Regelung nicht länger zu halten; ein neuer Vertrag zwischen Theater und Magistrat legte fest, daß alle Meßbelustigungen, die nach 6 Uhr stattfanden, 10 Prozent der Bruttoeinnahme ans Theater abführen mußten. Das war ein gangbarer Kompromiß. Einerseits entsprach der Magistrat damit der Forderung nach voller Gewerbefreiheit, andererseits sicherte er die Hierarchie kultureller Werte.

Solche Beispiele machten auch in anderen Städten Schule. Da sich die »hohe« Kunst von den »niederen« Künsten tragen ließ, gab sie sich als Gipfel in der Kulturlandschaft zu erkennen. So nützten die Tantiémen nicht nur der Kasse des Theaters, sondern auch seinem Rufbild: Wo jemand einen Gipfel nicht zu erklimmen vermag, trifft den Berg keine Schuld...

Der Druck der »Unterhaltungsindustrie« – das Wort greift historisch vor – wurde immer stärker, so daß administrative Maßnahmen die Theaterkunst auf Dauer und allein nicht schützen konnten. Und die verantwortungsbewußtesten, kulturpolitisch engagiertesten Theaterdirektoren wollten sich nicht mit dem kleinen Kreis von Kennern begnügen. Sie verstanden die Notwendigkeit einer umfassenderen Publikumserziehung. Dabei setzten sie nicht nur auf die Wirkung von Theatererlebnissen, auf die Erziehung zur Kunst. Sie bemühten gleichzeitig pädagogische Aufklärung und Theaterpropaganda, die über eine einzelne Aufführung weit hinausgriffen. Für die im 20. Jahrhundert verbreitete Auffassung, die beste Publikumserziehung sei das überzeugende Kunsterlebnis, hätten die Theaterleute um 1800 überhaupt kein Verständnis aufbringen können!

Insofern war die Publikumspädagogik die Rückseite der Publikumsdisziplinierung. Jene legitimierte diese. Die Zuschauer wurden darüber aufgeklärt, um wievieles größer ihr Genuß wäre, widmeten sie sich allein der Darstellungskunst. Würden sie sich im Theater ganz in die Botschaft der Künstler versenken, hätten sie Bildung und tiefe Gefühle zu gewinnen.

Aus heutiger Sicht schwer nachvollziehbar, aber unter den eingeschränkten Bedingungen des 18. Jahrhunderts wirksam: Der persönliche Kontakt zwischen den Künstlern und Zuschauern war ein wichtiger Kanal, um kunstspezifische Kenntnisse zu verbreiten und um Erwartungen angemessen auszurichten. Da hieß es auf Ackermans Theaterzettel zu MISS SARA SAMPSON: »NB. Die Billetts sind bei dem Directeur im goldenen Brunnen täglich bis 2 Uhr Nachmittags zu haben.«

Und zur Eröffnung des Geraer Theaters 1787 wurde mitgeteilt: »Billetts

Mit Bewilligung hiesiger Obrigkeit,

wird heute, Dienstag den 10ten Junii 1777.

von der,

von vielen Churfürstl. und Fürstl. Höfen gnädigst privilegirten

Gesellschaft Deutscher Schauspieler

unter der Direction P. F. Ilgeners

aufgeführt:

Eugenie.

Ein aus dem Französischen des Hrn. von Beaumarchais, von der Holländischen Gesandtin zu Mainz übersetztes

Drama, in 5 Aufzügen.

Personen:

Baron Hartley, Vater der Eugenie.
Lord, Graf von Clarendon, Liebhaber der Eugenie, die dessen Gemahlin zu seyn glaubt, weil sie heimlich mit ihm verheyrathet ist.
Madame Murer, Tante der Eugenie.
Eugenie, Tochter des Baron Hartley.
Sir Carl, Bruder der Eugenie.
Cowerly, Schiffs-Capitain und Freund des Barons.
Drinck, Kammerdiener des Grafen von Clarendon.
Betsy, Kammerfrau der Eugenie.
Robert, Bedienter der Frau Murer.
Bewaffnete Bediente.

Der Schauplatz ist in London, in einem abgelegenen dem Graf von Clarendon zugehörigen Hause.

Den Beschluß macht:

Die Matrone von Ephesus.

Ein Lustspiel in einem Aufzuge,

vom Herrn Weise.

Personen:

Die Matrone.
Ihre Bediente.
Ein Soldat.

Die Person zahlt auf den Ersten Platz und Gallerie 16 ßl. Auf den Zweyten 12 ßl. Auf den Dritten 4 ßl.

Billets können bey dem Directeur, wohnhaft bey dem Hrn. Heuck, des Vormittags von 9, bis Nachmittags um 4 Uhr abgeholet werden.

Der Schauplatz ist in der Wockrenter-Strasse auf dem Hornschen Hof, und wird präcise um 6 Uhr der Anfang gemacht.

sind in des Hn. Meddox Logis, auf der Neustadt, bei dem Maurermeister Conrad, zu bekommen.« Außerdem hatten alle Theatergesellschaften ihren Zettelträger. Er trug die Blätter, die den Stücktitel und die Personage ankündigten, persönlich in die Bürgerwohnungen (und sammelte sie, nach beendeter Spielzeit, gelegentlich wieder ein, wenn die Truppe erneute Druckkosten sparen mußte.) Wurde das Zetteltragen auch nicht den erstklassigen Kräften des Ensembles zugemutet, kam doch immerhin ein persönlicher Vertreter des Theaters pünktlich ins Haus. Häufig stellte der Soufleur und Rollenschreiber des Ensembles das Repertoire der vergangenen Saison zusammen, vermerkte die Besetzungen, fügte Aufführungsberichte und Anekdoten bei, gab das Material in Druck – und trug die Schrift bei den Theaterfreunden der Stadt aus, begleitet von der Hoffnung auf einen Obulus.

Je mehr öffentliche Achtung der Schauspielerstand gewann, um so häufiger wurden die Künstler in familiäre Zirkel und gesellige Vereine eingeladen. Wiewohl sie dort die Rolle des Biedermannes betonten, waren sie sich zugleich ihrer Mission, gewissermaßen als Botschafter des Dichters aufzutreten, bewußt. In zahlreichen Memoiren jener Zeit ist nachzulesen, wie engagiert die Künstler im privaten Kreis die Eigenart ihrer Kunst propagierten.

Ganz besonders nützten die Theater die Fürsprache des literarischen Räsonnements. Denn das gedruckte Wort hatte im aufstrebenden Bürgertum, zumal im protestantisch erzogenen, eine unschlagbare Autorität. »Denn was man schwarz auf weiß besitzt, kann man getrost...« Schon die ersten Keime der Nationaltheaterentwicklung wurden von zahllosen Traktaten und gelehrter »Critic« gleichermaßen schützend umstellt. Genau besehen – die deutsche Theaterkultur breitete sich im Spiegel der literarischen Reflexion üppiger aus als tatsächlich auf der Bühne. Jeder namhafte Theaterdirektor des 18. und frühen 19. Jahrhunderts erläuterte und rechtfertigte seine Tätigkeit auf der Szene auch auf dem Papiere. Schrieb er nicht selbst, ließ er schreiben.

Bereits 1736 bereitete die Neuberin ihren Auftritt in Frankfurt/Main publizistisch vor. In den Patrizierfamilien ließ sie eine Broschüre verbreiten, die die positive Wirkung der Schaubühne erörterte – natürlich nur der gereinigten, wie sie die berühmte Neuberin und Professor Gottsched wünschten. In einem erhaltenen Exemplar hat ein Frankfurter Bürger eine aufschlußreiche Randbemerkung hinterlassen. Er würde »nach sothaner Vorbereitung mit einer ganz seltsamen Spannung« auf die Neubersche Truppe warten...«[1]

Neben enzyklopädisch angelegten Büchern und eilig gedruckten Broschüren zu aktuellen Theaterereignissen breitete sich das Zeitschriftenwesen als besonders wichtiges Organ der Publikumserziehung aus. Getragen vom allgemeinen Aufschwung des literarischen Marktes entwickelte sich auch eine

[1] E. Mentzel, Geschichte der Schauspielkunst zu Frankfurt/M. Frankfurt 1882. S. 158.

ausführliche Theaterkritik. Zunächst ausschließlich dramaturgisch, auf die kritische Analyse des Textes orientiert, bezog sie nach 1750 ebenbürtig die beschreibende Wertung der Aufführung ein. Gottsched, der in seinen Moralischen Wochenschriften die öffentliche Debatte über die Schaubühne entzündet hatte, kritisierte von Anfang an auch die Zuschauer.

Fortan gehörten Urteile über den Publikumsgeschmack, über den »Wohlanstand des Parterres« ebenso unverzichtbar in jedes Theaterjournal wie gleichzeitige Rezeptionshilfen. Adressat waren die lesekundigen, gebildeten, theaterinteressierten Bürger des Parterres. Konsequent nannte Prof. Schmid 1771 sein Theaterjournal »Das Parterre«. Prompt antwortete im nächsten Jahr der Hallenser Leutnant Freiherr von Hagedorn mit dem Journal »Die Loge«...

Den kräftigsten Anstoß gab die halbwöchentlich erscheinende »Hamburgische Dramaturgie«. Lessings erklärtes Ziel hieß Publikumserziehung. Er wollte den »Liebhaber« zum »Kenner« des Theaters bilden, »einem Menschen von gesundem Verstande ... Geschmack beibringen.«[1] Daß ein Gelehrter von Lessings Rang der Aufführungspraxis unmittelbar auf der Spur blieb, erschien nun verbindlich. Wie in Jena, wo ein Theologiestudent die Aufführungen der Starkischen Truppe, wie in Wien, wo ein Politikprofessor die Aufführungen der K.K. Schaubühne mit einem Wochenblatt fortlaufend begleitete – überall in Deutschland zeugte die »Hamburgische Dramaturgie« Fortsetzungsversuche. Allein in Wien tauchten 1775 zwanzig neue Wochenschriften über das lokale Theaterleben auf. Einer unvollständigen Zählung zufolge erschienen im 18. Jahrhundert 133 spezielle Theaterjournale.[2] Viele gingen bald wieder ein, jedoch nicht, soweit es heute noch prüfbar ist, mangels Leserschaft, sondern mangels Stoff. Es gab weniger berichtenswerte Theaterereignisse als Berichterstatter!

Den längsten Atem hatte der Gothaische Theaterkalender, den Reichard zwischen 1775 und 1800 alljährlich herausgab. Er versammelte Berichte und Kritiken über deutsche sowie ausländische Theater. Aufsätze zur Schauspielmethodik wie Fragen der Ausbildung, der Bühnen-Hochsprache, der Regiekunst standen neben Analysen herausragender Rollen-Darstellungen. Als Muster wurde immer wieder das internationale Schauspieler-Dreigestirn Baron-Garrick-Ekhof empfohlen. Aufsätze zur Theatergeschichte beglaubigten im historischen Rückspiegel die ehrbare Tradition des Berufsstandes. Unseriöse Schmierenpraxis und marktschreierische Programmzettel, im Wortlaut nachgedruckt, wurden dem Spott der Leser ausgeliefert. Jeder Kalender brachte das Portrait eines berühmten Schauspielers, von Chodowiecki oder anderen Meistern in Kupfer gestochen, und ein »Monatskupfer« zeigte Szenen-Serien aus bemerkenswerten Dramen. Die Leser erhielten ein anschauliches Bild der dramatischen Fabel, oft sogar vor der Uraufführung des Stückes.

[1] G. E. Lessing, Hamburgische Dramaturgie ... a. a. O. S. 9.

[2] dazu W. Hill, Die deutschen Theaterzeitschriften des 18. Jahrhunderts. Weimar 1915.

Reichard scheute sich auch nicht, über straffällige Schauspieler zu berichten und ihre Steckbriefe zu veröffentlichen. Keinesfalls wollte er damit negative Vorurteile bestätigen, sondern den Berufsstand gewissermaßen im Akte der Selbstreinigung heben. Der erschwingliche Preis von 20 Gr. – das entsprach etwa zwei mittleren Billetts –, die gediegene Information und die leserfreundliche Aufmachung sicherten dem Kalender einen breiten Nutzerkreis. So ist sein Einfluß auf das gesellschaftliche Musterbild eines guten Theaters kaum zu überschätzen. Da bei der deutschen Kleinstaaterei, anders als in Paris oder London, an eine hauptstädtische Bühne als nationales Vorbild nicht zu denken war, konnte es vorerst nur gedanklich entworfen werden. Redakteur Reichard errichtete aus den eingesandten Beiträgen gewissermaßen ein (papiernes) Theatergebäude, das die mannigfaltigen Träume und Möglichkeiten eines idealen bürgerlichen Theaters beherbergte. Was die einzelnen Theatergesellschaften in ihrem begrenzten Wirkungskreis nur partikular erreichen konnten, übersetzte der Kalender ins ganze Reich. In denjenigen Gebieten, in denen der Import fremder Kalender verboten war, erschien er unter Verzicht auf das Kalendarium als »Taschenbuch für die Schaubühne«. So bildete und vermittelte der Kalender nationale Maßstäbe. An ihnen konnte der Parterre-Zuschauer sein eigenes, lokales Theatererlebnis verbindlich messen.

Aus heutiger Sicht mag verwundern, daß die Theaterzettel seit Ausgang des 18. Jahrhunderts nicht länger als Mittel der Publikumserziehung genützt wurden, wiewohl das gerade ihre ursprüngliche Intention war (und im 20. Jahrhundert wieder ist!). Theaterzettel, seit 1520 in Deutschland nachgewiesen, boten zunächst neben dem Stückinhalt auch das sogenannte Argument.[1] Es erläuterte die historische Quelle, die moralische Aktualität und die Wichtigkeit der Aufführung. So bekamen die lesekundigen Zuschauer schon vor der Vorstellung »Hintergrundinformationen«, während die Analphabeten auf den ersten Eindruck ihrer Sinne angewiesen blieben. Aufgabe solcher Zettel war die Reklame für den Theaterbesuch. Bombastisch wie die Haupt- und Staatsaktionen, die sie ankündigten, war auch die typografische Gestaltung. In riesigen Lettern erhielt die Obrigkeit, die den Auftritt genehmigt hatte, ihren untertänigen Dank. Blumige Superlative annoncierten die agierende Bande und die unerhörtesten Sensationen. Als eine Perlenkette einzigartiger Effekte stellte sich die Handlung vor. (Offensichtlich interessierte sich das Publikum noch viel mehr für den Gang der Geschichte als für ihren Ausgang!) Ein »Notabene« wies auf Delikatessen der Schauspielkunst hin. So enthielten die Zettel, wie prahlerisch ihr Inhalt auch war, einige Fingerzeige zur Rezeption. Als erste leistete sich die Neubersche Gesellschaft bescheidenere Anzeigen. Jedoch die künstlerisch minderbemittelten Truppen blieben bis zum Ende des 18. Jahrhunderts im Ton gedrechselter Aufschneiderei.

Als die Stadtobrigkeiten im 18. Jahrhundert immer häufiger verboten, daß

[1] dazu: J. R. Hänsel, Die Geschichte … a. a. O.

ein Ausrufer die Werbetrommel schlug, mußten die Truppen ihren Auftritt allein durch Theaterzettel ankündigen. Sie hingen sie in der Stadt aus und verteilten sie am Morgen des Aufführungstages kostenlos in den Häusern der theaterbeflissenen Bürger. Je nach örtlicher Situation wurden etliche hundert Zettel verteilt. Beispielsweise ließ Intendant Dalberg in Mannheim anläßlich der RÄUBER-Uraufführung 1500 Theaterzettel drucken. Er veranlaßte Schiller auch zu einer Mitteilung an das Mannheimer Publikum, die auf dem Theaterzettel eine Art Rezeptionshilfe geben wollte. Schillers Vorworte könnten heute als pure ruhmredige Reklame mißdeutet werden, vergißt man dabei den Hintergrund der andernorts üblichen schwülstigen Rhetorik.

Das schreiende Mißverhältnis zwischen angekündigter und gebotener Leistung erklärte, warum die führenden Theater im letzten Drittel des 18. Jahrhunderts nur noch Zettel drucken ließen, die über Stücktitel, Personage, Beginn, Eintrittspreise usw. informierten. Sie enthielten sich jeden Kommentars zur Kunst. Die Theaterdirektoren setzten voraus, daß ihre Aufführung beredt genug sei, für sich selbst zu sprechen. Nach 1820 bürgerte sich der Verkauf von Theaterzetteln ein – auch ein Hinweis auf den Prestigegewinn der Theaterkünstler, wenn ihre Namensliste zur Handelsware werden konnte!

Weist die reiche Theaterpublizistik auf die Vielfalt der angestrengten Theaterpädagogik hin, dokumentieren die nüchternen Theaterzettel nun jeden Verzicht auf Eigenlob. Was sich scheinbar widerspricht, erweist sich genau besehen als Vorder- und Rückseite derselben Auffassung: Einerseits erwarten die Theater von »außen«, von Seiten der Gesellschaft, Aufmerksamkeit und Bestätigung, andererseits festigt sich ihr Selbstbestimmungsrecht nach »innen«. Die Künstler wollen sich nicht mehr anders als in ihrem Werk erklären. Sie sehen sich nicht länger zur öffentlichen Rechenschaft verpflichtet. Sie überantworten allein dem Publikum, diesem anspruchsvollen Theater zu folgen – oder ästhetisch ungebildet zurückzubleiben.

Damit veränderte sich im Alltagsgeschäft der Theaterpraxis, was sich ungefähr zeitgleich auf der hohen Ebene des theoretischen Denkens umkehrte. Noch bis etwa 1790 fragte die Ästhetik vornehmlich nach der möglichen Wirkung eines künstlerischen Werkes, nicht nach seiner Eigenart als Abbild der Realität. Vor der Jahrhundertwende begann eine einschneidende Korrektur, als nun in den Mittelpunkt des ästhetischen Denkens das in sich geschlossene, aus sich heraus bestimmbare Werk rückte. Die Theorie bestand jetzt – gegenüber der als feindlich begriffenen Welt – auf dem »Ureigensten« der Kunst. An die Stelle der Wirkungsästhetik trat die Autonomieästhetik.

Brecht hat die ästhetische Wende, wie sie sich paradigmatisch im Briefwechsel zwischen Goethe und Schiller ankündigte, einmal als »›hochgesinnte‹ Verschwörung gegen das Publikum« bezeichnet. Diese Formulierung schießt übers Ziel hinaus, denn als Theaterpraktiker mußten Goethe und Schiller oft genug zuschauerfreundliche Kompromisse schließen, und ihre Briefe zeugen davon. Doch zutreffend weist Brecht auf die Folgen hin, die sich aus der betonten Selbstgenügsamkeit eines Kunstwerkes ergaben: »die Bourgeoisie bekommt ihre Literatur aufgezwungen wie ihr bürgerliches Gesetzbuch«.[1]

Auch wenn die Autonomieästhetik als erklärte Position nur von einer Zuschauerminderheit kundig reflektiert wurde, bildete sie doch den geistesgeschichtlichen Rahmen für den Souveränitätsanspruch der Theaterkünstler. Als das Jahrhundert der Wirkungsästhetik zu Ende ging, schritt die Entmündigung des Publikums energisch fort. Kunsttheorie und Theaterpraxis bestätigten einander.

Fortan galt: das Publikum hat einem Kunstwerk passiv gegenüberzustehen – ihm ausgeliefert, zu ihm emporschauend, seinen inneren Reichtum nur näherungsweise begreifend, zu seinem Genuß gezwungen.

[1] B. Brecht, Arbeitsjournal 1938–1955. Berlin u. Weimar 1977. S. 437.

Epilog

Viele Verhaltensnormen, die »Der gute Ton in allen Lebenslagen« zu Beginn unseres Jahrhunderts vorschrieb, gelten nicht mehr. Die Theaterbesucher führen sich inzwischen anders auf. Jeans haben das rituelle Abendkleid, legere Pullover das gesteifte Krawattenhemd abgelöst – markante Signale für eine zwanglosere Bereitschaft zur Kunstrezeption. Und manche Inszenierungen animieren ausdrücklich die Kontakte der Zuschauer untereinander und zu den Spielern. Gesellungsformen, in den vergangenen zwei Jahrhunderten entschlossen unterbunden und in den theaterhistorischen Fundus verwiesen, werden neuerlich entdeckt. Da wird zur Eintrittskarte ein Pappbecher Wein verabreicht, das Schminken der Darsteller im Foyer zur Schau gestellt, ein Teil des Publikums auf der Bühne plaziert, eine Zuschauerdiskussion animiert ... Auch wenn die »Freie Szene« (noch?) nicht den theaterkulturellen Alltag in Deutschland dominiert, reicht der dort besonders auffällige Wandel im Publikumsverhalten auch in Aufführungen des Stadttheaters hinein, und er schreitet fort.

Wären demnach die in diesem Buch behandelten Vorgänge der Disziplinierung und Entmündigung der Zuschauer historisch erledigt? Wäre die Publikumskonzeption des Nationaltheaters und die seiner geistigen Kindeskinder überwunden? Die Dinge liegen komplizierter als es das Erscheinungsbild darstellt.

Das Publikum hat nämlich mit seinem Habitus nicht gleichzeitig auch den Maßstab verändert, mit dem es eine Aufführung bewertet. Obwohl ebenfalls nicht unveränderlich, ist jener Maßstab beständiger als Kleidermode, Umgangston oder Verhaltensnormen. Viele Zuschauer erwarten, daß auf der Bühne der literarische Text einfach reproduziert, durch Kostüme, Szenenbilder und Verteilung der Rollen zur Anschauung gebracht wird. Mit dem Verweis auf »Werktreue«, was auch immer das heißen mag, werden Inszenierungen kritisiert, wenn ihre Wirkungsabsicht von derjenigen abhebt, die dem Dramatikers unterstellt wird. Damit bleibt das Verständnis vieler Zuschauer hinter der Entwicklung in der Kunstpraxis zurück. Das Theater versteht sich selbst längst nicht mehr als Vollzugsorgan des Dichters. Es will sich in den aktuellen Diskurs einschalten, in seinen Aufführungen Spiegel und Stimme gesellschaftspolitischer Debatten sein. Das ist spätestens seit 1968, als jugendlicher Protest auch mit kulturellen Traditionen brach und ihnen öffentlich mißtraute, selbstverständlich. Doch noch immer hält sich ein großer Teil der Zuschauer, mag er sich auch von einer originären Inszenierung angesprochen fühlen, an den Text: Dichters Wort habe den Gang der szenisch vorgestellten Geschichte zu bestimmen, indem es allein den szenischen Vorgängen ihre Bedeutung zuweist.

Ein Alltagsbeispiel aus der Theaterpraxis: In einer Inszenierung von Shakespeares ROMEO UND JULIA wurden kräftige optische Zeichen gesetzt, um die gesellschaftliche Situation und das sozial normierte Rollenspiel zu erhellen. Ein großer, »begehbarer« Schrank war auffallendes Sinnbild für den »Ausstieg« aus der Welt, geschminkte Gesichtsmasken zeigten Verstellung an. In einem Inszenierungsgespräch formulierte ein Vierzehnjähriger seine Einwände: »Ich wollte mal fragen, was das mit der Maske und dem Schrank bei Romeo sollte. Am Anfang, da sieht er alles wie durch eine Brille, deshalb die Maske vielleicht. Er war verträumt und hat sich immer von der Welt zurückgezogen in den Schrank. Als er dann richtig liebt, erwacht er aus seinen Träumen allmählich. Da wurde auch die Maske weniger. Mit der Liebe kommen auch die Konflikte für ihn. Er sieht bald alles realistischer. Immer seltener geht er in den Schrank, der ist ja keine Lösung für seine Probleme mehr. Ich weiß ja nicht, aber dann war er ganz ohne Maske. Als er sich der Realität stellt mit allen Konsequenzen. Da hat er Julia richtig geliebt und wollte mit ihr leben. Es kann auch sein, daß er wegen ganz was anderem die Maske hat. Jedenfalls verstanden habe ich das nicht so richtig.«[1]

Natürlich hatte dieser Zuschauer die Aufführung gut verstanden! Aber dem wortlosen Bilde und seiner eigenen Phantasie traute er nicht über den Weg. Er drängte auf eine verbale Erklärung, weil er während der Aufführung eine verbale Botschaft erwartet hatte. Wäre er darauf aufmerksam gemacht worden, daß ein überlieferter Maßstab sein Urteil diktiert habe, hätte er vermutlich auf seiner subjektiven Selbständigkeit oder auf seiner theaterhistorischen Unkenntnis bestanden. Gleichwohl äußerte sich in diesem Urteil – es steht für zahllose andere, wie sie Zuschauerdiskussionen alltäglich einfangen – die Konzeption des deutschen Nationaltheaters und seine Literatur-Orientierung.

Dafür ein zweites Beispiel, das eine umfangreiche Rezeptionsuntersuchung in einem Münchner Theater geliefert hat: Dort hatten die Zuschauer während der laufenden Aufführung einen Hebel zu bedienen, mit dem sie ihren momentanen persönlichen Eindruck von der Szene anzeigen konnten. Sie waren ausdrücklich aufgefordert, ihren Theatereindruck zu äußern. Jedoch: sie reagierten vor allem auf die Texte des Dialogs. Den noverbalen »Text« der Aufführung klammerten sie aus ihrem Urteil aus. Die Summe der Hebel-Drücke zeigte an, wie stark sich die Rezeption an der Wortsprache festhielt.[2]

Im Bewußtsein des Publikums hat sich die Ansicht tief verwurzelt, daß der ideell-ästhetische Gehalt eines Kunstwerkes sein »Benennbares« sei. Dafür gibt es das Wort »Aussage«. Es erzeugt die Vorstellung, Ideologisches müsse semantisch eindeutig, eben aussagbar sein. (Deshalb entwischte die nonverbale Bühnen-Sprache auch häufig dem Zugriff der Zensur!)

[1] dazu: P. Fischer, Jugend, Theater, Klassik. Dipl. Arbeit Leipzig 1986.

[2] dazu: H. Schälzky, Empirisch-quantitative Methoden der Theaterwissenschaft. München 1980. S. 167.

Mit der Text-Bezogenheit korrespondiert die Erwartung einer möglichst lebensechten Darstellung auf der Bühne. Was Goethe als »natürlichste Natürlichkeit« kritisiert hatte, ist der bestimmende Maßstab geblieben. Natürlichkeit bedeutet dabei auch faktologische Genauigkeit. Die Erwartung historisch-musealer Unterrichtung stellt sich vor das theatergemäße Bild: Wenn in einer DON CARLOS-Inszenierung beim ersten, unverhofften Wiedersehen der Infant seinen Jugendfreund Posa im Überschwang der Freude umhalst und sich dabei wie ein Äffchen an die Mutter klammert, halten viele Zuschauer die spanische Hofetikette dagegen. Eine solche Szene sei auf dem Theater unmöglich, weil in der historischen Realität undenkbar. Lebensechte Authentizität verlangen Theaterbesucher vor allem in der Ausstattung, in der detailgenauen Wahrhaftigkeit des Spielraumes und der Kostüme. Wenn Wallensteins oder Gretchens Kleider mit einem Reißverschluß vernäht sind, regt sich im Publikum sofort Kritik. Und viele FREISCHÜTZ-Zuschauer fragen sich ernstlich, ob die Becher des Jäger-Chores mit Weißwein, mit Haustee oder überhaupt nicht gefüllt sein mögen...

In einer soziologischen Erhebung schrieb ein Zuschauer: »Bei Brecht habe ich mich inzwischen daran gewöhnt, daß nur ein Baum und eine Bank auf der Bühne stehen. Aber bei Schiller sollte das Bühnenbild die Zeit realistisch widerspiegeln.«[1] Diese Meinung ist exemplarisch – auch in der irrtümlichen Gleichsetzung von real und realistisch. Eine realistische Wirklichkeitsabbildung schließt in den Augen vieler Zuschauer eine kunsthaft verkürzende Darstellung aus. Wenn sie vielleicht auch für Brecht bereits eine andere Gestaltung gelten lassen, verpflichten sie doch die tradierte Dramatik weiterhin zur Lebensechtheit. Sie bestehen darauf: Die Bühne hat die Welt nicht zu bedeuten, sondern darzustellen. Der Schauspieler soll seine Rolle verkörpern, nicht erspielen. Die naturalistische Dramatik, seit 1890 fest verwurzelt im Repertoire des deutschen Theaters, hat mit der naturalistischen Spielweise auch jene Sichtweise der Zuschauer bestärkt.

Nochmals die ungeniert-jugendliche Kritik an ROMEO UND JULIA: »Die Julia war zu klein und zu dick. Die müßte schlanker sein. Die sieht so alt im Gesicht aus, sie muß Reize haben, wenn die Männer so um sie werben. Der Romeo ist ja richtig auf sie geflogen – so hübsch hab' ich sie aber nicht gefunden.« – Erwachsene Zuschauer äußern sich zurückhaltender, doch bindet sich ihr Urteil gleichfalls an die »Natürlichkeit« der äußeren Erscheinung. Selbst professionelle Opernkritiker halten es meist für berichtenswert, wenn die Sängerin der Butterfly mädchenhaft und japanisch erscheint. Die Fiktion des Spiels wird unter den Anspruch der Realitätskopie gezwängt.

In diesem Anspruch ist die vierte Wand eine unverzichtbare Größe. Obgleich sie die Schauspieler in vielen Aufführungen durchbrechen, Auge in Auge mit dem Publikum verhandeln, werden solche Momente doch als Son-

[1] dazu: R. Dreßler, Achilles im Pulverdampf? Material zum Theater, H. 214, Berlin 1989.
[2] Vgl. P. Fischer, Jugend ... a. a. O.

derfälle rezipiert, vielleicht sogar als inszenatorische Finesse genossen. Sie bleiben Ausnahmen, die die Regel einer monologischen Spielweise bestätigen.

Daß dabei nicht nur Traditionen den Blick verstellen, sondern auch aktuelle Lebenserfahrungen, hat der französische Kultursoziologe Pierre Bourdieu anschaulich erhellt. Bourdieu erklärt, warum mit »steigendem Bildungskapital die Neigung oder doch zumindest der Anspruch wächst, ein Werk ›unabhängig von seinem Inhalt‹ zu würdigen...« Die Lebenslage der Rezipienten sei auch die Grundlage für ihren Zugang zur Kunst. Nur wer sich im Alltag von der bloßen Existenzsicherung entferne, wer aus Distanz auf die physischen Lebensnotwendigkeiten schauen könne, könne den »ästhetischen Blick« gewinnen.[1]

Viele Zuschauer halten den Theaterraum für einen Hörsaal. Sie wünschen Bildung zu erwerben – Bildung im engen, lexikalischen Sinne. Damit folgen sie der im 18. Jahrhundert angelegten Spur, die zum Theater als einem Institut der Volksbildung führte. In einer Publikumsanalyse beschrieben viele befragte Zuschauer ihre Motivation für einen Theaterbesuch als ein »inneres Muß«, als verinnerlichten Zwang und Bildungspflicht. Theater »zwingt zur Konzentration«, schrieb ein Zuschauer in den Fragebogen,und ein anderer: es »tut etwas für meine geistige Bildung«. Zu dieser Erwartung gesellt sich auch die selbstverständliche Annahme, daß das Theater ein moralisches Vorbild bieten müsse, ein tadelsfreies Beispiel. Mag auch der Begriff des »positiven Helden« inzwischen verpönt sein, sein Inhalt bleibt für viele Zuschauer orientierend. Besonders in Klassik-Inszenierungen rechnen sie mit einer allseitig integeren Zentralfigur. Widersprüchliches Figurenverhalten, deutlich in Szene gesetzt, wird von ihnen übersehen oder fehlinterpretiert. Sie lassen sich, geschult vom Erziehungsprogramm des Nationaltheaters, ihr Helden-Bild nicht anschwärzen.[2]

Aufschlußreich in diesem Zusammenhang sind die Ergebnisse einer repräsentativen Befragung Ostberliner Theaterbesucher. Sie waren aufgefordert, ihre persönlichen Erwartungen an einen Theaterabend mit elf vorgegebenen Substantiven zu umschreiben. Dabei ordneten sie »Spiel« erst auf den 9., »Geselligkeit« auf den 10. Rang (!) ein. »Emotionalität«, »Harmonie« und vor allem »Bildung« lagen im Zentrum ihres Theaterbildes.[3]

Dieses Bild trägt den Prägestempel der deutschen Theaterentwicklung, die den spielerischen Verkehr zwischen Szene und Saal weitgehend unterbunden, die Vereinzelung der Zuschauer im Publikum gefördert hat. Diese Feststellung könnte das Buch beenden, weil damit die dominante Tendenz der Theatergeschichte bezeichnet ist.

[1] P. Bourdieu, Die feinen Unterschiede. Frankfurt 1982. S. 100 ff.

[2] dazu: W. Adling, R. Dreßler, D. Wiedemann, Klassik im Spannungsfeld Theater – Publikum; in: Weimarer Beiträge 1986/2.

[3] A. Nattermann, Unveröffentlichtes Manuskript. Berlin 1987.

Dennoch. Dennoch – der Alltag des Publikums läßt sich nicht ohne Rest in Begriffe wie »Disziplin« oder »Entmündigung« einfassen. Es bleibt ein Überschuß an mündigem Potential. Hinter der Fassade der Ordnung gab und gibt es ein Stück Nicht-Ordnung: das Bedürfnis der Zuschauer nach zwischenmenschlicher Begegnung im Theater. Sie erfüllen es sich in manchen Aufführungen mehr, in manchen weniger, oft wider eigene Absicht. Nur selten beschränken sie ihren Theatergenuß auf das in sich geschlossene Kunstwerk.

Mag sein, daß der einzelne Zuschauer durch geteilte Aufmerksamkeit kostbare Momente der szenischen Kunst verliert. Sicher ist sein Gewinn: Wird ihm seine Situation im Publikum bewußt, erlebt er, wie sich andere Menschen die Aufführung aneignen, was sie lachen oder betroffen macht. Im Spiegel der Publikumsreaktionen erfährt er seinen sozialen Ort. Sein Urteil stimmt mit Urteilen anderer Menschen überein, von anderen unterscheidet er sich. So verschmelzen für den Zuschauer der Blick auf die Bühne und der Blick rundum zum unteilbaren Theatererlebnis.

Sahen die kulturpolitische Obrigkeit und bisweilen auch die Künstler das Theater nicht als Gesellungsraum, so übersahen sie das tiefe menschliche Bedürfnis nach kommunikativem Austausch und nach sozialer Kooperation. Dieses Bedürfnis ist nicht in einem historisch kurzfristigen Zeitraum erworben, nicht erst in der Comödienbude entstanden. Vielmehr gehört es zu jenen stammesgeschichtlich angelegten Komponenten, die vergleichsweise stabil und historisch unveränderlich den Bauplan menschlichen Verhaltens bilden. Insofern konnte das ästhetische Programm, das den Zuschauer zu Gunsten seiner ungeschmälerten Kunstrezeption zu isolieren trachtete, immer nur näherungsweise erfüllt werden. Zu jeder Zeit mischte sich in das Erlebnis der szenischen Darstellung auch das Erlebnis anderer Menschen ein. *Niemals war die Aufmerksamkeit der Zuschauer für das Publikum, wie rigoros auch unterdrückt, gänzlich auszuschalten.* Auf dem Höhepunkt der Publikumsdisziplinierung räumte das Theaterlexikon von 1846 ein: »Nicht abzuweisen ist überhaupt das Begehren des Publikums, zu sehen und gesehen zu werden, und wo dies durch die Baulichkeiten des Zuschauerraumes gehindert wird, werden mannigfache Klagen laut, die sich wohl in dem Besuche des Schauspiels selbst kund geben.«[1]

Daran hat sich bis heute nichts geändert. Viele Zuschauer suchen nicht nur in der Pausen-Viertelstunde im Foyer die Begegnung. Indem sie sich selbst in der Gesellschaft mit anderen Menschen sehen und sehen wollen, erleben sie den Austausch über Lebensfragen – im Kunstbild der Bühne, im Foyer und im Zuschauerraum! Sie suchen, was Theaterkunst auch im Zeitalter der elektronischen Medienkultur unersetzbar bleiben läßt – Darsteller life und Publikum life. So bietet für viele Zuschauer das Theater gleichzeitig Reservat und Utopie der menschlichen Gemeinschaft.

[1] R. Blum, K. Herloßsohn, H. Marggraf (Hg.) … a. a. O. Bd. 6. S. 76.

Personenregister

Fotonachweis

Bildteil:

Abb. 1 Dietzverlag/Ewald
Abb. 2, 9 in: M. Berthold, Weltgeschichte des Theaters. München 1979.
Abb. 3, 12 in: H. Zielske, Deutsche Theaterbauten bis zum zweiten Weltkrieg. Berlin 1971.
Abb. 4. in: H. Frenzel, Geschichte des Theaters. München 1979.
Abb. 5 Holzapfel
Abb. 6, 13, 19 in: O. Weddigen, Geschichte der Theater Deutschlands. Berlin 1915.
Abb. 7, 18 Märkisches Museum Berlin
Abb. 8 in: Gothaischer Theaterkalender a. d. J. 1783
Abb. 10 Nöldner
Abb. 11 in: K. Gabler, Kurzer Abriß der Altenburger Theatergeschichte, Beiträge zur Altenburger Heimatkunde H. 5. Altenburg 1957.
Abb. 14, 15 Seemann Verlag
Abb. 16, 20, 21 in: F. Kummer, Dresden und seine Theaterwelt. Dresden 1938.
Abb. 17 Börner
Abb. 22 Hessheimer

Abbildungen im Text:

Frontispiz: Märkisches Museum Berlin
S. 15/25/153 in: Gothaischer Theaterkalender a. d. J. 1783
S. 53/127/138/162/174: Stadtarchiv Rostock
S. 86 in: O.Weddigen a. a. O.
S. 122 in: L. Catel, Vorschläge zur Verbesserung der Schauspielhäuser. Berlin 1802.
S. 126 Körner
S. 140 Seemann Verlag